KB176804

전쟁국가의 부활

전쟁국가의 부활

아베 저격수
5인의 기록

고모리 요이치
야마다 아키라
다와라 요시후미
이시카와 야스히로
우쓰미 아이코 **지음**
김경원 **옮김**

Ⅲ책담

추천의 글

김동춘 | 성공회대 사회과학부 교수

2016년 7월 일본에서 치러지는 총선에서는 헌법 개정이 핵심 이슈입니다. 아베 총리는 이미 2016년이나 2017년 가을까지 개헌을 완료하겠다고 공언한 적이 있습니다. 수십 년 전부터 시작된 일본 우익 세력의 개헌 플랜에 따른 것입니다.

아베 신조는 역사수정주의자(= 극우 정치가)입니다. 이 '극우' 정치가 아베 총리는 고노 담화와 무라야마 담화의 수정을 주장하고, 교과서에 기술된 일본군 '위안부'와 난징대학살 사건 등 침략 전쟁이나 가해, 식민지 지배의 내용을 '자학사관', '편향'으로 공격하며 교과서에서 삭제할 것을 요구해왔습니다. 아베 정권과 자민당이 전후 체제를 '해체'하고 실현하려는 '강한 나라 일본'은 9조를 비롯한 헌법을 개악하여 미국과 함께 '전쟁을 하는 나라'입니다.

2015년 4월 27일 일본을 '전쟁하는 나라'로 전환시키는 결정적인 사건이 일본 국내외에서 일어났습니다. 일본 내에서 여당에 의해 안전보장법 정비에 관한 주요 조문이 합의되었고, 뉴욕에서 미국과 일본의 외무방위각료회의가 열려서 일미방위협력지침이 재개정되었습니다. 이 '신지침'은 아시아를 뛰어넘어 지구적 규모로 자위대가 미군에 협력하게 되었음을 의미합니다. 일본은 군비 확장을 통한 하드웨어(무기 체계)와 시스템(법체계)을 갖춘 다음 소프트웨어(기본 이념, 즉 헌법 9조)를 바꾸는 일에 초점을 맞추고 있습니다.

저자들은 아베 정권이 추진하는 이러한 일본의 우경화, 군사대국화의 흐름에 경종을 울리기 위해 이 책을 썼다고 말하고 있습니다. 이들은 아베 정권의 배후가 누구인지 낱낱이 밝힙니다. 그들이 일본 군국주의자들, 거대 자본, 군사 자본과 어떻게 연계되어 있는지 기록합니다.

일본의 개헌은 전쟁할 수 있는 체제를 완성시킬 것입니다. 일본 내에서는 '개헌해도 전쟁은 일어나지 않는다'는 개헌옹호론이 있습니다만, 그것은 현대 세계에서 전쟁이 지닌 본질을 간과하는 것입니다. 일본에게 오늘날 전쟁이란 일본이 단독 의사로 인접 국가를 공격하거나 인접 국가가 일본에 쳐들어와 발생한다기보다는 미국이 세계 어딘가에서 일어나는 전쟁에 참여했을 때 군사동맹을 맺은 일본이 동원되는 형태로 일어날 가능성이 가장 높습니다. 특히 동북아에서 일본이 미국과 함께 전쟁을 할 수 있게 됩니다. 동북아에서 전쟁 가능성이 가장 높은 곳은 한반도라 할 수 있습니다. 따라서 일본의 개헌은 곧 한반도에서 국지전이라도 발생하면 또다시 일본이 한반도에 들어올 수 있다는 것을 의미합니다. 이것은 우리에게는 악몽입니다.

이 책은 학술적인 논문을 모은 것이 아니라 평화 운동에 앞장서온

지식인들이 함께 모여 쓴 현장의 기록에 가깝습니다. 10만 인파가 일본 국회의사당을 봉쇄하고 '평화헌법 수호'를 외치던 2015년 여름에 쓰여졌기 때문입니다. 저자들은 전국적인 시위와 반대운동을 하는 과정에서 이 내용을 기록했습니다. 그래서 실로 방대한 내용을 다루고 있고, 차분한 분석이나 평론의 느낌보다 현장의 땀 냄새가 풀풀 납니다. 강연하고 토론하고 행진하는 틈틈이 책을 썼을 저자들의 모습이 선합니다.

저자들은 아베 정권이 추진하는 헌법 개정 작업이 위헌임을 주장하는 헌법학자들과 손을 잡고서 주권자인 일본 국민들이 전쟁법 폐기를 위한 풀뿌리 운동을 전개해나가야 한다고 주장합니다. 결국 이들은 왜 일본이 평화를 수호하는 나라가 되어야 하는지에 대해 일본 국민들에게 설명합니다. 그리고 한국과 중국을 비롯한 이웃 나라와 함께 일구는 평화가 얼마나 소중한지 호소합니다. 한국인들에게는 잘 알려지지 않은 귀한 자료도 많이 동원하고 있습니다.

일본이 전쟁할 수 있는 국가가 되는 것은 한반도에는 가장 큰 위협입니다. 일본은 아직 과거 침략의 역사, 이웃 나라에 자신들이 준 고통에 대해 제대로 인정하거나 사과한 적이 없습니다. 위안부 협상을 서둘러 마무리한 박근혜 정권이 얼마나 무모하고 위험한 일을 벌였는지 이 책을 보면 다시 확인할 수 있습니다.

차례

4 | 군사대국을 향한 재계의 염원과 딜레마 <small>이시카와 야스히로</small>

일러두기

1. 이 책은 2015년 8월에 출간된《軍事立国への野望》을 번역한 것이다. 원서의 출간일과 다소 차이가 있다는 점을 미리 밝힌다. 저자들이 이 책을 통해 폐기를 주장한 아베 정권의 안보법안은 결국 2016년 3월 29일 발효되고 말았다. 이로써 자위대는 집단적 자위권을 행사하며 한반도를 비롯한 세계 어디에서도 군사 활동을 할 수 있게 되었다.

2. 원서에 '우리나라'라고 기술된 부분은 국내 독자의 혼동을 우려해 '일본'으로 바꾸어 번역했다.

3. 본문의 각주는 독자의 이해를 돕기 위해 옮긴이가 정리한 것이다. 원서의 주는 책 맨 뒤에 실었다.

4. 저자들 사이에 명칭이 다르게 쓰인 것은 읽기 쉽게 하나로 통일했다. 예를 들어, '극동 국제군사재판'을 '도쿄재판'으로, '샌프란시스코 강화조약'을 '샌프란시스코 평화조약' 등으로 통칭했다.

머리말

2014년 7월 1일의 각의閣議[*] 결정에 따라 3차 아베 신조安倍晋三 정권은 집단적 자위권의 행사 용인을 골자로 한 안전보장 관련 법안(신법 1, 기존법 개악 10)을 2015년 5월 14일에 결정하고, 다음 날 15일에 국회에 상정했다.

국회에서 논쟁이 벌어지는 가운데 절차부터 법안의 내용에 이르기까지 용납하기 어려운 헌법 위반이라는 목소리가 전국적으로 들끓기 시작했다. 헌법 연구자들은 6월 3일 171명(나중에는 200명을 크게 돌파했다)의 서명을 토대로 이 전쟁법제 안을 폐기해야 한다는 성명을 발표했고, 다음 날 4일 중의원 헌법심사회에서는 참고인으로 출석한 헌법학자 세 사람 전원이 안전보장 관련 법안이 '위헌'이라는 판단을 내렸다. 6월 15일에는 다양한 분야의 학자와 연구자가 전쟁법제에 반대하는 성명을 냈는데, 6월 27일에는 찬동자가 7,000명을 넘어섰다.

---

[*]   내각이 합의체로서 의사를 결정하기 위한 회의이다.

각계각층의 항의가 이어지면서 국회 앞에는 수만 명의 인파가 연일 모여들었다. 이에 호응하여 헌법 9조를 무력화하려는 아베 정권의 폭거를 저지하기 위해 전국적으로 수많은 사람들이 매일같이 행동에 나서고 있다. '위헌' 입법이라는 격한 비판이 일자 아베 정권은 회기 말(24일)을 목전에 둔 22일, 전쟁법안을 성립시키기 위해 여당 단독으로 95일의 회기 연장을 결정했다. 전후에 들어 가장 긴 회기 연장을 통해 입헌주의를 파괴하는 전쟁법안을 강행하려는 것이다.

이 같은 긴박한 상황 속에서 이 책은 3차 아베 정권이 '군사대국'으로 나아가기 위해 어떻게든 제정하려고 하는 전쟁법제의 속내와 그 위험한 본질을 낱낱이 밝히고, 전후 70년이라는 역사적 과정 속에서 현재 벌어지고 있는 사태를 다시금 살펴보고자 한다. 다시 말해 헌법 개악의 전략, 전쟁국가 체제의 구축 과정, 아베의 사상적 배경이 되는 우익 단체와의 관계, 재계와의 관련성, 과거의 식민지 지배와 침략 전쟁을 미화하는 역사 인식을 통해 아베 정권의 '야망'을 밝히고, 나아가 그 야망을 저지하고 무너뜨리기 위한 운동을 제안하고자 한다.

우리는 시시각각 변화하는 아베 정권의 폭주와 그것에 맞서는 국민적 풀뿌리 운동이 한창인 가운데 각 장을 쓰게 되었고, 각자 운동의 현장과 관계를 맺으면서 글을 써나갔다. 막대한 희생을 치른 침략 전쟁을 두 번 다시 일으키지 않겠다는 결의를 전 세계에 알린 것이 바로 일본국헌법, 특히 그중에서도 전문前文과 9조이다. 전후 일본의 참모습을 뿌리째 뒤흔드는 아베 정권을 향해 우리 한 사람 한 사람은 헌법이 부여하는 권력의 담지자로서, 또한 멋대로 휘두르는 권력을 심판하는 주권자로서 스스로를 재정립하고 있다. 젊은 세대들도 단체들과 연대하면서 매주 국회 앞 시위에 나가 자기 목소리를 내고 있다. 이 책이 국민적 운동을 더욱 나아가게 하고 전쟁법제를 폐기하도록 압력을 가해 전쟁하는 나라가 되는 것을 저지하는 데 미약하게나마 보탬이 되기를 진심으로 바란다.

저자들을 대표하여
고모리 요이치

1

아베의 개헌 전략
군사대국을 노리는

고모리 요이치

아베가 거듭 강조하는 '역사적 사명'에 대한 집념이 어디에서 유래하는지 알기 위해서는 개헌 정당이 여럿이 된 1993년 전후로 벌어진 일을 돌아봐야 한다. 그가 몹시 적대시하는 것이 1993년 고노 담화와 1995년 무라야마 담화이기 때문이다.

일미방위협력지침 재개정안과
전쟁법제

2015년 4월 27일 나라 안팎에서 일본을 '전쟁하는 나라'로 전환시키는 결정적인 사건이 일어났다. 국내에서는 안전보장 관련 법안 정비에 관한 여당의 협의로 주요 조문의 합의가 이루어졌고 국외, 즉 뉴욕에서는 미국과 일본의 외무방위각료회의(2+2회담)가 열려 일미방위협력지침(가이드라인)이 재개정되었다.

　두 사건 모두 2014년 7월 1일의 '각의 결정'에 따른 집단적 자위권 행사 용인을 전제로 한다. 자위대가 미군을 비롯한 외국 군대와 함께 해외에서 군사행동에 나설 수 있다는 것, 한마디로 일본을 '전쟁하는 나라'로 전환시킨다는 내용이다. 가이드라인의 재개정안인 신新일미방위협력지침(이하 '신지침'이라 한다)의 요지에서는 '자위대와 미군이 신新해상교통의 안전 확보를 목적으로 하는 기뢰 소해機雷掃海*나 함

---

*　　기뢰 등이 설치된 특정 해역에서 항해의 안전을 확보하기 위해 추진기의 소리 또는 선체 자기와 동등한 신호를 발생시킴으로써 마치 근방에 함선이 통과하는 것 같은 상황을 작위적으로 만들어 오발화시키는 기뢰 처분 방법을 가리킨다.

선을 방어하기 위한 호술護術 작전에 협력할 것'을 명시했다. 이는 서페르시아만, 그리고 아라비아해로 이어지는 남동 오만만과 호르무즈해협의 기뢰 소해를 상정한 규정이다. 이란과 아라비아반도 사이에 있는 호르무즈해협은 페르시아만 나라들의 석유 수송로이기 때문에 전략상 지극히 중요한 위치일 뿐 아니라 1980년대 이란─이라크전쟁, 1990년대 초의 걸프전쟁으로도 주목받았다. 여기에 기뢰가 설치되어 있다는 것은 명백하게 '전시戰時'라는 뜻이다. 그런데 전시의 기뢰 소해에 대해 여당인 공명당은 부정적이었다.

결과적으로 3차 아베 정권은 여당의 협의와 국회의 심의보다는 미국과의 합의를 우선시했던 것이다. 비정상적인 대미종속 정권하에서 헌법을 무너뜨리는 매우 위험한 해석이 내려지고, 그것에 기초해 전쟁법제가 만들어지려고 한다. 우선 신지침은 일본과 미국 간의 어떠한 군사협력 체제인지, 또 전쟁법제는 어떤 내용인지 정리해보자.

'지구적인 규모로 미군과 협력한다'는 신지침

가이드라인을 처음으로 합의한 것은 1978년 11월 냉전 구조가 한창 강건하게 버티고 있을 때였다. 이에 따르면 미국의 핵 억지력을 전제로 일본이 '한정적이고 소규모적인 침략을 독자적인 힘으로 물리칠 것'이라고 했고, 그것이 '곤란한 경우'에는 '미국의 협력을 기다려 침략을 물리칠 것'이라고 했다. 동시에 소련을 가상의 적으로 삼아 일본에 대한 침략을 미연에 방지한다는 태세, 일본이 직접적인 무력공격을 당했을 때의 대응, '극동의 유사시'에 이루어질 일본과 미국의 협력 양상이 정해져 있었다.

그 후 1990년대에 들어와 소련이 붕괴한 이후에는 조선민주주의 인민공화국(이하 '북한'이라 한다)을 새로운 가상의 적으로 지목하고, 북한의 핵 개발 의혹 등으로 한반도의 유사시를 상정했다. 1995년 11월에는 신방위계획대강을 바탕으로 1996년 4월부터 가이드라인을 수정하기 시작했고, 1997년 9월에 기존의 '극동 유사시'에서 '일본 주변의 유사시'라고 함으로써 지역을 확대하는 쪽으로 개정했다.

이 새 가이드라인을 실시하기 위해 1998년 4월 하시모토 류타로橋本龍太郎 정권은 '주변 사태에 임하여 일본의 평화 및 안전을 확보하기 위한 조치에 관한 법률'(이하 '주변 사태법'이라 한다)과 자위대법 개악, 일미물품역무상호제공협정ACSA 등 세 가지 관련법을 국회에 제출했다. 주변 사태법은 한반도 유사시에 일본의 자위대가 미군의 후방을 지원한다는 내용으로, 헌법 9조가 금지하는 집단적 자위권 행사에 해당한다는 점에서 반대 의견도 강했다. 1년 이상 지난 1999년 5월, 이 법은 자유민주당(이하 '자민당'이라 한다)의 오부치 게이조小渕恵三 총리 때 자민당과 연립 정권을 세운 공명당의 협조를 얻어 성립되었다. 이때부터 공명당은 국민의 눈을 속이며 자민당의 헌법 9조 파괴 행위를 돕는 역할을 해왔다.

신지침에서는 최초로 '아시아·태평양 지역과 이를 넘어선 지역'으로 지역의 범위를 지구적 규모로 확대함으로써 일미동맹의 글로벌한 성격을 강조하고 있다. 그리고 'Ⅳ. 일본의 평화 및 안전의 빈틈없는 확보'의 'D. 일본 이외의 나라에 대한 무력공격 시 대처 행동' 내용에 집단적 자위권 행사를 용인한 2014년 7월 1일 각의 결정의 가장 골자가 되는 문안을 집어넣은 것이 바로 신지침의 요체다.

> 자위대는 일본과 밀접한 관계에 있는 타국에 대한 무력공격이 발생하고, 일본의 존립이 위협받으며, 국민의 생명과 자유와 행복 추구의 권리가 뿌리째 흔들리는 명백한 위험이 있을 때, 그 사태에 대처해 일본의 존립과 일본 국민을 지키기 위해 무력행사를 동반한 적절한 작전을 실시한다.

바로 이것이 각의 결정의 내용을 그대로 사용한 대목이다. '밀접한 관계에 있는 타국에 대한 무력공격이 발생한' 경우에도 자위대는 '무력행사'를 한다고 함으로써 집단적 자위권 행사를 용인한다고 선언하고 있다. 일찍이 국회에서 벌어진 논쟁 따위는 철저히 무시하고 의회제 민주주의를 짓밟는 3차 아베 정권의 태도가 노골적으로 드러나는 부분이다. 이중 제3항목의 '해상 작전'에 앞에서 언급한 '기뢰소해' 활동이 들어가 있다.

더구나 여당이 협의한 안전보장 관련 법안에 관한 '정부 통일 견해의 요지'에서는 1999년 오부치 총리의 답변, 즉 "주변 사태가 벌어지는 지역에는 자연히 한계가 있는데, 이를테면 중동이나 인도양에서 발생하는 일은 현실 문제로 상정할 수 없다"는 말을 인용하여 일부러 '이 지역들도 미리 배제할 수 없다'고 해놓았다.

더구나 제4항목의 '탄도미사일 공격에 대처하기 위한 작전'에서는

'자위대와 미군은 탄도미사일을 맞받아치는 공격으로 협력한다'고 하여 지구적 규모의 협조를 명시하고 있다. 이런 것도 국회에서 국내법을 심의해 성립시켜야 할 일이다. 실로 3차 아베 정권은 국내적 합의를 일체 무시하고 미국과 약속을 주고받았다. 좌시할 수 없는 대미 종속적인 자세가 아닐 수 없다.

왜 이런 일이 가능해졌을까? 그 이유는 일미안전보장조약에 근거한 신지침이 '어느 정부도 법적 의무를 발생시키지 않는다'고 하면서도, 양국 정부가 '각자의 판단으로 구체적인 정책과 조치에 적절하게 반영할 것을 기대한다'고 명시해놓았기 때문이다. 외국과 맺은 조약의 개정이라면 국회의 승인이 불가결하다. 그러나 행정 권력인 일미 정부 사이에 성립한 합의이기 때문에 입법 권력인 국회는 신지침의 개정에 관여하는 일이 불가능하다. 그럼에도 정부 사이의 합의는 국제적 약속과 같은 의미를 지닌다.

3차 아베 정권의 노림수는 명백하다. 앞의 가이드라인 개정 때와 마찬가지로, 정부 사이에 합의를 먼저 해놓고 사후적으로 전쟁법제를 국회에서 억지로 밀어붙여 통과시키려는 심산이다.

신지침의 내용은 뚜렷하게 일미안전보장조약의 위반이기도 하다. 일미안전보장조약 제4조에서는 '일본국의 안전 또는 극동의 국제적 평화 및 안전'을 규정하고 있다. 일미안전보장조약을 개정하지 않은 채 '아시아·태평양 지역과 이를 넘어선 지역'이라고 확대 규정할 수는 없는 일이다. 아베 정권은 이중 삼중으로 국회를 무시했다. 위법과 탈법 행위를 자행하고 있는 것이다.

'빈틈없는 안전보장법제'의 전체 양상

국내에서 여당 협의로 합의된 사항은 헌법을 위반하는 '집단적 자위권 행사를 용인하는 각의 결정'이라고 우리가 비판해온 것, 즉 2014년 7월 1일 '나라의 존립과 국민을 지키기 위한 빈틈없는 안전보장법제의 정비에 관해'라는 각의 결정을 실행 가능케 하는 전쟁법제의 조문이다. 각의는 2015년 5월 14일에 열한 가지의 안전보장 관련 법안을 결정해 15일에 국회에 상정했다.

'빈틈없는'이라는 표현이 의미하는 바는 '언제든지, 어디서든지, 어떤 전쟁이든지' 모든 형태로 미국의 전쟁에 무력행사를 통해 가담한다는 말과 다르지 않다(와타나베 오사무渡辺治, 〈아베 정권은 무엇을 지향할까, 어떻게 거부할까〉, 《9조의 모임 전국토론집회 보고》, 2015. 3. 15).

'언제든지'라고 한 자위대 해외 파견 항구법

우선 '언제든지'라는 표현은 타국의 군대가 벌이는 전쟁을 항시 지원할 수 있게 하는 항구법恒久法의 제정을 의도하고 있다. 자위대의 해외 파견을 처음으로 인정한 것은 1992년 '유엔 평화유지 활동 등의 협력에 관한 법률'(이하 'PKO 협력법'이라 한다)이었다. PKO 협력법에는 첫째, 정전 합의가 있을 것, 둘째, 일본이 참가하는 것에 대해 분쟁 당사자 측과의 합의가 있을 것, 셋째, 중립적 입장을 엄수할 것, 넷째, 앞의 세 조건이 충족되지 않으면 철수할 것, 다섯째, 무기 사용은 대원의 생명과 신체 방어에 한할 것이라는 조건들이 붙어 있다.

다시 말해 '정전 합의가 있을 것'이라는 조건이 붙어 있기 때문에 PKO 협력법으로는 전시에 자위대의 해외 파견이 가능하지 않았다. 그러나 이것을 전환시킨 것이 바로 9년 후인 2001년, '헤이세이平成* 13년 9월 11일 미합중국에서 발생한 테러 등에 대해 행해지는 유엔 헌장의 목적 달성을 위한 외국 활동에 대해 일본이 실시하는 조치 및 관련 있는 유엔 결의 등에 기초한 인도적 조치에 관한 특별조치법'(이하 '테러대책 특조법'이라 한다)이었다.

법률의 명칭에서도 명확하게 드러나듯, '테러대책 특조법'은 일본의 고이즈미 준이치로小泉純一郎 정권이 9·11 사태 이후 미국이 선포한 '테러와의 전쟁'에 자위대를 참가시킨 법률이다.

미국의 조지 부시 대통령은 알 카에다라는 테러리스트 집단이 9·11 테러를 저질렀다고 했고, 아프가니스탄에 숨어 있는 테러 주동자 오사마 빈 라덴의 신병을 미국에 인도하라고 당시 탈레반 정권에 요구했다. 그러나 아프가니스탄의 탈레반 정권이 이 요구에 응하지 않았기 때문에 미국은 유지국有志國**을 모집해 군사 공격을 개시했다. 인도양에서 일본군의 해상자위대가 유지국들의 함선에 급유해준 것이 '테러대책 특조법'에 의한 전쟁 지원이었다.

유지국의 군사 공격으로 탈레반 정권이 붕괴하자 미국 석유회사

유노칼Unocal의 고문이었던 하미드 카르자이Hamid Karzai가 잠정적으로 정권의 책임자가 되었다. 그러나 가장 중요한 인물인 오사마 빈 라덴은 찾아내지 못했다. 미국 국민의 불신과 분노가 분출하는 가운데 부시 대통령은 2002년 일반교서* 연설에서 빈 라덴을 잡을 수 없는 까닭은 테러리스트를 지원하는 국가가 있기 때문이라고 하면서 이라크, 이란, 북한을 지목해 '악의 축'으로 상정했다. 그중에 우선 이라크를 가상 적국으로 삼아 '대량 살상 무기를 보유하고 있다'는 이유로 군사적 위기를 고조시켰다.

몇 번에 걸쳐 유엔의 핵 사찰단이 이라크의 군사 시설을 조사했지만 대량 살상 무기인 핵무기는 발견하지 못했다. 미국 부시 정권은 영국 블레어 정권을 끌어들여 생물학 무기나 화학 무기를 갖고 있다고 하면서 이라크가 대량 살상 무기를 보유했다는 의혹을 더욱 증폭시켰다.

유엔의 핵 사찰 때 이라크가 보유한 모든 미사일의 탄두를 조사한 결과, 이라크가 장거리 미사일(대륙간탄도미사일)을 보유하지 않고 있다는 사실이 분명하게 밝혀졌다. 이라크의 지구 반대편에 위치하기 때문에 단독으로 전쟁을 벌일 명분이 없었던 미국은 영국을 끌어들였다. 이라크에서 미사일을 쏜다면 영국이 사정거리 안에 들어가기 때문이었다.

부시 정권과 블레어 정권은 이라크가 보유한 대량 살상 무기에 의

---

* 연초에 미국 대통령이 상하원 합동회의에서 발표하는 교서이다. 내정과 외교의 기본 방침을 밝히고 의회에 입법을 요청한다.

해 영국이 '무력으로 공격당할 수 있는 사태를 무력공격과 동일하다고 간주하고, 미국과 영국의 군사동맹에 기초한 집단적 자위권을 선제적으로 행사할 것'을 내세워 유엔헌장 제1조가 금지하고 있는 선제공격을 개시했다. 2003년 3월에 시작된 이라크전쟁의 구실은 이러했다.

1차 세계대전 후 일본 외교관 등의 노력으로 프랑스와 미국이 맺은 파리 협정*을 유엔 가맹국 대부분이 비준한 결과, 국권의 발동인 전쟁은 국제법 위반이 되었다. 이 유엔 합의를 위반하고 침략 전쟁을 벌인 나라가 추축국인 독일, 이탈리아, 일본이었다. 이 세 나라를 제압한 연합국은 5,000만 명 이상 희생자를 낸 2차 세계대전 이후로 전쟁은 말할 것도 없고, 무력에 의한 위협 또는 무력행사 같은 일체의 선제공격을 국제법 위반이라고 유엔헌장 제2조로 규정했다(따라서 일본국헌법 9조 1항은 세계 표준이라고 할 수 있다).

유엔헌장 제2조를 위반하고 선제공격을 가한 나라가 있으면 유엔은 안전보장이사회를 열어 제재(완곡한 경제 제재에서 군사 제재에 이르는 폭넓은 조치를 말한다)를 결정한다. 그리고 제재를 가할 때까지 주어지는 한정적인 기간에 선제공격을 받은 나라는 자기방어를 위한 무력행사에 나설 수 있다. 이것이 유엔헌장 제5조에서 규정하는 자위권이다. 한 나라만 반격하는 것은 개별적 자위권 행사이고, 다른 나라와 군사동맹을 맺고 함께 반격하는 것이 집단적 자위권 행사이다.

―――――
* 　1928년 미국과 프랑스의 주도로 15개국이 체결한 전쟁 포기에 관한 조약이다. '켈로그―브리앙 조약'이라고도 한다.

부시 정권의 미국과 블레어 정권의 영국은 실제로 이라크로부터 전혀 무력공격을 받지 않았다. 그럼에도 '예측할 수 있는 사태'라는 구실을 내세워 집단적 자위권의 선제적 행사를 통해 유엔헌장이 금지한 선제공격을 가한 것이다. 그러나 후세인 정권이 붕괴한 이라크에서 대량 살상 무기는 발견되지 않았다. 국내에서도, 유엔에서도 거짓 구실을 붙였던 부시와 블레어는 유엔헌장이 금지한 선제공격의 책임을 격렬하게 추궁당했고, 이라크전쟁은 '국제법을 위반한 전쟁 irregular war'이라고 규탄받기에 이르렀다.

이 무법적 침략 전쟁에 대해 일본의 고이즈미 정권은 '이라크에 대한 인도적 부흥 지원 활동 및 안전 확보 지원 활동 실시에 관한 특별조치법'(이하 '이라크 특조법'이라 한다)을 통해 후방 지원 체제를 갖추었다. 그리고 육상자위대를 이라크의 사마와에, 항공자위대를 쿠웨이트와 바그다드 사이의 항공 수송 활동에 파견했다(국제법 위반의 침략 전쟁에 가담한 고이즈미 준이치로의 책임은 전혀 추궁당하지 않고 있다).

테러대책 특조법도, 이라크 특조법도 연장이 불가능해진 단계에서는 더 이상 기능하지 못한다. 기간이 정해진 시한부 입법이었던 것이다. 그때마다 대규모 반대 운동이 일어났다. 그러므로 아베 정권은 자위대를 해외에 파견하는 국제평화지원 법안을 항구법으로서 국회에 제출한 것이다.

이토록 국민을 속이고 우롱하려는 명명법은 달리 없을 것이다. 이 법률이 규정하는 바는 '외국 군대 등을 협력 지원할 것'이다. 외국 군대가 벌이는 활동은 군대인 이상 전쟁이기 때문에 이것은 전쟁지원법이나 마찬가지이다. 하지만 외국 군대 등이 벌이는 활동과 일본이 주체적이고 적극적으로 기여하는 것을 '국제평화 공동대처사태'라고 이름 붙임으로써 완전히 반대되는 국제평화지원법으로 전환시키고 있다.

'어디서든지'라고 한 주변 사태법 개악

1997년 가이드라인을 개정할 때에는 한반도의 유사시를 상정했다. 그러나 그 법을 정비하는 데 반대 의견이 많았기 때문에 1999년 오부치 게이조 정권 때까지 주변 사태법은 국회를 통과하지 못했다. 이때 국회에서 오부치 총리는 "주변 사태가 일어나는 지역에는 자연히 한계가 있는데, 이를테면 중동이나 인도양에서 발생하는 일은 현실 문제로 상정할 수 없다"고 답변했다. 2015년 4월 27일 가이드라인의 재개정을 승인한 정부 의견에서는 일부러 이 답변을 인용하여 '이 지역들도 미리 배제할 수 없다'고 규정하고 있다. 한마디로 중동이나 인도양까지 자위대가 출동하겠다고 선언한 것이다.

그러므로 주변 사태법을 개악한 '중요영향사태 안전확보 법안'은 모든 지역적 한정을 없애겠다는 말이다. 또 그대로 방치하면 나라가 직접적인 무력공격을 받을 수 있는 사태를 '중요영향사태'로 정의하고 미군 등을 후방 지원하겠다는 것이다. 이때 '미군 등'은 실제로 '미군과 유엔헌장의 목적을 달성하는 데 기여하는 외국군 기타'로 규정하고 있기 때문에 세계 어느 곳에서든 모종의 군사적 행동이 일어나면 자위대가 후방 지원에 나설 수 있다. 결국 세계 곳곳에서 군사행동을 벌이고 있는 미국이나 타국의 군대를 지구적 규모로 지원하는 것이 '어디서든지'라는 표현이 의미하는 '중요영향사태'의 본질이다.

더구나 이제까지 자위대의 해외 활동은 PKO 협력법에 기초하여 정전 합의가 이루어진 비전투 지역에 한정되어 있었다. 만약 PKO 협력법에 의해 자위대를 파견한 지역이 비전투 지역이 아닌 경우에는 철수하도록 되어 있었다. 하지만 주변 사태법을 개악한 중요영향사태 안전확보 법안은 비전투 지역이라는 한정을 벗어던짐으로써 현재 전투 행위가 이루어지는 현장이 아니라면 '어디서든지' 활동할 수 있도록 해놓았다.

당연히 무기 사용에 대해서도 기존의 PKO 협력법 등에서는 '파견 요원의 자위 목적'에 한정됐던 규정이 바뀌었다. 이제는 "직무에 따라 자기 관리 밑으로 들어온 자를 보호하기 위해", "미군 등과 함께 숙영宿營* 하는 외국의 숙영지가 공격당했을 경우, 미군 등의 요원과 공동으로 무기를 사용할 수 있다"고 단번에 조건을 확대하고 있다. 이로써 자위대원은 세계 '어디든지' 파견되어 그곳에서 서로 죽고 죽이는 일에 돌입할 수 있다는 사실이 불을 보듯 명확해졌다.

'어떤 전쟁이든지'라고 한 무력공격 사태법 개악

'빈틈없는 안전보장법제'에서 가장 위험한 것은 집단적 자위권의 행사를 용인한 2014년 7월 1일의 각의 결정 문안을 넣어 개악한 '무력

---

* 군대가 훈련이나 전쟁을 수행하기 위해 병영 밖에서 머물러 지내는 일을 말한다.

공격 사태법'이다.

무력공격 사태법이 이른바 '유사시 법제'의 중심에 놓이면서 일본 국회를 통과한 것은 2003년이었다. 그해는 미국과 영국이 "무력공격을 예측할 수 있는 사태도 무력공격과 동일하다"고 간주하고, 유엔헌장을 위반한 채 집단적 자위권의 선제적 행사라는 이름으로 이라크를 선제공격한 때였다.

무력공격 사태법 안에는 '일본에 대한 외부의 무력공격'으로서 "1. 무력공격", '무력공격이 발생한 사태 또는 무력공격이 발생할 명백한 위험이 닥쳐오는 사태'로서 "2. 무력공격 사태", 그리고 '무력공격 사태에는 이르지 않았지만 사태가 긴박하고 무력공격을 예측할 수 있는 사태'로서 "3. 무력공격 예측 사태"라는 표현을 넣었다.

그러나 고이즈미 준이치로 정권 때조차 집단적 자위권 행사는 헌법 9조 위반이라는 해석으로 지금까지 12년 동안 무력공격 사태법을 비롯한 유사시 법제는 존재하기는 했어도 시행된 적은 없었다.

그런데 2015년 5월 14일 각의에서 결정한 무력공격 사태법을 개악한 법안에는 앞서 말한 세 가지 외에도 집단적 자위권 행사를 용인한 각의 결정 문안이 그대로 들어간 "4. 존립 위기 사태"가 설정되었다. 그것은 '일본과 밀접한 관계에 있는 타국에 대해 무력공격이 발생하고, 그로써 일본의 존립이 위협받으며, 국민의 생명, 자유와 행복 추구의 권리가 뿌리째 흔들리는 명백한 위험이 있는 사태'라는 규정이었다. '일본과 밀접한 관계에 있는 타국에 대해 무력공격이 발생한' 경우를 상정해놓은 것이야말로 집단적 자위권 행사를 용인하는 사고방식의 핵심이다. 이때 '타국'은 주로 일미안전보장조약을 맺은 미국을 가리키는 만큼 '모든 형태로 미국의 전쟁에' 협력할 수 있도록 해놓은 것이다.

이것이 '빈틈없는 안전보장법제'의 중요한 문제점이다. 주변 사태법, 무력공격 사태법 외에도 자위대법을 개악한 가운데 앞서 말한 '존립 위기 사태'의 규정이 이루어졌고, '외국에 나가 있는 자국민의 경호와 구출' 임무와 그때 필요한 '무기 사용'을 허용하고 있다. PKO 협력법의 개악에서는 '급히 달려나가 경호하는' 임무를 추가했고, "자신과 활동 관계자를 보호하기 위해 무기를 사용할 수 있다"고 해놓았다. 이 역시 자위대 병사를 죽고 죽이는 관계 속으로 몰아넣는 일이다.

이 밖에도 미군행동관련조치법, 해상수송규제법, 포로취급법, 특정공공시설이용법, 국가안전보장회의설치법, 선박검사활동법 등 모두 열 가지 법의 개악이 이루어졌다. 그럼에도 아베 정권은 이 모든 법을 '평화안전법제 정비 법안'이라는 이름을 붙여 하나로 총괄하고자 한다.

아베 정권은 전후 70년 동안 헌법 9조를 통해 전쟁을 하지 않는 나라였던 일본을 기초부터 뒤엎고 있다. 이 아베 정권의 폭거를 제압하는 대대적인 국민적 운동을 씩씩하게 펼쳐나가야 한다. 그러기 위해서도 우선 '빈틈없는 안전보장법제'라는 전쟁법제의 본질을 국민에게 얼마나 신속하고 대대적으로 알리느냐가 중요하다.

'9조의 모임' 운동과
1차 아베 정권의 붕괴

3차 아베 정권이 강조하는 '빈틈없는 안전보장법제'의 핵심은 '빈틈없는'이라는 개념이다. 3차 아베 정권이 없애려고 하는 '빈틈'이란 9조의 모임을 포함한 풀뿌리 운동이 1차 아베 정권을 타도하는 가운데 생겨났다는 점이 중요하다. 그 기억을 또렷하게 떠올려 운동의 교훈으로 삼아야 한다.

9조의 모임이 시작된 배경

9조의 모임을 제창한 이노우에 히사시井上ひさし, 우메하라 다케시梅原猛, 오에 겐자부로大江健三郎, 오쿠다이라 야스히로奥平康弘, 오다 마코토小田実, 가토 슈이치加藤周一, 사와치 히사에澤地久枝, 쓰루미 순스케鶴見俊輔, 미키 무쓰코三木睦子 등 9명이 성명을 내고 기자회견을 한 것은 2004년 6월 10일이었다. 전쟁터인 이라크의 사마와에는 이라크 특조법에 의해 육상자위대를 이미 파견했고, 항공자위대는 쿠웨이트와 바그다드 사이에서 수송을 맡고 있었다. 헌법 9조가 엄연히 있는데도 유엔헌장을 위반한 미국과 영국의 무법천지 전쟁에 자위대가 협력하고 있는 상황이었다.

9조의 모임 성명은 우선 "일본국헌법은 현재 커다란 시련에 처해 있습니다"라는 말로 강한 위기감을 표명하며 헌법 제정의 역사적 경위를 총괄했다. 그리고 미국과 함께 '전쟁하는 나라'로 일본을 만들려는 개헌의 움직임에 경종을 울린 다음, 2004년의 상황을 다음과 같이 파악했다.

"미국의 이라크 공격과 점령이라는 진구렁 상태는 무력으로 분쟁을 해결하는 것이 얼마나 비현실적인지 낱낱이 밝히고 있습니다. 무엇보다 무력의 행사는 그 나라와 지역에서 민중의 삶과 행복을 빼앗는 일일 뿐입니다. 1990년대 이후에 발생한 지역 분쟁에 강대국 군사가 개입했어도 분쟁을 해결하는 데에는 별 도움이 되지 못했습니다. 그렇기에 동남아시아와 유럽 등지에서는 외교와 대화를 통해 분쟁을 해결하기 위해 지역적인 틀을 확립하려는 노력을 강화하고 있습니다."

앞서 언급한 것처럼 미국과 영국은 2003년 3월 20일부터 유엔 안보리의 결의도 없이 이라크 영토를 공격하기 시작했다. 미군은 4월에 바그다드를 함락하고 12월에 사담 후세인을 체포했다. 하지만 이라크 전국에서 반미와 반점령을 주장하는 게릴라 활동이 활발해져 치안은 점점 더 악화되었다. 2004년 3월에는 유지연합의 일각을 담당했던 스페인이 정권 교체에 따라 철군을 결정하자 이라크에 대한 점령 통치가 흔들렸다. '무력공격을 예측할 수 있는 사태'를 무력공격이 행해진 것과 같다고 간주하고, 집단적 자위권을 선제적으로 행사한 다는 구실로 미국과 영국이 이라크 공격을 강행하는 가운데 일본의 고이즈미 준이치로 정권은 앞서 설명한 무력공격 사태법을 중심으로 한 유사시 법제를 제정해나갔다.

자민당 하나가 아닌 복수의 정당이 개헌 정당이 된 1993년부터 개헌을 둘러싼 '불편부당한' 속박이 없어지자 〈요미우리신문〉은 전격적으로 PKO 협력법을 통한 개헌 캠페인을 전개하기 시작했다. 처음에는 자위대를 해외에 파견한 미야자와 기이치宮澤喜一 정권에 대해 야당이 불신임안을 제출했고, 오자와 이치로小沢一郎 그룹과 하토야마 유키오鳩山由紀夫 그룹이 여기에 찬성해 미야자와 정권은 붕괴했다. 그 후 총선거에서 오자와 그룹은 하타 쓰토무羽田孜를 당수로 내세운 신생당을, 하토야마 그룹은 다케무라 마사요시武村正義를 당수로 내운 신당 사키가케를 결성해 자민당을 나왔다. 그리고 호소카와 모리히로細川護熙를 당수로 하는 일본신당과 함께 "9조를 수정하여 국제적으로 공헌할 수 있는 일본을!"이라는 공약을 내건 개헌 선거에서 승리를 거둠으로써 7당 1회파의 호소카와 정권을 세웠다.

이후 개헌 여론은 매년 증가했고 〈요미우리신문〉은 매년 4월 첫째 주에 헌법 여론을 조사해 그 결과를 발표했다. 2004년의 조사에서 '헌법을 바꾸는 편이 낫다'는 사람은 65%, '바꾸지 않는 편이 낫다'는 사람은 고작 22%였다. 개헌파가 호헌파의 3배가 된 시점부터 9조의 모임 활동이 시작되었다.

전국의 주요 도시에서 열린 9조의 모임 강연회에는 정원을 훨씬 웃도는 사람들이 모여들었다. 일본의 자위대를 전쟁터인 이라크에 파견한 데 대해 강한 위기의식을 드러낸 것이다. 강연회 참가자들은 "도대체 우리는 어떻게 하면 좋을까"라는 절박한 질문을 던졌지만, 9조의 모임 성명서는 "지금 당장 한 사람 한 사람이 할 수 있는 모든 노력을 시작하기를 호소합니다"라는 추상적인 말로 끝을 맺었을 뿐이다. 그러던 것이 2004년 가을 무렵부터 전국 각지의 직장, 학교 등에서 각각 9조의 모임을 결성하는 방향으로 구체화되는 움직임이 자연발생적으로 일어나기 시작했다. 2005년에는 5월 3일 헌법기념일을 앞두고 가속화되어 마침내 전국에 3,000개에 달하는 9조의 모임이 결성되었다.

풀뿌리 운동의 힘

이러한 가운데 7월 말 도쿄의 아리아케 콜로세움에서 만 명을 위한 강연회가 열렸을 때, 나는 사무국장으로서 참가자들에게 "9조의 모임 성명서에 찬동하고 사상, 신조, 정치적 입장 등을 넘어서는, 진정으로 광범위한 사람들이 참가하는 '모임'을 조직해 과반수 여론을 한데 모으자"라는 단 하나의 방침을 호소했다.

하지만 9조의 모임 3,000개의 힘으로는 참의원에서 부결한 법안을 막을 수 없었다. 또한 중의원을 해산하고 국민에게 우정민영화의 찬반을 물으려고 한 9월 고이즈미 정권의 극장형 선거에서 자민당이 대량 득표하는 것도 막을 수 없었다. 자민당은 296석을 획득했기 때문에 공명당과 합치면 중의원에서 명문 개헌에 필요한 3분의 2 이상의 의석을 얻은 것이다. 10월 28일에 자민당의 신헌법 초안이 나왔는데, "전항前項의 목적을 달성하기 위해 육해공군과 기타 전력은 보유하지 않는다. 국가의 교전권 역시 인정하지 않는다"라고 한 9조 2항의 내용을 전부 삭제해버리고, "자위군을 보유한다"는 조항을 명시했다.

같은 날 열린 일미외무방위각료회의에서는 미국 해병대와 일본 자위군이 함께 세계의 어디를 향해서도 공격할 수 있는 오키나와의 헤노코辺野古 신기지 건설을 결정했는데, 이는 현재 중대한 문제가 되고 있다. 또한 미국과 군사기밀을 공유하고 신속한 군사적 판단을 내리기 위한 일본판 NSC(국가안전보장회의)와 군사기밀을 보호하는 법 체제의 제정도 결정했다. 이에 합의한 3차 고이즈미 정권의 내각관방장관이 바로 아베 신조라는 정치가였다. 그 당시 부시 정권과 한 약속을 실행에 옮기기 위해 2차 아베 정권은 2013년 국민의 강력한 반대를 뿌리치고 국가안전보장회의법과 특정비밀보호법을 강행 처리로 성립시켰다.

아베 신조는 자신의 임기 중에 명문 개헌을 이루기 위해 먼저 전후 민주주의 체제를 해체하고자 1947년 교육기본법의 개악을 공약으로 내걸고 자민당 총재 선거에서 승리했다. 이로써 2006년 9월 1차 아베 정권이 성립했다. 이때 9조의 모임은 전국에 4,800개였다. 이 힘으로는 교육기본법 개악을 저지하는 것은 불가능했다. 결국 12월

15일 개악 법안이 강행 처리로 채결採決*되었다.

다음 해 2007년 4월 국회는 명문 개헌을 위해 반드시 필요한 절차법인 국민투표법을 중의원의 특별위원회에서 논의했다. 〈요미우리 신문〉은 헌법 여론조사에 대해 이렇게 보도했다.

"3년 연속 '현행 헌법을 개정하지 않는 편이 좋다'는 사람이 늘고, '개정하는 편이 낫다'는 사람이 줄어 팽팽하게 대립하고 있다."

그러고 나서 열흘쯤 지나 자민당과 마찬가지로 개헌 정당이었던 민주당의 오자와 이치로 대표는 중의원 특별위원회의 민주당 이사직을 사퇴하고, 아베 정권이 추진하는 개헌에는 협력하지 않겠다는 자세를 명확하게 밝혔다. 여론의 변화가 민주당의 태도를 바꾼 것이다. 국민투표법은 5월 14일에 자민당과 공명당에 의해 강행 채결되었다. 민주당은 7월 중의원 선거를 앞두고 6월에 정책을 발표하며 자민당과 대결하려는 태도를 뚜렷이 내세웠다.

7월 참의원 선거에서는 민주당을 비롯한 야당이 승리하며 다수파가 되었다. 중의원에서는 여당이 3분의 2 이상의 의석을 차지했지만, 참의원에서는 야당이 다수를 차지해 '반쪽 국회'가 되었다. 유권자가 개헌을 단호히 거부한 것이다. '임기 중 명문 개헌'이라는 공약이 실현 불가능해졌으므로 아베 총리는 이때 사임했어야 마땅하지만 계속 임무를 수행하겠다고 선언했다.

당시 9조의 모임은 전국적으로 6,000개를 넘어섰다. 전국에서 9

---

* 　의장이 의안議案의 채택 가부를 물어 결정하는 것을 말한다.

조의 모임을 결성하는 활동이 여론을 크게 움직이는 영향력을 발휘한 것이다. 헌법 9조를 수호하는 일에 공조할 수 있는 사람들은 당파를 초월하는 자세로(자민당도 포함해) 지역, 직장, 학교에서 적극적으로 9조의 모임을 결성해갔다. 모임의 결성을 호소하는 사람들을 결집하고, 나아가 참가자들의 호소에 서로 응답하며 힘을 실어주는 과정에서 여론은 구체적이고 실천적으로 바뀌어갔다.

민주당 대표 오자와 이치로는 참의원 선거의 승리를 선언하면서 테러대책 특조법에 근거해 인도양에서 급유 활동을 벌인 것은 유엔 안보리의 결의를 얻지 않았기 때문에 헌법 위반이라고 표명했다. 나는 그러한 주장이 나오리라고는 꿈에도 생각하지 못했다. 왜냐하면 1990년대에 오자와 이치로는 해석 개헌의 중심인물이었기 때문이다. 여론을 바꾼다는 것은 추상적인 것이 아니라 정치를 구체적이고 실천적으로 바꾸는 힘이라는 것을 9조의 모임을 포함한 풀뿌리 운동은 증명해 보였다.

자위대의 해외 파견은 위헌

2007년 9월 5일 오스트레일리아의 시드니에서 부시 대통령과 아베 총리가 일미수뇌회담을 가졌다. 그 자리에서 아베 총리는 아프가니스탄에 자위대를 파견하고 인도양에서 급유 활동을 지속하라는 강력한 요구를 받았고, '총리직을 걸고' 그 요구를 수행하겠다고 부시 대통령에게 약속했다는 보도가 나왔다. 그러나 인도양에서 벌이는 급유 활동을 헌법 위반이라고 민주당이 반대의 뜻을 명확하게 주장했기 때문에 참의원에서 부결되었고, 그 후 중의원에서 숫자의 힘으로 재가결하는 방법으로 연장할 수밖에 없었다.

유엔 평화유지군으로 아프가니스탄에 자위대를 보내는 일에 대해서는 내각법제 국장이 강력하게 반대했다. 왜냐하면 1992년 미야자와 정권하에서 PKO 협력법이 성립되었을 때, 자위대를 파견할 수 있는 곳은 비전투 지역이라고 제한했기 때문이다. 이는 이라크 특조법을 제정할 당시 고이즈미 준이치로 총리가 국회에서 "자위대가 가는 곳은 비전투 지역입니다"라고 답변함으로써 부동의 원칙이 되었다.

따라서 수도 카불을 비롯해 비전투 지역이라고 선을 그을 만한 곳이 한 군데도 없는 아프가니스탄에 PKO 협력법에 의거하여 자위대를 보내는 것은 불가능했다. 9월 12일 아베 총리는 신병을 이유로 돌연 사임했다. 이것이 '총리직을 걸겠다'는 말의 본뜻이었다면, 그야말로 비상식적인 대미 추종성이 표면으로 드러난 것이다.

1차 아베 정권의 뒤를 이은 것은 후쿠다 야스오福田康夫 정권이었다. 2008년 4월 8일 〈요미우리신문〉이 헌법 여론조사 결과를 발표했다. '현재의 헌법을 개정하지 않는 편이 좋다'고 생각하는 사람은 전년도보다 4% 증가해 43.1%가 되었다. '개정하는 편이 좋다'고 생각하는 사람은 3.7% 감소하여 42.5%가 되면서 1993년 이래 15년 만에 헌법을 '개정하지 않는 편이 낫다'고 대답한 사람들이 다수파가 되었다. 9조의 모임을 결성한 지 4년 만에 일어난 일이었다.

2008년 4월 17일 나고야고등법원재판소가 쿠웨이트에서 이라크의 바그다드로 다국적군을 수송하던 일본 항공자위대의 활동에 대해 '헌법 9조 위반'이라는 판결을 내렸다. 자위대의 이라크 파견을 헌법 위반이라고 제소한 소송이 전국 11개소에서 진행되었는데, 이미 10군데의 소송은 재판에서 패소한 상태였다. 그런데 9조의 모임을 포함해 전국 각지에서 일어난 풀뿌리 운동의 확산으로 여론이 바뀌자 미국의 무법적 전쟁에 자위대가 협력하는 것은 위헌이라는 판결이 최초로 나온 것이다.

행정 권력과 입법 권력이 수행하던 자위대의 '위헌' 활동에 대해 주권자인 국민 개개인이 헌법 9조를 내세워 헌법 위반 소송을 제기했는데, 이에 대해 사법이 '헌법 9조 위반'이라는 판결을 내린 것은 삼권분립과 입헌주의의 힘을 보여준 획기적인 사건이었다.

일본의 사법은 일미안전보장조약과 자위대에 관한 위헌 입법 심사권을 시종일관 방기해왔다. 그러나 미군을 비롯한 다국적군의 무장 병사를 공수하는 활동이 '헌법 9조 위반'이라는 획기적인 판결로 인해 사법의 위상은 달라졌다. 이 손해배상청구 재판에서는 원고가 패소하고 국가가 승소했기 때문에 국가는 상고를 할 수 없었고, 그 결과 획기적 판결은 확정으로 굳어졌다.

나고야고등법원재판소의 판결은 항공자위대의 공수 활동에 대해 "현대전의 수송 등 보급 활동도 전투 행위의 중요한 요소"라며, 그것은 "다국적군의 전투 행위 때 필요불가결한 군사상 후방 지원"일 뿐 아니라 "타국의 무력행사와 일체화된 행동"이라고 했다.

다시 말해 항공자위대의 활동은 '무력행사를 포기한다'고 명시한 헌법 9조 1항에 위배된다고 판단했다는 뜻이다. 즉 공수 활동만 떼어놓고 보면 그 자체는 무력행사에 해당하지 않지만 수송 등 보급 활동이 없으면 미군을 중심으로 한 다국적군의 전투 행위는 불가능하기 때문에 그와 같은 활동은 무력행사와 일체화된 행동이라고 판단한 것이다. 나아가 이 수송 활동은 '미국의 강력한 요청에 따른 것'이었다는 사실도 지적했다.

이때 중심이 된 인물이 현재 국회의원이자 항공막료장*을 역임한 다모가미 도시오田母神 俊雄이다. 항공막료장이었던 시절, 다모가미 도시오는 2008년 4월 17일에 나온 나고야고등법원재판소의 판결에 대해 다음 날 기자회견을 열었다. 그때 그가 당시 인기를 끌던 개그맨의 유행어로 "그딴 거 알 게 뭐야~"라고 대응한 일도 잊어서는 안 된다. 그의 말과 반대로, 사법의 위헌 판결은 행정 권력과 입법 권력이 자행해온 자위대의 해외 임무가 헌법 9조를 위반했기 때문에 결코 해서는 안 되는 일임을 명확히 규정했다.

'해서는 안 되는 일'이라는 '빈틈'을 없애려고 한 것이 바로 2014년 7월 1일 자위대 창설 60주년을 맞이한 날, 집단적 자위권 행사를 용인한 아베 정권의 각의 결정이자 3차 아베 정권이 국회에 제출한 '빈틈없는 안전보장법제'였다. 1차 아베 정권 때 해낼 수 없었던 일을 2차, 3차 아베 정권에서 모조리 해놓고 말겠다는 것이 현재 일본의 정치 상황이다.

———
*　　한국의 공군 참모총장 격이다.

주권자라는 시민들의 자각과 입헌주의에 발을 딛고, 국가권력에 제동을 거는 최고 법규인 헌법을 활용함으로써 여론은 헌법 위반을 무릅쓰고 자위대를 전쟁터로 파병하고자 한 1차 아베 정권을 타도했다. 이러한 여론은 지금도 결코 달라지지 않았다. 수많은 국민이 헌법을 위반한 전쟁법제에 반대하고 있다.

전후 70주년을 맞이한 2015년, 아베 신조라는 정치가는 1차 아베 정권이 해내지 못한 일을 남김없이 처리해버리려고 한다. 그가 거듭 강조하는 '역사적 사명'에 대한 집념이 어디에서 유래하는지 알기 위해서는 개헌 정당이 여럿이 된 1993년의 총선거를 전후로 어떠한 사태가 벌어졌는지 돌이켜볼 필요가 있다. 왜냐하면 아베 신조가 몹시 적대시하는 것이 바로 1993년 8월 3일에 있었던 고노 요헤이河野洋平의 담화, 그리고 1995년 8월 15일에 있었던 무라야마 도미이치村山富市의 담화이기 때문이다.

자위대 해외 파견의
어제와 오늘

3차 아베 정권에서 헌법 9조 위반이라고 입을 모아온 '집단적 자위권 행사를 용인하는 각의 결정'을 내린 날은 2014년 7월 1일, 바로 자위대 조직을 창설한 지 60주년을 맞이한 날이었다. 자위대를 창설한 것은 1954년 7월 1일이었다. 다시 말해 자위대라는 조직이 환갑을 맞이한 날, 아베 정권은 자위대를 그때까지와는 전혀 다른 조직, 즉 '언제든지', '어디서든지', '모든 군사행동'에 참가할 수 있는 '군대'로 전환시키고자 한 것이다.

자위대와 일미안보조약 체제

자위대 창설이라는 일본의 '재군비'로 치달은 계기는 한국전쟁이었다. 1950년 6월 25일 북한 군대가 38도선을 넘어 대한민국을 군사적으로 침공했다. 김일성은 군사력을 통한 남북통일을 지향했던 것이다. 그러나 이미 남북에 분단국가가 성립한 이후였기 때문에 북한의 군사행동은 유엔헌장 제2조가 금지하는 선제공격으로 규정되었다. 미국은 곧바로 군사적으로 개입할 것을 결정했다. 6월 27일 "무력 침공을 격퇴하고 이 지역의 국제적 평화 및 안전을 회복한다"는 유엔 안보리의 결의를 바탕으로 일본을 점령하고 있었던 미군이 유엔군으로서 한국전쟁에 참전했던 것이다.

그 순간만큼 연합군 총사령관 더글러스 맥아더가 "전항의 목적을 달성하기 위해 육해공군과 기타 전력은 보유하지 않는다"고 한 일본국헌법 9조 2항과 일본 국민을 주권자로 인정한 일을 후회한 적은 없었을 것이다.

미군이 일제히 일본에서 한반도로 상륙하는 바람에 전시 중이었는데도 일본의 미군 기지는 텅 비어버렸다. 미군 기지를 지키는 임무를 맡길 대상은 일본밖에 없었지만 일본은 군대를 조직해서는 안 되었다. 아무리 '황거 밖의 천황'이라고 불리던 맥아더라고 해도 군대를 창설할 수는 없었다. 미군 기지를 지키기 위한 장비를 갖춘 '경찰예비대'를 8월에 결성하고 나서 유엔군으로서 미군은 9월에 인천 상륙을 단행함으로써 한국전쟁에 참전했다. 일본국헌법 9조 2항이 엄연히 있음에도 일본이 군사력을 갖추게 된 재군비의 단초는 이때 마련되었던 것이다.

북한군은 부산까지 내려왔다. 인천에 상륙한 맥아더군은 남북의 허리를 잘라 승리를 거둔 다음 38도선을 넘어 단숨에 북으로 진격했다. 그리고 1949년 10월 1일에 막 건국을 선언한 중화인민공화국 근처까지 북진했다. 이렇게 깊숙이 진격한 작전은 트루먼 대통령의 의향을 거슬렀고, 마침 중화인민공화국의 의용군이 참전하는 바람에 맥아더군은 38도선까지 밀려 내려왔다.

미국 정부는 이렇게 생각했을 것이다. 맥아더를 해임하면 일본국 헌법을 제정했을 때 맺힌 응어리가 사라질 테니 한국전쟁이 한창일 때 평화조약을 맺고 일본을 독립시키자. 그런 다음 독립국이 된 일본과 미합중국이 군사동맹을 맺자. 그러면 국제법이 상위가 되기 때문에 비록 국내법인 헌법 9조 2항이 존재한다고 해도 재군비가 가능해진다.

1951년 4월 11일 맥아더는 해임되었고, 9월 8일 샌프란시스코 평화조약과 구舊일미안전보장조약이 동시에 체결되었다(참고로 현재의 일미안전보장조약은 아베 총리의 외조부이자 A급 전범 용의자인 기시 노부스케岸信介가 총리였던 시절 1960년 1월 19일에 개정한 것이다). 이 조약들의 효력이 나타난 것은 1952년 4월 28일이었다. 오키나와는 일본에서 분리되었고, 7월이 되자 곧장 육군력과 해군력을 갖춘 보안대가 조직되었으며, 2년 후인 1954년 7월 1일에는 자위대가 창설되었다.

전국적으로 미군 기지에 반대하고 재군비를 좌시하지 않겠다는 대규모 운동이 전개되었다. 요시다 시게루吉田茂 정권은 자위대가 헌법 9조 2항의 '육해공군 기타의 전력'이 아니라 '최소한도의 실력'이라고 설명했다. 이 설명의 논리에 기초해 '세 가지 요건'을 정해놓았다. 첫 번째 요건은 일본이 '급박하고 잘못된 사태'에 치했을 때, 즉 유엔헌장 제2조를 위반하는 무력공격 상태에 놓여 국민의 평화적 생존권(헌법 13조)이 성립하지 못할 경우이다. 두 번째 요건은 무력공격을 배제하기 위해 달리 적당한 수단이 없을 경우이다. 그리고 세 번째 요건은 필요하다면 자위대가 최소한도의 실력 행사를 행할 수 있다는 것이다.

국민은 미국이 하는 말을 그대로 따르는 요시다 시게루 자유당 정권에 분노하는 심정이었고, 여기에 힘입어 11월에 민주당이 결성되었다. 하토야마 이치로鳩山一郎를 총재로 세우고 기시 노부스케를 간사장으로 앉힌 민주당은 요시다 내각의 타도를 주장했다. 이들은 실제로는 헌법 9조를 위반한 일미안전보장조약에 의해 강제적으로 재군비를 추진하고 있었으면서도, 미국에 대한 국민의 반발심을 이용해 "미국이 강요한 헌법을 바꿔 자주적 헌법을 제정하고 자위대를 일본군으로 만들어 참된 독립을 획득하자"면서 개헌과 재군비를 주장했다. 이것이 '강요받은 헌법론'의 기원이다.

민주당이 1955년 총선거에서 제1당이 되었지만, 호헌 세력이 개헌을 저지하는 3분의 1 이상의 의석을 확보했기 때문에 자유당과 보수 합동으로 현재의 자민당을 결성했다. 따라서 2015년은 자민당을 결성한 지 60주년이 되는 해이기도 하다.

일미안보조약과 자위대에 대해 헌법 9조 위반이라고 주장하는 야당의 호헌 정당이 3분의 1 이상을 점하는 가운데 개헌 정당인 자민당은 단독 과반수 의석을 보유함으로써 정권을 차지했다. 하지만 3분의 2가 넘는 의석을 획득하지 못하면서 결과적으로 개헌은 불가능했다. 그러한 상태에서 자위대는 '자위를 위한 최소한도의 실력'이라는 해석을 유지한 채 증강되어갔다. 이러한 상태의 정치체제를 우리는 '55년 체제*'라고 명명해왔다.

매년 방위 예산을 심의할 때마다 국권의 최고기관은 자위대가 헌법 9조 2항이 금지하고 있는 '육해공군 기타의 전력'이 아니라 '최소한도의 실력', 바꿔 말하면 '일본의 영해 안에서 무력공격이 이루어지는데도 달리 그것을 배격할 적절한 수단이 없는 경우에만 행사하는 힘'이라고 답변해왔다. 한마디로 자위대의 모든 장비에는 헌법 9조 2항의 굴레가 씌워져 있었다. 이 점이 세계적으로 명확하게 밝혀진 계기가 1990년 걸프전쟁이었다.

자위대의 해외 파견과 55년 체제의 붕괴

1990년 8월 이라크군이 이웃 나라 쿠웨이트를 침공했다. 유엔헌장 제2조를 위반한 선제공격이었다. 유엔 안보리는 곧바로 이라크를 쿠웨이트에서 몰아내자고 결의했다. 1년 전까지 냉전 구조에 의한 미국과 소련의 대립으로 유엔 안보리는 제대로 기능하지 않았지만, 1889년 11월 9일 베를린 장벽이 무너지면서 냉전 구조도 바뀌었다. 한국전쟁 이래 처음으로 소련이 참가한 유엔 안보리 결의가 나온 것이다.

그러나 이라크는 쿠웨이트에서 철수하지 않았다. 미국은 다국적군을 조직해 이라크에 군사적 공세를 펼치려고 했고, 일본 정부를 향해 다국적군에 자위대를 파견하라는 강한 압력을 가했다. 일본은 이

---

* 　여당인 자민당이 정권을 유지하고 일본사회당이 제1야당이었던 체제를 말한다. 1955년에 이 구도가 성립했기 때문에 '55년 체제'라고 일컫는다.

때 2차 가이후 도시키海部俊樹 정권이었다. 1990년 10월 16일 가이후 내각은 유엔평화협력법안을 국회에 제출했다.

야당이었던 일본사회당이나 일본공산당은 자위대를 둘러싼 역대 자민당 정부의 헌법 9조 해석에 대해 자위대는 일본의 영해 안에서 무력공격을 받았을 때 반격하기 위한 '최소한도의 실력 행사'이기 때문에 자위대의 해외 파견 자체는 자민당의 해석에 비춰 보더라도 헌법 위반이라고 엄중하게 추궁했다.

그러자 국회 답변에서 당시 내각법제 국장 에토 아쓰오江藤敦夫는 종래 자민당의 헌법 9조 해석에 의하더라도 전투 상태가 될 가능성이 높은 해외에 자위대를 파견하는 것은 헌법 위반이라고 말했다. 또 자위대원의 신분이나 무기 휴대 등을 둘러싸고 가이후 정권의 답변이 바뀌면서 11월 8일 유엔평화협력법안은 폐기되었다.

11월 29일 유엔 안보리는 1991년 1월 15일까지 이라크가 쿠웨이트에서 철수하지 않으면 다국적군이 무력을 행사해도 어쩔 수 없다고 판단했다. 하지만 이라크는 쿠웨이트에서 철수하지 않았다. 그해 1월 17일부터 미국을 중심으로 한 '사막의 폭풍 작전'이라는 공중 폭격 작전에 의해 걸프전쟁이 벌어졌다. 2월 24일에는 '사막의 칼 작전'이라는 지상 공격이 개시됐다. 이로써 2월 27일 이라크는 유엔 안보리 결의를 받아들였고, 3월 2일 유엔 안보리는 정전을 결의했다.

가이후 정권은 국민 일인당 1만 엔, 총 1조 수천억 엔의 군사비를 다국적군에 냈다. 하지만 미국은 쿠웨이트 정부로 하여금 "일본은 돈만 내고 피와 땀은 흘리지 않겠다는 것인가"라는 발언을 하게 했다. 이런 말이 나온 까닭은 언젠가 미군과 함께 전쟁에 참가시키려고 생각한 일본의 자위대가 '군대가 아니라는(자위를 위한 최소한도의 실력이라는)' 것을 전 세계에 널리 알리고 말았다는 사실에 분노와 초조함을 느꼈기 때문일 것이다. 이 일은 당시 자민당 간사장이었던 오자와 이치로를 비롯해 정부와 자민당과 외무성, 자위대의 간부들에게 '걸프전쟁의 트라우마'로 남았다고 한다.

오자와는 헌법 해석을 변경하기 위해 자민당 안에 위원회를 만들고 검토 작업을 진척시켰다. 그래서 유엔 안보리 결의가 있다면 세계 어디서든지 국제적 공헌이라는 명목으로 자위대를 파견할 수 있다는 새로운 해석의 틀을 마련했다. 이 논리는 일본국헌법의 전문前文을 이용해 헌법 9조를 억제하겠다는 의도에서 나온 것이다. 헌법 전문의 두 번째 내용은 이렇게 되어 있다.

일본 국민은 영원한 평화를 염원하고 인간의 상호관계를 지배하는 숭고한 이상을 깊이 자각하며 평화를 사랑하는 국민의 공정과 신의를 신뢰하면서 우리의 안전과 생존을 유지할 것을 결의한다.

오자와 위원회는 이 뒷부분을 이용했다. 그의 논리는 이러했다. 유엔헌장 제2조를 위반하고 이라크가 쿠웨이트를 침공한 것은 '평화를 사랑하는 국민의 공정과 신의'가 무력에 짓밟혔다는 것이다. 이는 일본 국민이 스스로의 '안전과 생존을 유지하기' 위해 '신뢰하고' 있는 상황이 무력에 파괴당한 사태라고 할 수 있다. 그렇기 때문에 최소한도의 실력인 자위대가 해외에서 실력을 행사해도 관계없다는 것이다. 실로 곡예를 부리는 논리였다. 그러나 무리한 구실을 붙인 이 해석에 대해서는 여당인 자민당 안에서도 반대 의견이 나와 해석 개헌은 실현되지 않았다.

가이후 도시키 내각은 정치개혁법안 폐기의 책임을 지고 1991년 11월 5일 총사퇴했다. 가이후 정권이 9월 19일에 국회에 상정한 PKO 협력법은 미야자와 기이치 정권이 물려받아야 했다. 여하튼 미국은 자위대를 해외에 파견하라고 계속 압력을 가했다.

취임 당시 세계 평화 질서에 공헌할 것을 표명한 미야자와 총리는 해가 바뀐 1992년 1월에 미국의 조지 부시 대통령의 방일로 열린 일미수뇌회담에서 새 시대를 맞이해 미국과 일본의 상호 책임을 명확하게 밝힌 도쿄 선언을 발표했다. 그런데 도쿄 선언이 나오기 직전인 1991년 12월 21일에 소련이 붕괴한 터라 냉전 구조는 완전하게 소멸한 상태였다.

일미안보조약 체제의 기본 논리는 미국의 핵우산 아래에 들어감으로써 가상의 적으로 상정한 소련의 핵무기 위협으로부터 일본을 지킬 수 있다는 것이었기 때문에 1992년 시점에는 이미 그 효력이 없어졌다. 그러나 일본이 일미안보조약 체제에서 이탈하면 아시아에 주둔한 미군의 위상이 단번에 약화되기 때문에 부시 대통령은 무슨 일이 있어도 일본을 붙잡아두어야 했다. 도쿄 선언은 미국이 일본에 책임을 떠맡기려는 의도에서 나온 것이었다. 부시 대통령은 무슨 일이 있어도 PKO 협력법을 성립시키고 자위대를 해외로 내보낼 것을 강력하게 요청했다.

그러나 미야자와 정권은 자민당의 '비둘기파'였기 때문에 PKO 협력법에 강력한 제동 장치를 만들었다. 분쟁 당사자 사이에 정전 합의가 성립할 것, 분쟁 당사자가 평화유지군과 일본의 참가에 동의할 것, 중립적일 것, 앞의 세 원칙이 충족되지 않는다고 판단할 경우 독자적 판단으로 철수할 수 있을 것, 그리고 파견 요원의 자위만을 목적으로 한정해 무기를 사용할 수 있을 것 등 다섯 가지 조건을 내세웠던 것이다(이는 야당인 공명당의 지지를 얻기 위한 조건이기도 했다. 이때부터 공명당은 자민당의 자위대 해외 파견이 가능해지도록 하는 역할을 해왔다고 할 수 있다. 전쟁법안을 제지하는 역할이 아니라 국민의 눈을 속여 사태의 본질을 은폐하고 눈감아주는 역할을 해온 것이 공명당의 본모습이다).

여당과 야당이 국회에서 철야 공방을 펼친 끝에 1992년 6월 15일 자위대를 해외에 파견하는 PKO 협력법이 성립되었다. 그리하여 그해 9월에는 캄보디아, 1993년에는 모잠비크, 1994년에는 르완다, 1996년에는 시리아의 골란 고원 등에 자위대를 파견했다.

1998년 이 법의 개악에 의해 유엔 이외의 국제기관 활동이나 정전 합의가 없는 국제 인도적 구조 활동이 가능해졌고, 2001년 개악에 의해서는 유엔 평화유지군의 중심 업무에 참여하는 것을 비롯해 타국 요원과 무기나 탄약을 지키기 위한 무기 사용을 인정하기에 이르렀다. 결국 언제든지, 어디서든지 모든 군사행동에 참가하는 방향으로 개악이 착착 이루어지고 있던 셈이다.

1993년 6월에 처음으로 해외에 자위대를 파견한 미야자와 기이치 정권에 대해 야당이 내각 불신임안을 제출했다. 이 불신임안에 대해 자민당 내부의 오자와 이치로 그룹과 하토야마 유키오 그룹, 즉 구 다나카 파(다나카 가쿠에이田中角榮를 중심으로 한 자민당의 파벌로 그가 록히드 사건과 신병을 이유로 정계를 은퇴한 뒤, 다케시타 노보루竹下登가 뒤를 이었다. 1989년 다케시타 정권이 붕괴하자 분열했다)의 정치가들이 찬성했다. 그런데 그들이 찬성한 이유는 야당의 입장과 정반대였다. 다시 말해 그들이 내각 불신임안에 찬성표를 던진 까닭은 유엔 안보리 결의가 있으면 어디에라도 자위대를 보낼 수 있는데도 공명당과 타협한 미야자와 정권이 PKO 협력법의 다섯 가지 조건을 받아들임으로써 자위대를 비전투 지역에만 보내도록 했다는 점을 비판했기 때문이다. 결국 불신임안의 가결로 미야자와 내각이 총사퇴함으로써 총선거 국면으로 들어갔다.

오자와 이치로 그룹은 하타 쓰토무 대표의 신생당을 조직하고, 하토야마 유키오 그룹은 다케무라 마사요시 대표의 신당 사키가케를 결성함으로써 둘 다 자민당에서 이탈했다. 그들은 호소카와 모리히로가 이끄는 일본신당 등과 하나가 되어 55년 체제 안에서 자민당과 사회당 또는 공산당 사이에 펼쳐온 논쟁, 즉 '자위대는 헌법 9조 2항의 위반인가 아닌가'라는 비생산적인 헌법 논의를 멈추더니, 헌법 9조를 바꾸어 '국제적으로 공헌할 수 있는 일본'으로 만들자는 일대 개헌 선거 캠페인을 벌였다. 이 선거에서 개헌 신당이 하나같이 승리했고, 오자와 이치로의 정계 재편으로 인해 7당 1회파의 호소카와 모리히로 정권이 탄생했다. 이로써 55년 체제가 무너졌다.

일본군 '위안부'와 역사 인식의 문제

미야자와 기이치 정권 아래 자민당이 분열함에 따라 55년 체제는 붕괴했다. 구 다나카 파가 빠져나온 자민당에는 역사수정주의 세력이라는 불씨가 심어졌다. 그 중심에 놓인 문제가 바로 일본군 '위안부'이다.

유럽에서 동서 분단의 냉전 구조가 무너지는 동안, 아시아에서는 1991년 9월 17일 남북으로 분단된 한국과 북한이 유엔에 동시에 가입하는 일이 있었다. 이로 인해 한반도를 둘러싼 정세가 크게 출렁였다.

한국에서는 1987년 6월에 대통령 직접선거제를 요구하는 시민과 학생의 시위가 대대적으로 벌어졌다. 그 결과 16년 만에 그해 12월 대통령 직접선거가 이루어지는 결실을 맺었다. 13대 대통령으로 당선한 노태우는 북한과 화해 노선을 추진했고, 한국 사회는 급속도로 민주화의 길을 걷기 시작했다. 1990년 5월 24일 노태우 대통령이 일본을 방문했을 때 새로 천황의 자리에 오른 아키히토昭仁는 양국의 불행한 과거, 대일본제국의 식민지배 역사에 대해 '통한의 염'을 표명했다. 그리고 5월 29일 일본의 문부과학성(문부성)은 교육 현장을 향해 사회 과목을 비롯한 학교 수업에서 과거 한반도와 일본의 역사적 관계를 다루도록 요청했다. 이 과정에서 과거 일본군 '위안부'로 끌려간 여성들이 1990년에 일본 정부에 사실관계 조사를 의뢰했고 이듬해에 소송을 제기했다.

1992년 1월 16일에 방한한 미야자와 기이치 총리는 한국의 국회에서 일본군 '위안부' 문제를 공식 사죄했고, 닷새 후인 1월 21일 한국 정부는 일본군 '위안부' 문제의 진상 규명과 보상을 일본 정부에 요구하기로 결정했다. 이 단계에서 일본군 '위안부' 문제는 일본 정부와 한국 정부의 국가적 외교 문제가 되었다. 양국이 갈등한 핵심 사항은 일본 정부가 국가, 즉 군이 관여한 사실을 인정하지 않은 점이었다.

일본 정부의 태도에 대해 한국의 여성단체는 1990년 10월 17일 공동성명을 발표하고, "일본 정부는 조선인 여성들을 일본군 '위안부'로 강제 연행한 사실을 인정할 것, 이에 대해 공식적으로 사죄할 것, 만행을 하나도 빠짐없이 스스로 밝힐 것, 희생당한 사람들을 위해 위령비를 세울 것, 생존자와 유족에게 보상할 것, 이러한 과오를 다시 되풀이하지 않기 위해 역사 교육을 통해 이 사실을 지속적으로 이야기할 것"을 요구했다.

그러나 일본 정부는 태도를 바꾸지 않았다. 1991년 12월, 여기에 항의하는 의미로 본명을 밝히고 나선 김학순을 비롯해 일본군 '위안부'였던 한국 여성 세 명이 일본 정부에 사죄와 보상을 요구하며 도쿄지방재판소에 소송장을 냈다.

일본의 여성단체와 역사학자, 교육 관계자들이 연대하여 이러한 움직임에 호응을 보냈다. 1992년 역사학자 요시미 요시아키吉見義明는 군위안소 설치를 지지한 공문서 여섯 점을 찾아내 공개했다(《아사히신문》, 1992년 1월 11일자). 다음 날 당시 내각관방장관 가토 고이치加藤

紘一는 일본군의 관여를 인정하고 다시 다음 날인 13일에 사죄의 담화를 발표했다. 미야자와 기이치 총리가 한국에서 일본군 '위안부' 문제를 공식 사죄한 일은 공문서 발견이 영향을 미친 것이다.

"일본군에게 짓밟히고 평생을 비참하게 살아왔다는 것을 하소연하고 싶었다. 일본과 한국의 젊은이들에게 일본이 과거에 저지른 일을 알리고 싶었다."(NHK 〈뉴스 21〉, 1991년 11월 8일자)

이렇게 울부짖는 김학순의 목소리는 일본 사회에 커다란 문제를 던져주었다. 그녀는 기억을 불러내 자신을 차별해온 한국 사회를 향해, 또 가해국인 일본 사회를 향해 전시하의 성폭력을 고발하는 동시에 어떠한 폭력과 굴욕을 당했는지 증언했다. 비록 이 일련의 행위가 마음의 상처를 한층 더 후벼 파서 또다시 피를 흘리게 하더라도, 그렇게 하지 않으면 자신이 받은 피해의 경험이 전부 없었던 것으로 치부되고 말 거라는 그녀의 절박한 호소는 수많은 일본인에게 목숨을 내건 고발로 받아들여졌다.

일본군 '위안부' 문제는 전쟁과 인권 침해 문제를 날카롭게 추궁하는 계기가 되었다. 군대라는 국가 조직이 조직적이고 폭력적으로 여성의 인권을 침해한 것으로 그 속에서 인종 차별과 민족 차별이 동시에 이루어진 점, 나아가 그 바탕에는 경제적인 계층 차별이 있었던 점이 명명백백 밝혀졌다. 아무리 발뺌하려고 해도 일본군 '위안부' 문제는 국제법 위반이며 전쟁범죄라는 인식도 점차 확산되었다. 한국 할머니들의 소송에 힘입어 북한, 대만, 중국, 필리핀, 인도네시아, 네덜란드 등 일본군 '위안부'였던 여러 나라의 여성들도 사죄와 보상을 요구하는 목소리를 드높였다.

이러한 상황이 발생한 요인으로 냉전 구조의 붕괴를 꼽을 수 있다. 왜냐하면 미국과 소련이라는 두 강대국이 대립하는 동안 각 진영의 국가적 이해관계 때문에 봉인당한 과거, 특히 전쟁에서 저질러진 부정과 인권 침해에 대해서 비로소 피해자 자신이 자기 나라와 가해국가 양쪽을 향해 진상 규명과 전후 보상이라는 새로운 대응을 요구하는 목소리를 낼 환경이 마련되었기 때문이다. 다시 말해 아시아 각국의 민주화운동을 통해 개인의 인권을 전면에 내세울 수 있는 국가체제와 법체계가 확립됨으로써 그때까지 충분히 주장할 수 없었던 문제 제기가 가능해진 것이다.

냉전 구조의 종언으로 보수 대 혁신, 자민당 대 사회당·공산당이라는 일본 내의 55년 체제도 붕괴했다. 앞에서 지적했듯 미야자와 기이치 정권이 1992년 처음으로 PKO 협력법을 통해 자위대의 해외 파견을 밀어붙였을 때, 여기에 반대한 야당이 내각 불신임안을 제출하자 여당인 자민당의 오자와 이치로 그룹과 하토야마 유키오 그룹이 찬성하고 나선 사태가 그것을 말해준다.

1993년 7월 총선거에서 대패한 자민당은 당을 결성한 이래 최초로 야당으로 전락했다. 오자와 이치로를 중심으로 한 신생당은 일본신당 중심의 개헌 선거에서 55개의 의석을 획득함으로써 선거 이후에 연립 공작의 중심이 되었다. 오자와 이치로의 정계 재편에 따라 일본신당의 당수 호소카와 모리히로를 수반으로 세운 호소카와 연립 정권이 탄생한 것은 8월 9일이었다. 그런데 닷새 전인 8월 4일, 내각관방장관 고노 요헤이가 일본군 '위안부' 문제를 둘러싼 담화를 발표했다. 7월 30일, 당이 결성된 이래 처음으로 야당이 된 자민당에서 총재가 된 직후였다. 이 담화는 일본군 '위안부'였던 몇몇 한국 사람들의 증언을 바탕으로 조사한 결과를 발표한 것이었다.

이 고노 담화는 위안소의 설치와 관리 등에 대해 일본군이 직접적 혹은 간접적으로 관여했음을 인정했다. 또 '위안부' 모집에 대해 본인들의 의사에 반하여 모집한 것과 관료 등이 직접 가담한 일도 있었다는 것을 인정했다. 그리고 이 문제가 "당사자의 관여 아래 다수 여성의 명예와 존엄성에 깊이 상처를 입혔다"고 하면서 "진심으로 사죄와 반성의 마음을 전한다"고 표명했다.

여기에 대해 아베 신조를 비롯해 1993년 중의원 선거에서 당선한 세습 1년생 의원들은 강한 반감을 품었다. 또한 마치 일본군 '위안부' 문제가 자민당을 야당으로 전락시켰다는 듯 원한을 드러냈다. 이러한 분위기는 2006년부터 2007년에 걸친 1차 아베 정권에 짙게 배어들었고 점점 더 그 경향이 강해지는 중이다.

1993년 총선거에서 세습 3세의 1년생 의원이 된 아베 신조는 그후 역사 부인否認과 역사수정주의의 중심인물이 되어갔다. 1996년 6월에 결성된 '밝은 일본 국회의원연맹'의 사무국장 대리를 맡은 아베 신조는 일본군 '위안부' 문제가 모든 중학교 역사 교과서에 실린 것에 대해 '위안부는 매춘부'라는 캠페인을 벌였다. 나아가 일본군 '위안부'나 난징대학살을 서술한 교과서를 공격하면서 해당 교과서 회사에 삭제를 요구하는 운동을 전개했다. 그 활동의 귀결이 바로 지금 3차 아베 정권에서 실시하는 '교과서 검정 강화'라고 하겠다.

　1996년 12월 '새로운 역사 교과서를 만드는 모임'(이하 '만드는 모임'이라 한다)이 발족하면서 침략 전쟁을 미화하는 교과서를 만들기 시작했다. 한 달 뒤에는 '일본의 전도와 역사 교육을 생각하는 젊은 의원 모임(역사교육 의원연맹)'이 결성되었다. 나카가와 쇼이치中川昭一가 회장, 아베 신조가 사무국장이었다. '역사교육 의원연맹'은 '만드는 모임'과 연대하며 그들의 활동을 전면적으로 지지했다. 또한 '역사교육 의원연맹'이 개최한 연구회에서는 내각관방장관 고노 요헤이를 불러 고노 담화를 철회하라고 압박했다. 그들은 2001년 1월 30일 NHK에서 방영한 〈ETV 2001 시리즈─전쟁을 어떻게 재판할까〉 중 두 번째 프로그램인 '추궁당하는 전쟁 성폭력'을 수정하라고 위협할 때 연구회의 기록을 활용했다. 나카가와 쇼이치와 아베 신조가 이 방송 프로그램에 압력을 가한 장본인들이다.

여론을 변화시키는 방법

2008년 4월 8일 〈요미우리신문〉이 헌법을 둘러싼 여론조사 결과를 보도하며 '15년' 만에 '헌법을 바꾸지 않는 편이 낫다'가 다수 의견이 되었다고 하게 된 이유는 이미 불 보듯 뻔할 것이다. 〈요미우리신문〉은 천만 명의 구독자를 대상으로 '9조 때문에 국제적 공헌이 불가능하다'는 캠페인을 대대적으로 벌여왔다. 그 결과 2004년에는 '헌법을 바꾸는 편이 낫다'고 생각하는 사람이 65%로 증가했다. 하지만 9

조의 모임을 비롯한 풀뿌리 시민운동이 이에 대항해 4년 만에 형세를 뒤집은 것이다.

9조의 모임은 2005년부터 2007년까지 3,000개, 4,800개, 6,000개로 수를 늘려갔다. 당파를 초월한 다양한 풀뿌리 시민운동은 서로 협력하고 연대하고 조직적인 힘을 키우며 여론을 바꿨고, 그 힘으로 1차 아베 정권을 타도했다.

2010년까지 사무국에 새롭게 결성되었다는 보고가 들어온 9조의 모임 숫자는 7,528개였다. 다만 그 후에는 새로 결성된 모임과 운동의 중추를 담당하던 사람이 세상을 떠나는 바람에 활동이 멈추는 등 보고가 제대로 이루어지지 않아서 정확한 수를 파악하는 것이 불가능해졌다. 그러나 노골적으로 헌법을 파괴하려는 2차 아베 정권을 저지하기 위해 무슨 수든 써야 한다는 생각을 품은 사람들이 2년 반 동안 새로이 9조의 모임을 지속적으로 결성했다. 또한 한 번 활동을 중지했던 9조의 모임이 다시 활동을 하게 됐다는 소식도 계속 들어왔다.

1차 아베 정권을 타도한 경험은 지역이나 분야에 따라 9조의 모임을 결성하는 과정에서 여론을 대대적으로 변화시킨 일이었다. 그 경험을 현재 운동의 교훈으로 삼는 방법을 고민해야 한다. 한마디로 모임을 결성하는 과정 속에 여론을 바꾸는 힘이 숨어 있기 때문이다.

9조의 모임을 결성하기 위해서는 직장, 지역, 학교에서 뜻을 품은 사람이 우선 발기인을 모으는 일부터 시작해야 한다. 이제까지 보수와 혁신으로 진영을 나누는 고정관념을 버리고, 9조가 있는 일본국

헌법을 스스로 선택해 다시 살려나가자는 의견에 동의하는 사람을 필사적으로 찾아내 직접 만나서 발기인이 되어주기를 부탁해야 한다. 부탁을 받은 사람은 최선을 다해 제안을 수락할지 말지 결단한다. '내가 부탁하면 저 사람도 나서주겠지'라는 기대도 있을 것이다. 이렇게 발기인을 모으는 움직임 자체가 여론을 바꾼다.

발기인이 모습을 드러내 모임의 결성을 호소했을 때, 각 직장과 지역, 학교, 분야에 속한 사람들이 "어머나! 이 사람이 주장하는 일이야?"라는 놀라움과 감동으로 자신도 찬성한다고 표명했을 때, 여론은 크게 바뀌어갔다.

따라서 첫째로 '당파를 넘어서'라는 점을 또렷하게 의식하면서 운동에 참여하는 것이 중요하다. 자민당 총재 아베 신조에 의해 2015년 현재 '위헌' 입법인 안보법제의 제정이 진행되고 있는 것은 사실이다. 그러나 그렇다고 해서 자민당원이나 자민당을 지지하는 사람들이 모두 같은 입장은 아니다. 사실 자민당 중의원 무라카미 세이치로村上誠一郎는 6월 10일 일본변호사연합회의 원내 학습회에서 아베 정권의 개헌 폭주에 대해 "주권재민과 기본적 인권에 이르기까지 정부의 자의로 헌법을 왜곡하는 것이 가능해지고 민주주의가 대단한 위기에 놓일 것이다"라고 강력히 비판했다.

이러한 위기감은 역대 자민당 간부들도 공유하고 있다. 자민당 부총재와 간사장을 지낸 야마자키 다쿠山崎拓는 6월 12일 일본기자클럽 회견에서 "안보법제는 문제가 많으며 본 국회의 성립에 반대된다"고 말했다. 또한 "전쟁하지 않는 국가에서 군사력을 행사하는 국가로 바뀌는 대전환을 의미한다"고 하며 아베 정권의 개헌 폭주에 숨은 본질을 똑똑히 밝혔다.

3차 아베 정권에 대해 자민당 정책조사회 회장 가메이 시즈카亀井静香는 이제까지 전쟁을 하지 않는 나라라는 국시國是를 지켜왔는데, "1내각, 1국회가 국가의 본래적 양상을 손바닥 뒤집듯 바꾸려고 한다"고 엄하게 비판했다. 그리고 자위대원의 위험 수준은 별로 달라지지 않는다고 한 정부 견해에 대해 "자위대가 전투 행위에 참가하고 전사자가 나올 것은 당연하다"고 일축했다.

내각관방장관이자 신당 사키가케의 대표였던 다케무라 마사요시竹村正義는 "아베는 일본의 평화주의를 통째로 뒤바꾸려고 한다"고 말하면서 안보법제의 본질은 "해외에서 무력을 행사하지 않는 일본이 무력을 행사할 수 있는 나라가 된다"는 점에 있다고 했다.

민주당 고문이자 재무대신이었던 후지이 히로히사藤井裕久는 아베 정권의 비정상적인 대미종속성에 대해 "미국은 군사적·경제적 짐을 우리가 대신 떠맡아주기를 바라고 있다. 이런 식으로 간다면 일본은 진정 잘못된 길을 걷게 될 것이다"라고 비판하며 전쟁법제를 정면으로 반대했다.

일찍이 자민당 간부였거나 정부 관계자였던 사람들이 이토록 강한 어조로 아베 정권을 비판하고 있다. 중요한 것은 이 사실을 얼마나 많은 자민당과 공명당의 지지자들에게 전달하느냐 하는 것이다.

그리고 아베 정권이 이처럼 결코 해서는 안 되는 일을 힘으로 밀어붙이려고 하는 상황 속에서 자신은 아무것도 하지 않고 있다는 부

채감을 느끼는 사람들도 있다. 위헌인 전쟁법제를 폐기하자는 의견의 일치를 통해 그들을 얼마나 운동으로 이끌 수 있느냐 역시 중요하다.

다음으로, '당파를 넘어서' 자기 지역 국회의원들의 사무소로 직접 찾아가 이 사태를 호소하는 데 힘쓸 필요가 있다. 여러 헌법학자가 명시적으로 위헌으로 판단한 위헌 입법에 찬성하는 것은 유권자이자 주권자인 국민에게 등을 돌리는 배신 행위이며 국민의 주권을 유린하는 일이라는 것을 그들에게 철저하게 유념시킬 필요가 있다.

마지막으로, 전쟁법제의 본질과 국민의 목소리를 책임지고 보도하도록 매일매일 매스컴에 요구해야 한다. 각 지역에서 집회, 강연회, 학습회 등을 개최할 때에는 반드시 그 지방의 신문사와 방송사 측에 연락해 의식적으로 취재를 요청하고 관련 보도가 나갈 수 있도록 노력을 기울여야 한다.

2015년 6월 20~21일 이틀에 걸쳐 실시한 공동통신의 전국 전화 여론조사에 따르면, 안전보장 관련 법안이 '헌법에 위배된다'고 생각하는 사람이 56.7%로, '헌법에 위배되지 않는다'고 생각하는 사람이 29.2%인 것에 비해 비율이 두 배 이상 컸다. 여론은 압도적으로 전쟁법제에 반대한다. 우리가 이 힘을 운동 속으로 얼마나 끌어들이느냐, 아니 거꾸로 이 여론에 전심전력으로 뛰어들어 이제까지 보지 못했던 운동의 양상을 어떻게 창출하느냐에 따라 미래는 결정될 것이다. 나는 여기에 온 힘을 다 쏟을 것이다.

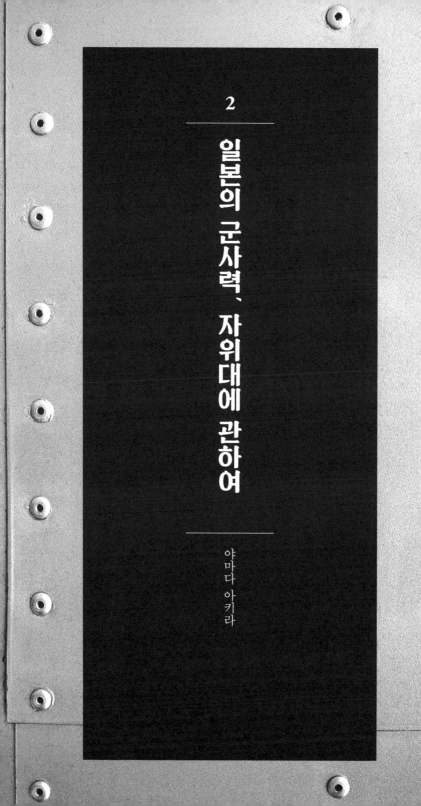

2

일본의 군사력, 자위대에 관하여

야마다 아키라

개헌에 따른 군비 확장은 반드시
동아시아 규모로, 아니 세계적인 규
모로 '군비 확장의 연쇄'를 일으켜
전쟁의 위기를 고조시킨다는 점을
우리는 계속 주장할 필요가 있다.

전쟁을 수행하기 위한
세 가지 요소

2015년 3월 25일 해상자위대의 헬리콥터 탑재 호위함 '이즈모'가 임무에 나섰다. 길이 248미터, 기준 배수량 1만 9,500톤(만재 배수량 2만 7,000톤)에 헬리콥터 9대를 탑재한(14대까지 탑재 가능하다) 이즈모는 현시점에 해상자위대에서 가장 커다란 호위함이다.

이 배는 '시라네'형 헬리콥터 탑재 보호함(기준 배수량 5,200톤, 헬리콥터 3대 탑재)이 노후했기 때문에 대체 군함으로 건조한 것이다. 정부가 이제까지 보유할 수 없다고 여겨온 '공격형 항공모함'이라고는 할 수 없어도 세계적 기준으로 보면 '헬리콥터 항공모함'의 범주에 들어가는 것은 분명하다. 수송 능력으로 보자면 강습양륙함*으로 나아가는 과도적인 군함이라고 하겠다. 왜냐하면 이즈모는 미국 해병대가 사용하는 오스프리Osprey** 수송기를 이착륙시키는 것도 가능하며(군

---

*   양륙함 가운데 수송 헬리콥터 및 에어쿠션형 양륙정을 비롯한 각종 상륙용 배를 탑재해 운용하는 능력을 지닌 군함을 가리킨다. 대규모 헬리콥터 운용 능력과 전통 비행갑판이 특징적이다. 또한 수직이착륙기를 탑재, 운용한 양륙 지원 공격 능력도 지닌다.
**   미 해병대의 수직이착륙 수송기 V-22를 다르게 부르는 말이다.

함 내 격납은 불가능하다), 자위대의 해외 군사작전이나 미국 해병대와의 공동 작전까지도 고려한 군함이기 때문이다.

일본은 언제부터 이런 군함을 보유하게 되었을까? 자위대의 해외 파견은 1990년대 걸프전쟁 이후 시작되었는데, 점점 더 강해지는 미국의 요구에 호응해 자위대는 늘 임무를 달성해왔다. 다시 말해 미군의 요구를 상정하고 거기에 대응할 하드웨어(무기 체계)를 준비해왔다는 것을 보여준다. 시스템(법체계)으로는 그때마다 특별조치법을 제정해 대응해왔다. 집단적 자위권의 헌법 해석을 변경함과 동시에 자위대 파견을 위한 항구법의 성립을 획책하는 아베 정권은 이전에 시도했던 일들을 기정사실화함으로써 헌법 9조의 수정을 향해 바닥을 고르고 있다.

이 장에서는 일본이 어디까지 전쟁을 할 수 있는 국가체제를 만들고 있는지, 자위대 군사력의 세계적 위상은 어느 정도인지를 확인하고, 동시에 일본의 군비 확장이 기정사실화에 의해 하드웨어에서 시스템으로 나아가다가 드디어 소프트웨어(기본 이념, 즉 헌법 9조)를 변경하는 데 초점을 맞춘 사실을 검증하고자 한다.

하드웨어, 시스템, 소프트웨어

우리는 매일같이 텔레비전이나 신문 등의 보도를 통해 전쟁, 분쟁, 테러 같은 군사 정보를 접하고 있다. 전쟁이 일어나면 실시간으로 전쟁터의 영상을 볼 수 있고, 군사평론가나 테러 문제에 정통한 사람이라고 칭해지는 사람들의 매우 전문적인 해설을 들을 수도 있다.

그러나 전쟁이나 군사에 대해 실시간으로 흘러나오는 정보에는 '정보전'의 요소가 들어 있을 뿐 아니라 어떤 의도를 갖고 흘려보내는 것이기 때문에 모든 것을 순진하게 믿어서는 안 된다. 일찍이 걸프전쟁 때 이라크(후세인 정권 군대)의 스커드 미사일(지상전투 지원용 중거리 탄도미사일)이 미군의 패트리어트 미사일(지상 발사 대공미사일)에 의해 격추당하는 보도가 영상과 함께 나온 적이 있다. 그러나 실제로 격추당한 스커드 미사일은 거의 없었다는 사실이 나중에 알려졌다. 텔레비전 영상에 비친 것이 상공에서 터지는 패트리어트 탄두라는 것, 불꽃놀이처럼 퍼진 불꽃이 스커드 미사일을 명중시킨 것이라는 설명을 우리는 곧이곧대로 믿었다. 이때 발사한 패트리어트 미사일은 탄도미사일용이 아니라 항공기용이었다. 그것은 목표에 가장 접근했을 때 공중에서 터진 탄두의 파편으로 항공기를 파괴하는 유형이었는데, 탄도미사일에는 효과가 없었던 것이다.

'내 눈으로 본 것이 아니면 믿지 않겠다'는 사람이 종종 있지만, 자기 눈으로 확실히 보더라도 속는 것이 군사의 세계다. 당시 미군은 당연하게도 패트리어트 미사일의 공중 작열이 명중을 의미하지 않는다는 것을 알았을 테지만 오보를 군이 정정하지 않았다. 이라크군의 사기 저하를 노리는 미군의 전략적 목적에 합치했기 때문에 오히려 의도적으로 이런 보도를 계속 내보냈을 것이다.

이렇게 전쟁이나 군사에 관한 정보는 비록 눈으로 직접 확인한 것이라도 정보전의 일환이 아닐까 의심해볼 필요가 있다. 하지만 그저 의심하는 것만으로 현실의 전쟁이나 군비 확장의 실태를 분석할 수 없다는 것은 두말할 나위가 없다.

그러면 전쟁이나 군사 문제를 어떻게 보면 좋을까? 우리가 관찰하기에는 지나치게 거대한 대상이므로 우선 몇 부분으로 나누어 검토한 다음 그 부분들의 관계를 확인하면서 전체적 양상을 생각해보는 것이 좋을 듯하다.

먼저 국가가 전쟁을 수행하기 위해서는 어떤 요소가 필요할까? 전쟁 수행을 위한 3요소를 살펴보면 이해하기 쉽다. 전쟁 수행을 위한 3요소는 국가와 전쟁의 관계를 검토할 때 국가가 전쟁에 어느 정도 대응할 수 있을지, 또는 국가가 전쟁을 얼마나 능동적으로 수행할 수 있을지를 고찰하기 위한 다음의 3요소를 말한다.

- 전쟁을 하기 위한 하드웨어(무기 체계, 설비)
- 무기와 인원을 동원하고 통제하기 위한 시스템(법률, 제도, 조직)
- 전쟁을 하기 위한 소프트웨어(인재, 가치관, 전략)

전쟁 수행을 위한 3요소, 즉 전쟁을 하기 위한 하드웨어, 시스템, 소프트웨어라는 요소들에 군이 순서를 매기자면 (논리적으로는) '소프트웨어 → 시스템 → 하드웨어'로 형성될 수 있다.

다시 말해 맨 먼저 전쟁을 벌이는 것이 좋다(혹은 어쩔 수 없다)고 여기는 가치관 또는 어느 나라가 '위협적'이기 때문에 대결해야 한다는 구체적인 전략이 있어야 한다. 또 그것에 기초해 군대 내부나 공공의 학교에서 인재(직업군인이나 일반인 병사)를 양성해야 한다. 다음으로 이 소프트웨어에 바탕을 두고 전쟁 수행을 위한 법률이나 제도, 조직 등 시스템을 마련한다. 시스템 정비가 시작되면 전략에 맞는 무기 체계나 전쟁을 위한 설비와 같은 하드웨어를 갖춘다. 한마디로 전쟁 수행을 위한 3요소는 '전략 → 제도 → 무기 체계' 또는 '전략 → 제도', '전략 → 무기 체계'라는 순서로 만들어진다(현실에서는 이 3요소의 구축이 동시 병행으로 이루어지는 일이 많다).

하드웨어, 시스템, 소프트웨어라는 3요소가 각각 어디까지 진전되었는가 하는 관점으로 검토해보면, 국가가 전쟁 수행 체제를 얼마나 구축해놓았는지 알 수 있다. 이제 전쟁 수행 체제의 구축 정도를 측정하는 지표인 3요소에 초점을 맞추어 일본의 전쟁 준비 체제를 분석하고자 한다.

지금 일본은 하드웨어를 앞세우는가

전쟁 수행을 위한 3요소는 일반적으로 '전략 → 제도 → 무기 체계'라는 순서로 완성되지만, 전쟁과 군비 확장의 역사를 상세하게 살펴보면 반드시 일반적인 방향성과 순서가 있지는 않다는 점을 알 수 있다. 군사적인 기술 혁신이나 특정 세력(독특한 전략사상, 즉 소프트웨어를 가진 집단)에 의한 무기 개발의 결과, 하드웨어의 개발과 정비가 선행하고 국가적으로 그것에 끌려가는 식으로 시스템(법률, 제도)이나 소프트웨어(전략)가 변화하는 일도 일어날 수 있다. 결국 때로는 '무기 체계 → 제도 → 전략'이나 '제도 → 전략', '무기 체계 → 전략'이라는 역류도 일어날 수 있다.

　일본의 경우를 생각해보자. 1937년에 개발을 시작해 1940년 제식 병기로 채용한 해군의 영식함상전투기(제로센零戰)는 그 시기에 급속하게 발전한 항공기 기체 설계의 기술 혁신에 의해 당초 일본 해군이 원한 것 이상으로 고도의 성능(특히 장대한 항속력)을 실현했다. 다시 말해 종래 소프트웨어에서 상정한 수준을 넘어선 하드웨어를 구축했다는 말이다. 그 결과 일본 해군은 기지 항공대의 폭격기와 전투기로 대만에서 필리핀을 공습한다는 유례없는(당시 군사적 상식을 뛰어넘는) 전략 시나리오(소프트웨어)를 획득했고, 항공모함의 거의 모든 전력을 하와이 공습에 투입한다는 새 전략을 세울 수 있었다. 영식함상전투기는 하드웨어의 선행이 시스템과 소프트웨어를 변화시킨 전형적인 사례라고 볼 수 있다. 한마디로 시스템과 소프트웨어가 하드웨어에 끌려간 결과 지극히 급진적인(모험적이라고 할 만한) 전략이 대두한 사례이다.

　전쟁이 일어나는 가장 큰 원인은 기본적으로 정치적·경제적 과제(대립)를 군사적 수단으로 해결하고자 하는 데 있다. 무기 체계(하드웨어)나 법률, 제도, 조직(시스템)이 갖춰졌다고 자동적으로 전쟁에 돌입하게 되는 것은 아니다. 전쟁이란 어디까지나 정치의 연장이기 때문이다. 또한 하드웨어의 선행이라고 해서 하드웨어의 개발에 종사하는 사람들이 독단적으로 결행하는 것도 아니다. 당연한 일이지만 이를테면 예전에 일본 해군의 야마모토 이소로쿠山本五十六가 대표했던 항공주병론航空主兵論자들과 같이 하드웨어의 출현을 꾀하는 전문가 집단(또는 전략)이 존재한다. 다만 그러한 전문가 집단이 군 안에서 소수파이거나 그들의 전략이 군(또는 정부나 국민)의 동의를 얻지 못할 때, 하드웨어의 선행이라는 형태로 새 전략이 돌출하는 경우가 있다. 그때 새로운 전쟁의 위기가 발생하거나 모험적인 군사 전략으로 나아갈 가능성이 있을 수 있다.

앞으로 설명하겠지만, 현재 일본에서 진행되는 전쟁을 위한 체제 정비는 미국의 군사 전략에 강한 영향을 받으면서, 명확하게 하드웨어의 선행에 맞추어 시스템이 따라가고 거기에 대응하는 소프트웨어를 갖추는 방향으로 이루어지고 있는 듯하다. 미국의 군사 전략이라는 소프트웨어와 일미안보조약 체제라는 시스템이 상위에 버티고 있는 상황에서 완벽하게 하드웨어의 선행이라고 하지 못하더라도 일본 내에서는 전략의 전환(자위대 역할의 전환)이 국민에게 명확한 형태로 알려지지도 않은 채 새로운 하드웨어의 개발과 설치가 먼저 이루어지고 있다. 이러한 현상은 분명 하드웨어가 선행한 상태, 혹은 전략적인 의견 합의가 없는 상태라 할 수 있을 것이다.

자위대 군사력의
세계적 위상

군사비로 본 자위대

자위대 군사력의 세계적 위상을 확인하기 위해 먼저 군사비를 살펴보자. 군사비는 한 나라의 총합적인 군사력을 비교하는 일반적 지표이다. 세출비와 GNP(GDP)에 각각 비교해본 전후 일본 군사비를 들여다보면, 1970년대 중반 이후 현재에 이르기까지 세출비 대비 6% 전후, GNP 대비 1% 수준으로 일관하고 있다.

그러나 걸프전쟁 직후인 1992년까지는 세출과 GNP가 상승곡선을 그리던 시기였기 때문에 군사비도 급격한 증가세를 보였다. 특히 일반적으로는 데탕트(긴장 완화)라고 일컬어지는 1970년대가 현저하다. 또한 1993년 이후에는 그때까지의 증가세가 억제되어 절대액 5조 엔에 못 미치는 수준으로 고정되지만, 국가 전체 세출의 증가율이 마이너스였던 1995년이나 2001~2002년에는 오히려 군사비가 늘어났다. 또 세출비 대비 6% 전후로 일관했다고는 해도, 거품경제 붕괴 후 국가의 세수가 급격히 감소했기 때문에 세수 대비 군사비는 최근 들어 12% 전후에 이른다.

〈표 1〉은 각국의 군사비 데이터를 〈스톡홀름국제평화연구소SIPRI 연감〉에 근거해 국제적으로 비교하기 쉽도록 미국 달러로 환산한 것으로(몇 년마다 평균 환율을 설정했다), 2000년부터 2012년까지 일본의 군사비가 세계에서 어느 정도 수준인지를 정리한 것이다. 참고로 엔화로 환산한 가치액도 우측에 기재했으므로 절대액의 추이를 알 수 있을 것이다. 2004년 이후에는 엔화 시가액으로 완만하게 감소하던 일본의 군사비가 미국 달러로 환산하면 엔고 환율로 인해 2007년부터 급상승한다.

환율 문제를 감안한다고 해도, 세계적으로 미소 냉전이 끝나고 러시아의 급격한 전락과 엔고에 의해 일본의 군사비는 1995년부터 2003년에 이르기까지 내내 세계 2위를 차지했다. 이것은 미소 냉전 종결과 더불어 유럽의 군사대국, 즉 늘 상위를 차지하던 러시아(구소련), 영국, 프랑스, 독일(구서독), 이탈리아 등의 군사비는 삭감된 반면, 일본의 군사비는 엔화 시가로 2002년까지 지속적으로 상승했기 때문이다.

일본의 군사비는 오랫동안 세계 2위였지만, 엔저와 이라크전쟁의 영향으로(영국과 영국에 대항하는 프랑스의 군사비 증대로) 2004년에 4위가 되었고, 2005년부터는 중국의 군사비 증대로 5위로 밀려났다. 2006년에 일본이 지출한 군사비 437억 달러(4조 8,240억 엔)라는 금액은 세계 전체의 군사비 총액(세계에서 군사비가 공표되었거나 추계 가능한 121개

표 1 세계의 군사비 순위(2000~2012년)

(달러 환산/2000년, 2005년, 2010년, 2012년 기준 환율/단위 : 100만 달러)

연도	1위	2위	3위	4위	5위	6위	7위	8위	엔화트 환산한 가치9 (10억 ;
2000	미국	일본	영국	프랑스	독일	중국	이탈리아	사우디	
	301,697	45,793	35,677	33,814	28,150	(22,000)	22,411	20,027	4,935
2001	미국	일본	영국	프랑스	독일	중국	이탈리아	사우디	
	304,130	46,259	36,420	33,708	27,554	(25,900)	22,042	21,188	4,950
2002	미국	일본	영국	프랑스	중국	독일	이탈리아	사우디	
	341,489	46,773	36,738	34,394	(30,300)	27,643	22,655	18,704	4,956
2003	미국	일본	영국	프랑스	중국	독일	이탈리아	사우디	
	417,363	46,895	37,137	35,030	(32,800)	27,169	20,811	19,102	4,954
2004	미국	영국	프랑스	일본	중국	독일	이탈리아	러시아	
	466,600	54,434	51,568	45,267	(36,800)	37,626	31,023	(22,700)	4,916
2005	미국	영국	프랑스	중국	일본	독일	이탈리아	러시아	
	504,638	60,076	52,917	(44,300)	44,165	38,060	33,531	(31,100)	4,868
2006	미국	영국	프랑스	중국	일본	독일	이탈리아	러시아	
	528,692	59,213	53,091	(49,500)	43,701	36,984	(34,700)	29,891	4,824
2007	미국	중국	프랑스	영국	일본	러시아	사우디	독일	
	585,749	(87,700)	61,264	55,730	53,885	(51,275)	43,105	42,877	4,747
2008	미국	중국	프랑스	영국	러시아	일본	독일	사우디	
	629,095	(96,700)	60,654	58,217	(56,892)	53,159	44,107	42,306	4,769
2009	미국	중국	프랑스	러시아	영국	일본	인도	독일	
	679,574	(116,700)	64,747	(59,565)	59,350	54,339	45,903	45,769	4,815
2010	미국	중국	프랑스	러시아	영국	일본	인도	사우디	
	698,281	(121,100)	59,098	(58,644)	58,099	54,526	46,086	45,245	4,790
2011	미국	중국	러시아	프랑스	영국	일본	사우디	인도	
	689,591	(129,300)	(64,123)	58,244	57,875	54,529	46,219	(44,282)	4,775
2012	미국	중국	러시아	영국	일본	프랑스	사우디	인도	
	685,334	(166,100)	(90,749)	60,840	59,271	58,943	56,724	(46,125)	4,719

주　　( )안은 추정치이다.
출전　　2000~2003년 : 2000년 평균 환율(1달러=약 107엔), 〈SIPRI 연감 2004〉(Oxford UP, 2004), pp.350~35
2004~2006년 : 2005년 평균 환율(1달러=약 110엔), 〈SIPRI 연감 2007〉(Oxford UP, 2007), pp.310~315.
2007~2011년 : 2010년 평균 환율(1달러=약 88엔), 〈SIPRI 연감 2012〉(Oxford UP, 2012), pp.188~201.
2012년 : 2012년 평균 환율(1달러=약 80엔), 〈SIPRI 연감 2013〉(Oxford UP, 2013), pp.174~187.

국의 군사비 합계 금액) 1조 1,509억 달러(126조 6,011억 엔)의 거의 3.8%에 달했다. 그 후 2007년 러시아의 부활로 일본의 순위는 6위로 떨어졌지만 2012년에는 다시 5위가 되어 상승으로 돌아섰다.

세계 군사비 순위에 비추어 본 일본의 군사비 지출 추이를 통해 우리는 2000년대 이후 일본이 언제나 세계 6위 이상을 차지해왔다는 사실을 알 수 있다. 군사비를 보면 일본은 결코 '군사소국'이 아니다. 아니, 액면으로 말하면 이미 '군사대국'이라고 할 수 있다. 그런데도 자위대를 '국방군'으로 만들려는 개헌파는 미국의 도움이 없으면 일본은 안전을 전혀 보장할 수 없는 군사소국이라고 호소하려는 경향이 있다.

반대로 현행 헌법 9조의 유지를 호소하는 호헌파 중에도 9조의 제약이 있기 때문에 일본은 아직 군사소국이라고 믿는 사람이 적지 않을지 모른다. 하지만 살짝 다른 관점으로 본다면, 일본에는 군대가 없는데도 세계에서 손꼽힐 만큼 군사비를 지출하고 있는 대단히 기묘한 상황과 마주할 수 있다. 참으로 이상한 일이 아닐 수 없다. 그러면 일본의 군사비를 세계 상위권에 올려놓은 요인이 무엇인지 살펴보자.

자위대 병력의 역사적 추이

자위대의 군사력이 양적으로 얼마나 증강했고 세계 순위로는 어느 정도인지 살펴보자. 〈표 2〉는 전후 일본 군사력의 양적 증강의 변천을 나타낸 것이다.

〈표 2〉를 보면 1950년 경찰예비대 발족(재군비 개시), 1952년 보안대 발족(일미안보조약 발효)을 거쳐 미소 냉전을 배경으로 1954년 자위대 설립 이래 부단하게 장비 증강이 이루어져왔음을 알 수 있다.

육상 병력은 경찰예비대 4개 사단*에 정원 7만 5,000명 수준에서 보안대 4개 사단에 정원 11만 명이 되었고, 육상자위대 발족 시에 6개 사단에 정원 13만 명 수준이던 것이 1973년에서 1997년까지 13개 사단, 정원 18만 명의 체제를 유지했다. 냉전 종결로부터 10년쯤 되는 1998년 이후에 정원 17만 명대로 삭감되어 12개 사단, 1개 여단 체제가 되었고(1개 사단을 1개 여단으로 축소 개편했다), 2000년에는 정원 16만 명대, 11개 사단, 2개 여단 체제로, 2003년에는 정원 15만 명대, 10개 사단, 3개 여단 체제로 개편했다. 그 후에도 사단을 여단으로 개편해 2014년에는 정원 15만 1,023명대, 9개 사단, 6개 여단 체제가 되었다.

육상 병력의 추이를 보면 미소 냉전의 진전과 함께 계속 증대하던 자위대는 냉전 종료 후에도 그렇게까지 상당한 삭감은 이루어지지 않았다. 이라크전쟁 때까지는 완만하게나마 양적 감소, 부대의 축소화가 이루어진 것으로 보인다. 특히 육상자위대는 정원 수만 보면 냉전 후 1998년부터 서서히 전력을 삭감한 것처럼 느껴진다. 그러나 정원이 18만 명대였던 무렵에도 실인원은 15만 명대였으며(예

---

*   원어로는 '관구대管區隊'이다.

년대 말부터 양적으로는 그렇게까지 변화하지 않았다. 하지만 안보 조약을 바탕으로 항공자위대의 주력 전투기는 일관되게 미국 공군의 주력 전투기와 동형기同型機를 도입해 질적으로 높은 수준을 유지해왔다.

군사력으로서 자위대의 세계적 위상

데이터로 비교할 수 있는 최신 자료로 〈표 3〉을 통해 2012년 육해공의 각 자위대가 차지한 군사력의 세계적 위상을 살펴보자.

　육상 전력(육군력)은 병력이 많거나 강력하지 않다. 육상자위대의 정원 15만 1,000명(실인원 14만 명)이라는 규모는 중국(160만 명), 인도(113만 명), 북한(102만 명), 미국(60만 명), 파키스탄(55만 명), 한국(52만 명) 등과 비교하면 훨씬 적어 세계 20위 밖으로 밀려난다. 겉으로 보기에 일본의 육상 전력은 연간 200억 달러 이상의 군사비를 지출하는 나라들(일본을 포함한 11개국)의 육군과 비교해볼 때 중국, 인도, 미국, 한국, 러시아(29만 명)보다 훨씬 적다. 그렇지만 프랑스(12만 8,000명), 이탈리아(10만 6,000명), 영국(9만 7,000명), 사우디아라비아(7만 5,000명), 독일(7만 명)보다는 많다.

　해상 전력(해군력)은 일반적으로 함정의 보유량(총 톤 수)으로 비교하는 경우가 많다. 2012년 해상자위대는 총 톤 수가 45만 2,000톤으로 미국(636만 톤), 러시아(204만 톤), 중국(147만 톤), 영국(68만 톤), 인도(45만 6,000톤)에 이어 세계 6위의 규모에 달한다. 최근 들어 중국에

표 3 주요국 전력 순위(2012년)

육상 전력			해상 전력					항공 전력		
	국가	만 명		국가	만 톤	척 수	비고		국가	작전기 수
1	중국※	160	1	미국※	636.2	961	항모 11 잠 71(원잠 71)	1	미국※	3,522*
2	인도※	113	2	러시아※	204.0	979	항모 1 잠 62(원잠 45)	2	중국※	2,579*
3	북한	102	3	중국※	146.9	965	항모 1 잠 65(원잠 9)	3	러시아※	1,631*
4	미국	60	4	영국※	67.9	222	항모 1 잠 11(원잠 11)	4	인도※	930
5	파키스탄	55	5	인도※	45.6	195	항모 1 잠 15	5	한국※	620*
6	한국※	52	6	일본※	45.2	141	[헬리콥터항모 2] 잠 18	6	이집트	608
7	베트남	41	7	프랑스※	41.5	257	항모 1 잠 10(원잠 10)	7	북한	603
8	터키	40	8	인도네시아	26.6	169	잠 2	8	대만	513*
9	미얀마	38	9	터키	23.1	224	잠 12	9	이스라엘	484
10	이란	35	10	스페인	22.7	124	항모 1 잠 4	10	프랑스※	482*
11	이집트	31	11	대만	21.7	356	잠 4	11	파키스탄	444*
12	인도네시아	30	12	이탈리아※	20.9	181	항모 2 잠 6	12	터키	423
13	러시아※	29	13	독일※	20.8	126	잠 4	13	일본※	410*[630*]
14	태국	25	14	한국※	19.3	193	잠 23	14	리비아	400
15	이라크	24	15	브라질	17.6	106	항모 1 잠 5	15	브라질	390
15	콜롬비아	24	16	호주	16.6	79	잠 6	16	시리아	365
	대만	20		이란	14.2	300	잠 29		이란	354
	일본※	14 [15.1]		북한	10.7	772	잠 72		영국※	330*
	이스라엘	13.3							사우디※	270
	프랑스※	12.8							이탈리아※	250*
	이탈리아※	10.6							독일※	231*
	영국※	9.7								
	사우디※	7.5								
	독일※	7								

주　　　　a. ※ 표시는 연간 200억 달러 이상 군사비를 지출하고 있는 나라이다. b. * 표시는 공군, 해군, 해병대 등 작전기 수를 포함했다는 뜻이다. 자위대는 항공자위대와 해상자위대의 작전기(수송기는 제외)를 합한 수이다. 수송기를 포함하지 않기 때문에 〈표 2〉의 숫자와 일치하지 않는다. c. 해상 전력의 비고란에 기입한 '잠'은 잠수함, '항모'는 항공모함, ( ) 안의 '원잠'은 원자력 잠수함이다. 일본의 톤 수는 주요 함정의 총 톤 수인데, 지원 함정을 포함하지 않기 때문에 〈표 2〉의 숫자와 일치하지 않는다. d. 정확한 서열은 육상 전력은 15위, 해상 전력과 항공 전력은 16위까지 표기했다.

출전　　　아사구모신문사 편, 《방위 핸드북 2014 헤이세이 26년도판》(2014년 3월), pp.539~543. 일본의 [ ] 안 수치는 국제전략문제연구소, 〈밀리터리 밸런스〉(2013년)에 실린 것이다.

맞서 인도가 급속하게 해군력을 늘리는 바람에 일본을 제치고 세계 5위에 올랐다. 하지만 2012년 해상자위대의 지원 함정을 포함한 총 톤 수를 보면 5위 인도와 6위 일본은 거의 동일선상에 있다고 할 수 있다.

해상자위대의 전력은 원래 총 톤 수로 측정하기 때문에 세계 상위에 올라 있기는 하지만, 다른 강국의 해군과 달리 본격적인 외양外洋 함대가 반드시 구비하고 있는 공격형 항공모함(고정 익기를 탑재)과 원자력 잠수함을 보유하고 있지 않다. 이는 일본국헌법 9조 2항이라는 제약이 있기 때문이다.

항공 전력(공군력)은 일반적으로 작전기(폭격기, 전투기, 공격기, 정찰기, 초계기* 등의 총칭으로 헬리콥터는 포함하지 않는다)의 숫자로 비교한다. 자위대 소속의 작전용 항공기는 항공자위대와 해상자위대를 합쳐서 500대이고 수송기를 제외하면 410대인데, 세계 13위 전후의 규모에 속한다. 이는 미국(3,522대), 중국(2,579대), 러시아(1,631대), 인도(930대), 한국(630대), 이집트(608대), 북한(603대), 대만(513대)보다는 적지만, 영국(330대), 이탈리아(250대), 독일(231대)보다는 많다.

수량으로 보았을 때 자위대가 차지하는 군사력의 세계적 위상은 지금까지 말한 것과 같다. 세계적으로 비교해볼 때 일반적으로 상상하는 것보다 자위대의 양적 규모가 크다는 점을 알 수 있다.

군사비의 추이, 자위대의 인원 및 장비의 양적 변화, 세계적 위상

***

* 　공중을 비행하면서 경계와 정찰 임무를 수행하고, 적을 발견하면 공격도 수행하는 군용 항공기이다. 일반적으로 적의 잠수함을 수색해서 공격하는 대잠초계기를 가리킨다.

이라는 관점에서 현재 자위대의 특징을 살펴보았다. 자위대가 '전수 방위'를 내걸면서도 해상자위대를 중심으로 해외 파견 능력을 향상시키는 방향으로 치달아왔다는 사실을 파악할 수 있다. 미소 냉전 이후 일본이 군축을 실행해온 것 또한 분명하다. 현재 자위대는 군사비와 장비라는 측면에서 보면 세계적으로 규모가 만만치 않은 군대에 속하지만, 보유 장비를 보면 분명 헌법 9조로 인해 일정한 제약을 받고 있다.

하드웨어의 구축
: 무기 체계

헬리콥터 항공모함 보유가 의미하는 것

현대 자위대의 성격 전환을 가장 선명하게 보여주는 것이 해상자위대이다. 그중에서도 앞에서 거론한 헬리콥터 탑재 호위함의 대형화(헬리콥터 항공모함화)는 자위대의 하드웨어 선행이라는 성격 전환을 보여주는 전형적인 사례라고 할 수 있다. 애초부터 헬리콥터 탑재 호위함은 미소 냉전 시대의 산물이다. 미소 냉전 시대에(1980년대 말까지) 해상자위대는 극동에 배치된 소련의 탄도미사일 잠수함, 그리고 그것을 호위하는 공격형 잠수함을 봉쇄하기 위한 대잠수함전을 중시함으로써 독특한 호위함 구성을 고안해냈다. 호위함은 세 기둥, 즉 미사일 탑재 호위함DDG, 헬리콥터 탑재 호위함DDH, 범용 호위함DD으로 구성되었다. 미군식 함선 기호인 'DD'는 구축함Destroyer을 나타낸다. G와 H는 파생기호로서 각각 유도미사일Guided missile, 헬리콥터Helicopter를 의미한다.

해상자위대의 호위함을 특징짓는 점은 1970년대에 취역한 헬리콥터 탑재 호위함 '하루나'형과 '시라네'형이다. 모두 5,000톤급으로 헬리콥터를 3대 탑재할 수 있었다. 당시 구축함급 군함에 헬리콥터를 3대나 탑재하는 것은 세계적으로 보기 드문 일이었다. 헌법 9조 2항에는 미국이 보유하고 있는 '공격형 항공모함은 보유할 수 없다'고 되어 있기 때문에 헬리콥터 항공모함도 보유할 수 있는지는 애매모호한 부분이 있었다. 그것이 헬리콥터를 전문으로 싣는 항공모함(헬리콥터 항공모함, 즉 경항공모함의 범주에 속한다)의 건조에 뛰어들지 못한 이유라고 여겨진다. 그래서 대잠수함전용의 헬리콥터를 분산해 호위함(구축함급)에 실으려고 한 것이다. DDH라는 군함은 미국이 할당해준 전략적 역할, 즉 대소련 잠수함전과 헌법 9조 사이의 '줄다리기' 속에서 생겨난 결과물이라고 할 수 있다.

대소련 잠수함전을 위해 개발한 DDH는 1973년부터 취역한 '하루나'형(4,950톤) 1번 함이 30년이나 되어 노후했기 때문에 2004년 예산으로 새로 갱신할 것을 인정받았다. 그렇게 갱신한 신형 DDH 1번 함은 2006년 5월에 기공해 2007년 8월 처음 바다에 띄웠고, '휴가日向'라는 이름을 얻었다.

해상자위대에서는 군함 이름을 일본어의 히라가나로 표기하는데, '휴가'는 전근대적인 옛 지명*이다. 2차 세계대전 이전에는 '야마토大和', '무사시武蔵', '나가토長門' 등 옛 지명을 군함에 많이 붙였는데, 전후

---

*   현재의 미야자키현이다.

사진 1 '**하루나**'형 호위함

사진 2 '**휴가**'형 호위함

에 들어와 옛 지명을 붙인 군함이 등장한 것은 처음이었다.

이름도 이름이려니와 '휴가'는 길이 195미터, 기준 배수량 13,500 톤(만재 배수량 1만 8,000톤), 동시에 이착륙이 가능한 헬리콥터가 4대, 탑재 가능한 헬리콥터의 총수가 10대에 달하는 규모였다. '하루나'형 의 대체함으로 건조한 '휴가'형은 '휴가'와 '이세' 두 척이 취역하고 있 다. 또한 자위대의 구분에 따르면 '휴가'형은 어디까지나 DDH이지 만, 영국의 〈제인 해군 연감〉은 CVHG, 〈밀리터리 밸런스〉도 CVH,

즉 '헬리콥터 항공모함'이라는 범주로 분류하고 있다. 5,000톤인 '하루나'형의 대체함이 13,500톤인 '휴가'형이라고 하지만 배수량만 2.7배에 달한다. 그런데도 같은 종류의 DDH 한 척이라고 셈하고 있다.

강화된 해외 원정 능력

해상자위대는 '휴가'형에 이어 2015년 3월에 DDH '시라네'형(5,200톤, 헬리콥터 3대 탑재)의 대체함으로 '이즈모'형(19,500톤, 헬리콥터 14대까지 탑재 가능) 1번 함을 이미 취역시키고 있다. 배수량은 3.75배로 증가했다. 함정의 대형화는 원거리 진출(해외 파견) 능력을 향상시키기 위함이다. 그 때문에 구형이 물러나는 대신 대형의 신형이 취역한다. 이런 경향은 다른 종류의 군함에서도 비슷하게 엿보이는데, 그 예로 1998년부터 도입한 '오스미'형 수송함을 꼽을 수 있다.

'오스미'형은 원래 '아쓰미'형 수송함(1,380톤)의 대체함으로 건조했는데, 단번에 대형화하여 배수량이 8,900톤이다. 또한 '오스미'형에는 군함 뒤편에서 바다로 나갈 수 있는 수송용 LCAC(에어쿠션정)가 2척 내장되어 있다. LCAC는 해상과 육상을 가리지 않고 달릴 수 있기 때문에 해상에서 해안선을 통과해 내륙까지 논스톱으로 전차나 병사를 실어 나를 수 있다. 보통 파도가 밀어닥치는 곳에서는 상륙 작전 시 속도가 떨어지기 때문에 가장 공격당하기 쉽고, 그래서 위험성이 높다고들 말한다. 그러나 LCAC는 속도를 떨어뜨리지 않고 해안선을 돌파할 수 있다.

사진 3 '오스미'형 수송함

사진 4 '아쓰미'형 수송함

'오스미'형은 수송함이라는 명칭을 갖고 있지만, 명확하게 상륙 작전을 위한 '양륙함'이라고 할 만한 군함으로 나아가는 과도기적 군함이다. 물론 헬리콥터를 사용해 갑판에 탑재한 것을 운반할 수도 있고, 잔교棧橋*를 측면에 붙여 전차와 차량 등을 내리는 일도 가능하다. 대체하기 이전의 '아쓰미'형 수송함과 비교하면 질적으로 크게

---

* 　배를 해안에 대기 위해 물가에 설치하는 계선 시설이다.

변화한 모습이다.

대형화에 따른 질적 변화야말로 최근 해상자위대 함정의 특징이며 기존 사실에 대한 돌파구이다. 현재 해상자위대는 '오스미'형 수송함 '오스미', '시모키타', '구니사키' 등 세 척을 보유하고 있다.

원거리 진출 능력에서는 2004년에 도입한 '마슈'형 보급함을 빼놓을 수 없다. 이것도 13,500톤의 대형 군함이다. '마슈'형 1번 함은 테러대책 특조법이 성립한 2001년에 기공했다. 호위함의 대형화, 행동의 장기화에 대응해 만들어진 이 보급함은 마치 미군을 위한 보급 활동에 나설 것처럼 상정하고 건조했다고 할 수 있다. 인도양에 진출한 '마슈'는 테러대책 특조법에 근거해 미군 등의 함정에 보급 활동을 수행한 실적을 올린 군함이다.

여기에서 '오스미'형 수송함이나 '마슈'형 보급함이 대표하듯, 원거리 진출 능력, 보급 능력의 증강이 왜 전수방위에 필요한가 하는 근본적인 모순이 떠오른다. 전쟁에서 수송이나 보급은 간접적인 참여일 뿐 전투 행동이 아니라는 의견도 있지만, 수송과 보급이야말로 현대전의 가장 중요한 부분이다. 자위대는 미국과의 관계 때문에 결코 최전선의 전쟁과 떼려야 뗄 수 없는 활동을 담당하고 있는 것이다.

나아가 원거리 진출 능력이 두드러지는 군함이 바로 이지스함이다. 단지 멀리 갈 수 있는 능력이 아니라 수백 킬로미터 이상에 이르는 범위를 감시할 수 있는 레이더를 갖추는 등 고도의 정보 수집 능력이 있는 군함이다. 이지스함은 1993년 이래 '공고'형 4척, '아타고'형 2척이 취역하고 있다. 최신의 이지스 시스템 장비를 갖춘 두 종류

사진 5 '마슈'형 보급함

사진 6 '아타고'형 호위함

의 이지스함은 미국과 일본의 정보 수집을 위한 핵심적 존재일 뿐 아
니라 탄도미사일 방위BMD 시스템으로 중요한 역할을 해내고 있다고
일컬어진다.

　해상자위대의 무기 체계를 중심으로 일본에서 추진하고 있는 전
쟁 가능한 하드웨어의 구축에 대해 살펴보았다. 자위대 해외 파견의
출발은 걸프전쟁이지만 시스템으로는 PKO 협력법만 용인하는 단계

였을 때 이미 하드웨어는 '오스미'형 수송함의 취역, '마슈'형 보급함과 '공고'형 이지스함 등의 건조로 발전해갔다. 또한 테러대책 특조법 단계와, 이라크전쟁 단계에서 '휴가'형 DDH를 건조했고, 집단적 자위권의 용인과 동시에 오스프리도 운용 가능한 '이즈모'형 DDH가 취역했다. 이런 점에서 시스템이 정비된 시점에 이미 그것에 대응하는 하드웨어가 도입되어 있는 하드웨어의 선행, 기정사실의 선행으로 전쟁을 할 수 있는 국가체제가 만들어져왔다는 것을 알 수 있다.

시스템의 구축
: 법체계와 제도

냉전 종결과 자위대의 해외 파견

1980년대 말까지 이어진 미소 냉전 시대에 자위대의 육해공 전력은 미군의 대소련 작전에서 중요한 부분을 맡고 있었다. 당시 자위대의 시스템과 하드웨어는 소련군의 침공 저지, 소련 잠수함의 봉쇄라는 시나리오를 바탕으로 구축되었다. 일본과 미국의 공동 작전 시나리오를 처음으로 명문화한 것이 1978년 책정된 일미방위협력지침, 즉 가이드라인이었고, 여기에 맞추어 일본에서는 유사시 법제의 연구가 시작되었다.

그런데 1980년대 말에 들어와 동유럽 소련권의 붕괴와 러시아의 정치적·경제적 혼란으로 인해 동서의 군사 대립 구도도 변화했다. 종래의 군사 시나리오도 통째로 날아갔다. 만약 당시 일본의 군사력을 국민적인 차원에서 재검토하는 일이 있었다면, 자위대의 무기 체계에 근본적인 개편과 축소가 이루어졌다 해도 하등 이상하지 않을 것이다. 1980년대 말부터 1990년대 초는 일본의 군사력을 축소하고 재편성할 절호의 기회였다. 자위대의 하드웨어를 유지해야 할 미소 냉전이라는 '근거'가 뿌리째 뽑혀나갔기 때문이다.

그러나 1990년에 일어난 걸프전쟁은 상황을 또다시 변화시켰다. 정전 성립 후라고 해도 그해 4월부터 10월에 걸쳐 해상자위대의 소해정 6척을 페르시아만에 파견해 기뢰를 제거하는 임무를 수행하게 했던 것이다(이때 기뢰 34개를 처리했다). 이것은 그때까지 금기로 여겨오던 자위대 부대의 해외 파견을 기정사실로 굳히는 사건이었다. 해외 파견이라는 기정사실을 만들어놓고 나서 1992년 6월에 거기에 상응하는 시스템(PKO 협력법)을 만들었고, 반드시 극동에만 한정되지 않는 '국제적 공헌'이라는 명분 아래 미국을 위한 '공헌'이 자위대의 임무로 새로이 부과되었다. 다만 자위대의 해외 파견이라는 새로운 임무는 국회에서 전면적인 논의와 승인이 이루어진 적도 없었을 뿐 아니라 당시의 방위청과 자위대의 홈페이지에도 공식적으로 명시된 적이 없었다. 당면한 과제에 대처했을 뿐이라는 기정사실을 그저 쌓아나가는 방식으로 사태는 흘러갔다.

걸프전쟁 이후 미국의 요청에 의한 '국제적 공헌'이 자위대에 맡겨진 중요 임무가 되면서 명확한 시나리오(소프트웨어)가 국민적 합의를 얻지 못했는데도 일본 정부는 자위대의 해외 파견 능력을 향상시키고자 했다. 걸프전쟁 이후 20년이 채 안 되는 기간에 해상자위대의 총 톤 수가 약 30만 톤에서 45만 톤으로 1.5배 불어난 까닭은 주로 해외 파견 능력의 향상에 따른 함정의 대형화 때문이다.

또한 소해정 파견과 평화유지군 참가 이후에 자위대가 휴대한 무기를 보면, 해외에 파견된 군사력의 질적 변화를 알 수 있다. 최초의 캄보디아에서는 권총만 휴대했지만, 그다음 모잠비크에서는 권총과 소총을 휴대했고, 르완다와 시리아의 골란 고원에서는 권총, 소총, 기관총을 휴대하는 등 차츰 중무장으로 변해갔다. 물론 휴대 무기의 변화는 당연히 파견 지역의 치안 상황과 평화유지군의 임무에 따라 달리 규정된다. 골란 고원에 이어 동티모르와 아프가니스탄에서는 다시 권총 휴대로 돌아갔지만, 평화유지군 파견에 의해 야금야금 기관총까지 휴대 무기의 수준을 높여간 것은 분명한 사실이다. 나아가 권총, 소총, 기관총에 더하여 무반동포, 개인 휴대 전차탄, 경장갑기동차, 장륜장갑차까지도 휴대하고 '인도 부흥 지원'을 목적으로 걸프 전쟁에 자위대를 파견한 일은 종래의 평화유지군 파견에 비할 때 양적으로나 질적으로나 훨씬 대규모라는 점도 부인할 수 없다.

미소 냉전의 종결로 인해, 미국의 군사력을 보완하면서 극동에서 소련의 군사력을 막아낸다는 자위대 존립의 대전제가 붕괴한 이후부터 자위대는 점차 성격이 변해갔다. 냉전의 종식에 따라 미국은 핵 전략을 근간으로 삼았던 소련과 전면적 대결을 벌이는 상황으로부터 '거의 동시에 발생하는 두 가지 대규모 지역 전쟁'에 대처하는 쪽으로 전략을 옮겨갔다. 군사비의 삭감에 따라 미국은 해외에 나가 있던 부대를 대폭 축소했지만 유일하게 재일 미군과 제7함대는 지극히 미온적으로 전력을 삭감했다. 일미안보조약과 일미지위협정에 근거한 일본의 주둔 경비 부담이 존재했기 때문이다.

결과적으로 재일 미군과 제7함대는 서태평양, 극동, 인도양 방면에서 미국이 긴급히 동원할 수 있는 얼마 안 되는 귀중한 전력으로 남겨졌다. 특히 오키나와에 주둔하고 있는 해병대 중심의 부대는 미국의 입장에서는 중요한 존재였다. 그 때문에 재일 미군과 보조를 맞추어 활동하는 일본의 자위대는 극동 외의 영역에서도 미군과 손을 잡을 거라는 기대를 받게 되었다.

1991년 4월 걸프전쟁이 끝난 뒤 페르시아만에 소해정을 파견함으로써 자위대 부대가 해외에 진출하는 것이 기정사실화되었다. 그 후에는 유엔의 평화유지 활동에 참가했고 테러대책 특조법에 근거해 아프가니스탄에 있는 미군에게 보급하는 일을 했으며 이라크전쟁에 자위대 부대를 파견하는 등 자위대를 둘러싼 사태는 급속하게 전개되었다.

기정사실의 선행, 구체적인 일이 정해진 다음에 원칙을 변경하는 패턴은 일본과 미국의 군사 일체화 시스템 구축에서도 되풀이되었다. 예를 들어 신지침과 일미물품역무상호제공협정의 관계가 그러했다. 1978년에 책정한 가이드라인은 냉전 및 걸프전쟁 이후의 상황에 대응해 1997년에 개정되어 이른바 신지침이 되었다. 신지침이 만들어질 때에도 원칙(가이드라인의 본문)이 완성되기 전에 이미 구체적인 내용이 결정되었다.

1996년 10월에는 신지침의 본문보다 선행적으로 일미물품역무상호제공협정과 '동협정 제7조에 근거한 절차 내용'이 체결되었다. 일미물품역무상호제공협정에 의해 무엇이 변했는가 하면, 이전에는 정부 사이에 미리 승인이 없으면 자위대와 미군 사이에 물품(예컨대 연료 등)이나 역무의 상호 제공을 실행할 수 없었다. 그러나 이 협정이 성립한 이후에는 현지 지휘관 차원에서 협의하면 가능해졌다.

미국의 주도로 전개되는 두 나라의 군사 일체화를 한층 더 밀어붙인 신지침과 이 협정은 일미안보체제의 커다란 전환점이었다고 할 수 있다. 구체적인 내용이 미리 결정되고, 나중에 그것을 포괄하는 원칙이 정해지는 전도된 흐름 속에서 신지침이라는 시스템이 성립한 것이다. 또한 미군 등에게 연료 등을 보급할 수 있게 한 2001년의 테러대책 특조법도 물품과 역무의 제공을 위한 이 협정이 전제가 되었기 때문에 성립할 수 있었다.

다만 이 단계에서는 물품과 역무의 상호 제공을 결정한 이 협정도 무기와 탄약은 제공할 수 없다고 예외 조항을 두었다. 결국 자위대가 갖고 있는 무기와 탄약을 미군에 제공하는 것도 불가능했던 것이다(그 반대도 마찬가지다). 이것이 가능해진다면 두 나라의 군사 일체화는 일단 완성 단계에 접어들었다고 할 수 있고, 경우에 따라서는 자위대가 완전하게 미군의 일부가 되어버린다. 무기와 탄약을 제공할 수 없도록 한 것은 두 나라의 군사 일체화에 대한 마지막 억제장치라고 하겠다.

2001년 9·11 사태 이후 아프가니스탄 대테러 전쟁이 일어남에 따라 10월에 성립된 테러대책 특조법에서도 중심 역할은 연료 등의 보급이었고 무기와 탄약은 제공할 수 없다고 해놓았다. 그러나 테러대책 특조법에 의해 자위대가 미군 등에 연료를 보급하는 일뿐 아니라 미군의 물자(기지의 설영設營* 자재, 중장비 등)를 수송하는 일도 가능해졌다. 이는 한정된 물자라고는 해도 자위대에 소유권이 있는 것을 미군 측에 수송하는 길이 열림으로써 자위대가 미군의 수송부대가 되었음을 의미한다.

일본 내 전시 시스템

2003년 6월에 들어와 '유사시 관련 3법'이 성립되어 전시체제를 위한 법적인 골격이 만들어졌다. 이와 동시에 특히 '무력공격 사태법'으로 전시 법령의 증식 구조가 확립되었다. '무력공격 사태법'에는 그후 '유사시 법제의 정비'라는 조문으로 들어가 있기 때문에 앞으로 어떤 유사 관련법을 추가할 때에도 '동법에 근거하여'라는 이유만 붙이면 문제가 없게 되었다. 실제로 2004년에 동법을 근거로 '유사시 관련 7법'이 성립됨으로써 전시체제를 확립하는 일은 더욱 가속화되었다.

　유사시 법제의 가장 심각한 문제점은 일미군사동맹을 전제로 삼는 이상, 더구나 미국이 언제나 능동적으로 전쟁을 일으킬 수 있는 나라인 이상, 실질적으로 무엇을 기준으로 '유사시'라고 인정할지에 대한 권한이 일본 측에 없다는 점이다. 다시 말해 일본(일본 국민)은 진정으로 적인지 아닌지 잘 모르는 대상이라 하더라도 미국이 적이

---

*　　야외에 천막을 설치하는 것이다.

라고 판단해 무력공격을 감행하면 거기에 끌려가야 한다. 이런 식으로 무력공격 사태를 인정하지 않을 수 없다는 점이야말로 가장 일어날 법한 유사시이다. 그럼에도 이 법제들은 일본에만 가해지는 명시적인 무력공격에 대한 일본만의 주체적인 판단에 의해 유사시를 인정할 수 있다는 비현실적인 전제 위에 만들어져 있다.

하드웨어(무기 체계)와 시스템(가이드라인에 근거한 상호 협력)에 의한 일미의 군사 일체화가 기정사실화되는 가운데 특히 일본은 무엇을 기준으로 현실의 국제 정세를 유사시라고 인정할지에 대한 주도권을 가질 수 없다. 유사시를 인정하려면 애초부터 국가의 주체성이 필요하다. 그렇다면 '유사시'라고 인정한 미국에 반대해 일본이 '유사시가 아니라고' 인정할 수 있는 가능성은 없다고 해도 무방하다. 하드웨어와 시스템 측면에서 일미의 군사 일체화가 진전되고 있는 일본의 현실을 은폐하고, 어디까지나 일반론 차원에서 유사시를 상정하는 것은 실제로 전쟁이 어떻게 일어나는가 하는 가장 중요한 문제를 철저히 무시한 논의라고 하겠다.

그리고 시기적으로는 '유사시 관련 7법'이 성립되기 이전인데, 미국이 이라크전쟁을 강행함에 따라 테러대책 특조법 단계에서 한 발 더 나아가 2004년 2월 일미물품역무상호제공협정을 개정했다. 그 결과 기존에 하나의 억제 장치로 기능해왔던, 미일 상호간에 무기와 탄약의 제공이 불가능했던 사항도 전시에는 가능해졌다. 이로써 일미군사동맹에 기초한 미군과 자위대의 군사 일체화는 거의 완성되었다. 미국이 아프가니스탄 대테러 전쟁과 이라크전쟁을 강행하면서

표 4 자위대 방위계획의 변천

구분		육상자위대	해상자위대	항공자위대
'1차방' 이전	실적	13만 명	5만 8,000톤	150기
'1차방' 1958~1960년	계획	18만 명	12만 4,000톤	1,342기
	실적	17만 명	9만 9,000톤	1,133기
'2차방' 1962~1966년	계획	18만 명	14만 3,700톤	1,036기
	실적	17만 1,500명	11만 6,000톤	1,095기
'3차방' 1967~1971년	계획	18만 명·전차 660대	14만 2,700톤	880기
	실적	17만 9,000명·전차 660대	14만 4,000톤	940기
'4차방' 1972~1976년	계획	18만 명·전차 820대	21만 4,000톤 200기	770기
	실적	18만 명·전차 790대	19만 8,000톤 190기	770기
'1977 대강' 1977~1995년 '1977년 이후에 관한 방위계획대강'	기반적 방위력	18만 명 12사단·2혼성단·1기갑사단· 1특과단·1공정단·1교도단· 1헬리콥터단·8고사특과단	대잠수상함정 약 60척, 잠수함 16척, 작전용 항공기 약 220대	작전용 항공기 430대
'1996 대강' 1996~2004년 '1996년 이후에 관한 방위계획대강'	기반적 방위력	16만 명(상비 14만 5,000명) 전차 약 900대·주요특과 900문 8사단·6여단 1기갑사단·1공정단·1교도단· 1헬리콥터단·8고사특과군	호위함 약 50척, 잠수함 16척, 작전용 항공기 약 170대	작전용 항공기 400대 중 전투기 300대
'2005 대강' 2005~2010년 '2005년 이후에 관한 방위계획대강'	기반적 방위력	15만 5,000명(상비 14만 8,000명) 전차 약 600대·주요특과 600문 8사단·6여단 1기갑사단·중앙즉응집단 8고사특과군	호위함 약 47척, 잠수함 16척, 작전용 항공기 약 150대	작전용 항공기 350대 중 전투기 260대
'2011 대강' 2011~2013년 '2011년 이후에 관한 방위계획대강'	동적 방위력	15만 4,000명(상비 14만 7,000명) 전차 약 400대·주요특과 400문 '지역배비부대' 8사단·6여단 '기동운용부대' 1기갑사단·중앙즉응집단 5지대함 미사일부대 7고사특과군/연대	호위함 약 48척 중 이지스 시스템 탑재 호위함 6척, 잠수함 22척, 작전용 항공기 약 150대	작전용 항공기 340대 중 전투기 260대
'2014 대강' 2014년~ '2014년 이후에 관한 방위계획대강'	종합기동 방위력	15만 9,000명(상비 15만 1,000명) 전차 약 300대·주요특과 300문 '지역배비부대' 5사단·2여단 '기동운용부대' 3기동사단·4기동여단 1기갑사단·1공정단·1수륙기동단· 1헬리콥터단·5지대함 미사일연대· 7고사특과군/연대	호위함 약 54척 중 이지스 시스템 탑재 호위함 8척, 잠수함 22척, 작전용 항공기 약 170대	작전용 항공기 360대 중 전투기 280대

출전　아사구모신문사 편,《방위 핸드북 2011 헤이세이 23년도판》(2011년 3월), pp.167~176 및《방위 핸드북 2014 이세이 26년도판》(2014년 3월), p.70.

생긴 현실 전쟁의 강렬한 충격으로 일본은 시스템 측면에서 단번에 '전쟁할 수 있는' 국가체제, 즉 전시체제를 구축하는 방향으로 나아간 것이다.

전쟁이 가능한 국가체제 만들기는 2차 아베 신조 내각이 성립되면서 시스템의 완성 단계인 소프트웨어의 수정 단계로 들어섰다. 시스템 측면에서는 〈표 4〉와 같이 2013년 말에 방위계획대강을 개정해 '2014년 이후에 관한 방위계획대강'을 만들었다. 이는 1976년 말에 최초로 결정한 방위계획대강 이후 군사력의 수량적 억제 노선을 확대 노선으로 전환시킨 것이다. 또한 2014년 7월에는 집단적 자위권을 용인하는 각의 결정을 내렸으며, '무기 수출 3원칙'을 수정하고(미군과의 신형 전투기 공동 개발), 나아가 자위대의 해외 파견에 관한 항구 입법을 꾀하고 있다.

이 일련의 시스템 변경은 가이드라인 2차 개정에 대응하는 것이다. 가이드라인은 미소 냉전 시대인 1978년에 처음 정해졌다. 그것은 '일본에 대한 직접적인 무력공격'에 대응하기 위한 것이라고 되어 있었지만, 1997년 1차 개정 때 '일본 주변의 유사시', 이른바 '주변 사태'에 대응하기 위한 것으로 바뀌었다. 그리고 2015년 8월에 예정했던 2차 개정은 '세계의 유사시', 즉 세계 어디에서 일어난 사태에도 일본과 미국이 대응할 수 있는 체제를 확립하려는 것이었다.

소프트웨어의 구축
: 가치관

자민당의 개헌 초안에 나타난 가치관

전쟁 수행이 가능한 하드웨어와 시스템을 세워나가는 가운데 정부는 전쟁 수행이 가능한 국민의 가치관 형성에 시선을 돌렸다. 그것이 무엇을 목표로 삼는지는 자민당이 2012년 4월 27일에 정한 '일본국 헌법 개정 초안'을 보면 알 수 있다.

초안에 의하면 개헌 노선은 '① 천황의 원수화, ② 국방군 설치, ③ 권리와 자유의 제한, ④ 긴급 사태의 상정'이라는 네 가지의 현저한 특징을 지닌다. 여기에서는 전쟁 수행이 가능한 소프트웨어 구축이라는 관점에서 ①과 ②에 대해 검토해보자. 우선 '① 천황의 원수화'에 대해 초안에는 다음과 같이 나와 있다.

제1조 천황은 일본국의 원수로서 일본국 및 일본 국민 통합의 상징이며, 그 지위는 주권이 있는 일본 국민의 총의에 근거한다.

제2조 황위는 세습적이고, 국회에서 결의한 황실 전범이 정하는 바에 따라 계승한다.

제3조 국기는 일장기로 삼고 국가는 기미가요로 한다.

2 일본 국민은 국기 및 국가를 존중해야 한다.

제4조 원호元號*는 법률이 정하는 바에 따라 황위의 계승이 있을 때 제정한다.

여기에서는 천황의 정치적 권능을 부정하고 '일본 국민 통합의 상징'이라고 하면서도 '원수'라고 규정하고 있다. 또한 원수인 천황과 직결되어 있는 국기, 국가, 원호를 헌법의 조문으로 규정하고 있을 뿐 아니라 특히 국기와 국가에 대한 '존중'을 명문화하고 있다. 이미 교육 현장에 나타나고 있는 개헌 선취 상황을 보면 분명하게 알 수 있는 상황인데 확실히 원수, 국기, 국가, 원호에 대한 경의와 존중을 법적으로 강요하고 있다.

'② 국방군 설치'에 대해서는 다음과 같이 나와 있다. 조금 길지만 중요한 내용이므로 9조에 관한 부분을 전부 인용해보자.

제9조 제1항 일본 국민은 정의와 질서를 기조로 삼는 국제 평화를 성실하게 희구하고, 국권의 발동에 의한 전쟁을 방기하며, 무력에 의한 위협 및 무력의 행사는 국제 분쟁을 해결하는 수단으로 사용하지 않는다.

---

* 임금이 즉위한 해에 붙이던 칭호를 말한다. 참고로 근대 이후의 일본 원호는 메이지明治(1867~1912), 쇼와昭和(1926~1989)였으며 현재는 헤이세이平成(1989~)이다.

2 전항의 규정은 자위권의 발동을 방해하는 것이 아니다.

제9조 제2항 일본의 평화와 독립 및 국민의 안전을 확보하기 위해 내각총리 대신을 최고지휘관으로 삼는 국방군을 보유한다.

2 국방군은 전항의 규정에 의한 임무를 수행할 때에는 법률이 정한 바에 따라 국회의 승인과 기타 통제에 따른다.

3 국방군은 제1항이 규정하는 임무를 수행하기 위한 활동 이외에 법률이 정하는 바에 따라 국제사회의 평화와 안전을 확보하기 위해 국제적으로 협조하며 벌이는 활동 및 공공질서를 유지하고 국민의 생명과 자유를 지키기 위한 활동을 수행할 수 있다.

4 앞의 두 항목에서 정한 것 이외에 국방군의 조직, 통제 및 기밀 유지에 관한 사항은 법률로 정한다.

5 국방군에 속한 군인과 기타 공무원이 그 직무의 실시에 따른 죄 또는 국방군의 기밀에 관한 죄를 범했을 경우 재판을 열기 위해서는 법률이 정하는 바에 따라 국방군에 심판소를 설치한다. 이 경우에는 피고인은 재판소에 상소[*]할 권리를 보장받아야 한다.

제9조 제3항 국가는 주권과 독립을 지키기 위해 국민과 협력하여 영토, 영해 및 영공을 보전하고 그 자원을 확보해야 한다.

현행 9조 1항의 '전쟁 방기' 원칙은 그대로 두고 있지만, 9조 2항의 '전력 비非보유', '교전권 부인'은 모두 삭제하고, 대신 자위권을 명

---

* 재판이 확정되기 전에 상급 법원에 취소 및 변경을 요구하는 불복 신청이다.

시하고 있다(이것은 당연히 집단적 자위권, 즉 타국에 대한 공격을 자국에 대한 공격으로 간주하겠다는 것이다).

정부의 원래 견해는 자위의 범위를 넘어서는 것을 '전력戰力'으로 보고 자위대의 무기 체계에 제약을 가해왔기 때문에 현행 9조 2항이 삭제된 것은 그 억제 장치가 소멸했음을 뜻한다. 자위대가 경찰예비대와 보안대를 거쳐 미소 냉전을 배경으로 차근차근 증강의 길을 걸었다고는 해도, 헌법 9조 2항의 '전력 비보유'의 억제력은 강했다.

역대 정부는 종종 '전력'의 범주에 들어가는 무기(전수방위의 범위를 벗어나는 것)는 보유할 수 없다는 태도를 보여왔다. 다시 말해 장거리 폭격기나 장거리 탄도미사일, 공격형 항공모함 등은 보유할 수 없다고 여겨왔다. 이번 개헌안은 9조 1항을 그대로 두면서 2항 이하를 정반대로 바꾸려는 것이다. 이제까지 무기 체계를 제한한 억제 장치가 없어질 것은 확실하다. 이는 군비 확장의 길을 한층 더 활짝 열어줄 것이다.

또한 '국제적으로 협조하며 벌이는 활동'에 참가하는 것은 기존의 후방 지원과 보급 활동을 넘어서 전투에 참가하는 길이 될 것이다. 이제까지 자위대는 군대 같은 모습을 띠면서도 '군대가 아니라고' 해왔기 때문에 이라크전쟁에서도 거의 후방 지원, 보급 활동, 복구 활동으로 역할을 한정해왔다(그렇더라도 보급과 수송 활동이 미군의 전투 행동과 분리될 수 없다는 점은 분명하다). 그러나 국방군은 타국의 군대와 하등 다를 바 없는 군대 그 자체이기 때문에 분담한 역할이 전투 참가로 확대되는 사태는 피할 수 없다.

국방군에 심판소(요컨대 군법회의)를 설치하는 것은 (민간인을 포함해) 기밀 누설 등의 죄를 취조하기 위해 기밀보호법(스파이 방지법)을 제정하고 헌병을 설치하는 것을 의미한다. 왜냐하면 보호해야 할 군사 기밀이 누설된 사실을 인정하는 일이 경찰에게는 불가능하므로 군사 경찰(헌병)이 존재해야 한다. 기밀보호법에 해당하는 '특정비밀보호법'은 벌써 제정되어 있다. 또한 지금 자위대 안에는 자위대에 반대하는 단체나 시민의 움직임을 감시하고 추적하는 기관, 즉 정보보전대가 존재하는데, 이러한 기정사실이 법적인 근거를 갖추게 되었다.

9조 3항은 국방의 의무를 규정하고 있다. 이것은 군인뿐 아니라 민간인이 군대 활동에 협력할 의무(2차 세계대전 이전의 '징용') 또는 군 업무를 대신할 활동이 정해질 가능성이 있음을 나타낸다. 군대를 둘러싼 세계적인 추세를 따른다면 9조의 개헌이 이루어져도 징병제 도입은 곤란할 것이다. 그러나 현재 군대의 정보 통신 기술이나 수송과 보급 기능을 뒷받침하고 있는 것은 대부분 민간 기업과 민간 기술자들이다. 그렇다면 군이 행사하는 구속력은 민간인에게도 미칠 것이다. 동시에 민간인이 군사 활동에 협력할 의무(징용) 또는 군 업무를 대신할 활동(군사적인 자원봉사 등)이 정해질 가능성이 높다.

자민당 정권의 '교육재생'이 지향하는 것

자민당의 개헌 노선이 2012년 12월 2차 아베 내각의 성립으로 시작된 것은 아니다. 이미 2006년 1차 아베 내각에서 교육기본법 개정이 이루어졌고 개헌의 선취 상황이 조성되었다.

자민당의 개헌 노선에 병행한 교육재생의 기본 이념은 첫째로 애국심의 함양으로 전후 교육을 벗어버리는 것이다. 자민당이 2012년 교육재생실행본부를 발족할 때, 아베 총재는 다음과 같이 인사말을 전했다.

"(1차 아베 내각에서) 교육기본법을 전면 개정해 '국가와 향토를 사랑하는 태도를 기른다'는 교육 목표를 정했는데도 교육 현장에서는 이 정신을 살리지 못하고 있다."

아베 총리는 자신의 책 《새로운 나라로—아름다운 나라로新しい国へ—美しい国へ》에서 영국 대처 정권의 교육개혁을 성공 사례로 언급하며 자존심(국민으로서의 긍지)을 훼손하는 교재를 배척해 성공한 것이 오늘날 영국의 부활로 이어졌다고 썼다. 또한 글로벌화에 대응하는 것이야말로 교육의 중요한 과제라고 언급했다. 이때 말한 글로벌화는 현실적으로 미국을 표준으로 삼는 것(미국에 대한 종속)을 가리킨다. 이 글로벌화 경향을 상쇄하기 위해 애국심을 강조하는 것이다. 글로벌화와 애국심의 관계는 마치 미국을 뒤따르는 전략과 야스쿠니 신사를 공식 참배하는 행위의 연관성과 비슷하다고 할 수 있다. 한마디로 이윤을 추구하는 대기업은 글로벌화(무국적화)하고, 노동자와 시민은 애국심을 양식으로 삼으면서 빈곤해지는 구조인 셈이다.

앞으로 교육재생회의가 의견을 내놓을 교과서 검정 및 채택 제도로 검정이 강화될 것은 충분히 예상할 수 있다. 검정 기준에 맞게 쓰도록 하는 쪽으로 말이다. 이미 의견을 내놓은 교육위원회 제도의 변화와 더불어 지방자치단체장과 교육장이 주도하는 교과서 채택의 방향성은 흔들리지 않을 것이다. 우선적으로 도쿄와 오사카 등에서 이중 검정에 의해 특정 교과서를 배제하고 '만드는 모임' 교과서의 채택을 추진하고 있다.

그러면 현재 추진하고 있는 교육재생은 개헌 노선, 즉 전쟁 수행이 가능한 소프트웨어 구축과 어떤 관계가 있을까? 교육재생은 개헌 노선에 필요한 하나의 기둥이며, 개헌 실현 이전부터 개헌 선취 상황을 만들어내기 위한 첨병이다. 또한 글로벌화에 대응한다는 기치를 내걸면서 신헌법 시대의 국방군을 떠맡을 차세대 인재를 양성하는 것으로 규정할 수 있다. 교육재생은 개헌 이후 국방군을 보유하게 될 20~30년 후의 일본 사회를 상정하고 있다. 국가에 의해 교육정책 전환이 이루어지고 나면 줄잡아 20~30년 후에는 인재의 질적 변화가 뚜렷하게 나타난다. 이는 1903년 국정교과서 도입 이후 수많은 국민이 약 25년 후 산둥에 출병한 일과 28년 후 만주사변 발발 때 참전한 사실만 보더라도 잘 알 수 있다.

교육재생과 개헌 노선을 둘러싼 오늘의 시대 상황은 1920년대 후반에서 1930년대 초반과 매우 비슷하다. 다시 말해 세계적인 불화에 의한 사회적 격차와 빈곤 문제의 심각화, 지진 재해와 천재지변(풍수해, 냉해 등)에 의한 사회 불안과 불만 증가, 중국 정세로 영토와 권익 문제의 첨예화, 국정교과서 개정으로 인한 교육의 군국주의화, 정당 정치의 혼란 등이다.

1920~1930년대에는 이 상황들을 국가 개조(쇼와유신)와 대외 침

략으로 타개하려는 군부 중심 세력이 대두했다. 일본의 본래적인 모습을 '일군만민一君萬民', '군민공치君民共治'라고 생각한 그들은 사민평등을 지향했어야 할 메이지유신이 재벌과 군벌, 특권계급을 낳았다고 보고 (메이지)유신의 재시도를 꾀했다. 이것은 현실적으로 군부와 관료층이 주도하는 천황제를 통해 새로운 지배체제를 강화하려는 움직임으로 나타났고, 치안유지법이 주축이 된 위로부터의(종적인) 강권적 지배(치안유지법이 주축)와 아래로부터의 상호 감시, 상호 규제(횡적 억압)라는 상황을 만들었다. 상호 감시와 상호 규제란 국민이 서로 '비국민'이나 '매국노' 같은 말로 이단자를 배척하는 움직임을 가리킨다.

이 시기에 내셔널리즘이 폭주했던 발단은 현대와 마찬가지로 중국과 뒤얽힌 영토와 권익 문제였다. 옛날에는 신해혁명 이래 분열과 혼란을 거듭해온 중화민국 안에서 국가통일의 움직임(북벌)이 태동했고, 그것이 만주까지 번질 것을 두려워한 일본의 여러 세력이 '만주와 몽골은 일본의 생명선'이라는 슬로건 아래 산둥 출병, 장쭤린 폭살,* 만주사변으로 일본을 끌고 갔다. 내셔널리즘의 고양이 그런 상황을 뒷받침한 것이다.

만주사변을 획책한 관동군 참모 이시하라 간지石原莞爾는 영토 점령을 통해 만주와 몽골 문제를 해결할 수 있다고 생각했다. 뿐만 아니라 군사적 성과를 올리면 국민은 단결하여 일어나 군을 지지할 것

---

* 　장쭤린(1873~1928)은 중국의 군인이자 정치가로 일본의 후원으로 군벌로 성장했다. 일본 또한 그를 악용하여 둥베이東北에 진출하려고 획책했다. 그러나 그가 둥베이를 넘어 전국적인 규모의 군벌로 성장하고 미국 등과도 연계하기 시작하면서 일본의 뜻대로 움직이지 않자 살해한 것으로 보인다.

이며, 그로써 국가 개조의 기폭제가 되리라는 것을 명확하게 인식하고 있었다.

관동군과 같은 역할을 해낸 인물을 굳이 오늘날에 대입해보자면 도쿄 도지사였던 이시하라 신타로石原慎太郎를 꼽을 수 있다. 센카쿠 열도*를 구입하겠다는 그의 발언으로 영토와 권익 문제는 단숨에 첨예해졌다. 이 사태에 혼란스러워진 민주당 정권이 기정사실을 추후 인정함으로써(정부에 의한 센카쿠 열도 구입) 군비 확장과 개헌 상황이 창출되었다고 할 수 있다. 민주당 정권은 이렇게 창출된 상황에 불안을 거듭하며 붕괴했다. 이런 양상은 관동군이 조성한 만주 점령이라는 기정사실을 추후 인정한 당시 민정당 내각이 상황에 대응하지 못하고 와해한 모습과 매우 닮아 있다.

경계하고 대항해야 할 것들

개헌은 앞으로 절차를 정하고 몇 년 후에 하는 것이 아니다. 이미 개헌 선취 상황이 눈앞에 나타나고 있다. 교육계에서는 교육기본법 개악이 이루어진 시점에 부분적인 개헌이 단행되었다고 해도 무방하다.

우리에게 중요한 것은 '전후'라고 불리는 70년간의 시대를 다시 '전쟁 전'으로 돌려놓지 않는 일이다. 정신을 차리고 보니 '아, 그때는

---

* 　중국 지명으로는 댜오위다오釣魚島, 대만 지명으로는 댜오위타이釣魚臺이다. 동중국 해상에 위치한 8개의 무인도인데, 중국과 일본이 각각 역사적·국제법적으로 자국의 고유 영토라고 인식하고 있어 영토 분쟁을 겪는 곳 중 하나이다.

전쟁 전이었구나' 하는 식이 되어서는 안 된다.

　물론 개헌으로 금세 전쟁을 일으킨다고 할 수는 없겠지만 전쟁 수행이 가능한 체제를 완성시키는 것이 개헌이라는 점은 의심할 바 없다. 전쟁 수행이 가능한 국가체제가 하드웨어와 시스템이라는 측면에서 선행되던 것이 개헌에 의해 소프트웨어라는 측면에서 한꺼번에 완성되기 때문이다.

　'개헌한다고 전쟁이 일어나는 것은 아니다'라는 개헌옹호론은 오늘날 세계에서 벌어지는 전쟁의 본질을 간과하고 있다. 왜냐하면 현대의 전쟁이란 단독으로 일본이 이웃 나라에 쳐들어간다거나 이웃 나라가 일본에 쳐들어오는 것이라기보다는 미국이 세계 어디에선가 벌이는 전쟁에 일본이 군사동맹에 의해 동원되는 형태로 일어날 가능성이 가장 높기 때문이다. 다시 말해 우리의 의사와는 거의 상관없이 일어난 전쟁에 어쩔 수 없이 동원되는 것, 전쟁에 일본의 국방군을 파견하고 민간인이 국방의 의무라는 명분 아래 협력해야 하는 구도이다. 개헌에 따른 군비 확장은 반드시 동아시아 규모로, 아니 세계적인 규모로 '군비 확장의 연쇄'를 일으켜 전쟁의 위기를 고조시킨다는 점을 우리는 계속 주장할 필요가 있다.

　'잃어버린 20년'과 동일본 대지진, 원자력발전소 사고 등에 의해 현재의 일본 사회에 불안과 불만이 팽배해 있다는 사실은 말할 필요도 없다. 이런 환경에서는 개헌 세력에 의해 사람들의 정치 불신과 무력감이 응집할 위험성이 높아진다. 결단의 내용과는 상관없이 '결단하는 정치'라는 슬로건이 강조되는 상황은 실로 위험천만하다.

우리는 자민당의 개헌 초안에 나타난 그들의 목표를 냉정하게 간파하면서 이미 교육계에 나타나고 있는 개헌 선취 상황을 분석하고 그들에게 대항해가야 한다. 그것은 점점 더 국민적 차원이나 지방자치단체의 차원에서 권위주의, 강권주의, 그리고 상호 감시와 상호 규제를 물리치는 운동으로 이어질 것이다. 또한 전쟁 수행이 가능한 국가체제로 나아가는 것을 소프트웨어 측면에서 억제하는 길이 될 것이다.

3

우익 단체의 의도와 실태
아베 정권을 지지하는

다와라 요시후미

아베 신조는 입으로는 무라야마 담화나 고노 담화를 계승한다고 말하면서 끊임없이 일본군 '위안부'를 부정하고 있다. 또한 자신의 '전후 70주년 담화' 안에 '국책의 잘못', '침략과 식민지 지배', '통절한 반성', '진심으로 사죄' 같은 핵심어의 기입을 거부하고 있다. 이런 모습은 아베의 역사 인식과 아베 정권의 성격에 뿌리를 두고 있다.

전후 이래
가장 심한 극우 정권

새삼스레 말할 것도 없이 아베 신조라는 정치가는 역사수정주의자, 극우 정치가이다. 이는 나만의 견해가 아니라 서구의 저널리스트나 연구자의 견해이기도 하다. 예컨대 영국 〈인디펜던트〉 도쿄 특파원이었던 데이비드 맥닐은 2차 아베 정권이 발족한 직후 영국 〈이코노미스트〉(2013년 1월 5일자)에서 아베의 새 내각에 대해 "미래에 등을 돌리고Back to the future"라고 비판하는 기사를 썼다. 그는 아베 총리에 대해 이렇게 말했다.

"그는 전후에 제정한 헌법이나 전쟁 전보다 훨씬 자유로워진 현재의 교육제도를 바꾸려고 합니다. 서구적인 감각으로 보자면 보수라기보다는 극우라고 해야 할 것입니다."(《프라이데이》, 2013년 2월 15일호)

극우 정치가인 아베 총리의 역사 인식은 어떻게 형성되었을까? 아베 신조는 고노 담화나 무라야마 담화의 수정을 주장하고, 일본군 '위안부'나 난징대학살 사건(이하 '난징 사건'이라 한다) 같은 침략 전쟁과 가해 행위, 식민지 지배에 대한 교과서의 기술을 '자학사관'이나 '편향'이라고 공격하며 교과서에서 삭제할 것을 요구해왔다.

이 장에서는 서구에서 역사수정주의로 통하는 이런 주장의 배경을 이루는 아베 신조의 역사 인식이 어떻게 형성되었는지 알아보고, 그 역사 인식이 현재 드러내고 있는 위태로움에 대해 논의하고자 한다. 이를 위해 먼저 그 전제가 되는 1990년대 이후에 초점을 맞추어 아베 신조라는 정치가를 낳은 일본의 우익 운동을 살펴보는 일이 필요하다. 그다음으로 아베 신조의 '친구들'인 역사수정주의자들이 대거 진출한 3차 아베 정권의 성격, 아베 정권을 창출하고 지지하는 극우 의원연맹과 극우 조직, 나아가 '국민운동'이라는 이름으로 아베 정권과 자민당이 지향하는 헌법 개악을 민간 차원에서 추진하는 일본회의 등 우익 세력의 사고방식과 실태를 구체적으로 밝혀보기로 한다.

2014년 12월 14일 치러진 총선거에서 자민당과 공명당이 의회 해산 이전의 의석을 확보했고, 이에 12월 24일 3차 아베 정권이 들어섰다. 의회를 해산하지 않았다면 자민당과 공명당 정권은 2018년 12월까지 4년의 임기를 채웠을 것이다. 아베 총리는 2015년 통상국회에서 집단적 자위권의 행사를 용인하는 각료회의 결정을 구체화하는 안보법제의 개정과 신설을 강행함으로써 일본을 '전쟁 수행이 가능한 나라'로 바꿔버렸다. 나아가 2016년 참의원 선거를 통해 여당과 개헌 세력이 의석의 3분의 2를 확보하여 2016년 가을 혹은 2017년 봄에 자신의 비장한 염원인 명문 개헌을 두고 국민투표를 실시하려 하고 있다.

'만드는 모임'의 지유샤自由社판 역사 교과서가 난징 사건을 기술하지 않고 검정을 신청한 일이 있었다. 그런데 문부성은 2015년 4월 그대로 합격시켰고, 이로써 1984년 이래 30년 만에 난징 사건이 실리지 않은 중학교 역사 교과서가 등장했다. 이는 3차 아베 정권이 어느 정도로 강경파이고 극우인지를 충분히 짐작할 수 있는 사례이다. 2차, 3차 아베 정권은 1차 아베 정권 이상으로 강경파, 극우 정권일 뿐 아니라 최근 20년 동안, 아니 전후 이래 가장 극우의 정도가 심한 내각이라 할 수 있다.

내가 극우 의원연맹으로 특히 주목하고 있는 의원연맹(이하 '의련'이라 한다)은 일본회의 국회의원 간담회(일본회의 의련), 일본의 전도와 역사 교육을 생각하는 의원 모임(교과서 의련), 신도神道정치연맹 국회의원간담회(신도 의련), 다함께 야스쿠니 신사에 참배하는 의원 모임(야스쿠니 의련), 창생일본(아베 총리가 회장을 맡고 있는 초당파 의련, 사실상 '아베 의련'이다) 등이다. 이 의련들에 대해서는 나중에 상세하게 기술하겠다.

3차 아베 내각에서 19명의 대신 중 일본회의 의련 소속 의원은 15명으로 78.9%(공명당의 오오타 아키히로太田昭宏 대신을 제외하면 83.3%이다)를 차지한다. 교과서 의련은 10명으로 52.6%(55.6%), 아베 총리가 회장인 신도 의련은 18명으로 94.7(100%), 야스쿠니 의련은 16명으로 84.2%(88.9%), 창생일본은 8명으로 42.1%(44.4%)이다. 덧붙여 3차 정권에서도 유임한 아베 총리가 '대신에 맞먹는 지위'라고 중시하는 총리보좌관 세 명과 관방부장관 두 명이 모두 일본회의 의련, 신도 의련, 야스쿠니 의련, 창생일본 소속이다. 아베 총리는 자신의 측근

들을 통해 이 의련들의 지위를 공고히 굳히고 있는 것이다

아베 총리가 자민당 간사장이었던 2005년 총선거 때, 우정민영화에 반기를 들었다가 당시 고이즈미 준이치로 총리가 보낸 '자객' 후보에 의해 낙선한 에토 세이치衛藤晟一라는 인물이 있다. 아베 총리는 주위의 반대를 물리치면서까지 그를 복당시켜 2차 아베 정권 때 총리보좌관으로 삼았다. 에토 세이치는 지금은 고인이 된 전 농수산장관 나카가와 쇼이치와 함께 각종 우익 의련에서 활동해온 아베 총리의 맹우였기 때문이다.

에토 세이치는 아베 신조나 나카가와 쇼이치, 기시다 후미오(외무대신) 등과 더불어 자민당의 역사검토위원회 위원으로 선출된 이래, 나카가와 쇼이치가 회장, 아베 신조가 사무국장을 맡고 1997년 2월에 발족한 '일본의 전도와 역사 교육을 생각하는 젊은 의원 모임'(2002년에 여기에서 '젊은'을 삭제한 것이 교과서 의련이다)의 간사장(나중에는 회장대행), 일본회의 의련의 간사장, 창생일본의 간사장 등을 맡아왔다. 실로 처음부터 아베 총리의 극우 활동, 역사 왜곡 활동의 동지였던 에토 세이치는 아베 총재의 보좌관이자 자민당의 필두 부간사장인 하기우다 고이치萩生田光一와 함께 측근 중의 측근이다.

내가 문제시하는 우익 의련의 소속이 아닌 사람은 부대신 25명 중 공명당 3명을 포함한 4명, 대신정무관 27명 중 공명당 3명을 포함한 5명뿐이다. 아베 총리가 이 의련들과 맺고 있는 관계는 깊다는 말로는 부족하다. 오히려 아베 정권은 이 의련들에 의해 성립하고 있다고 할 수 있다. 아베 총리는 일본회의 의련의 특별고문, 교과서 의

련의 고문, 신도 의련과 창생일본의 회장이다. 또한 총리의 자격으로 야스쿠니 신사에 참배하고 있다.

2006년 9월에 발족한 1차 아베 정권 당시 일본회의 의련 소속 대신은 18명 중 13명(72.2%)이었던 반면, 3차 아베 정권 때에는 일본회의 의련이 커다란 비중을 차지하고 있음을 알 수 있다.

나는 1차 아베 정권이 실로 '일본회의 내각'이며, 일본회의가 내각을 강탈하고 일본 정치를 점거했다고 지적해왔다. 그런데 2차, 3차 아베 정권도 '일본회의 내각', '신의 나라 내각'이라고 해야 할 극우 정권이다. 일본회의에 의한 내각 강탈, 관저 강탈이라는 특징이 두드러진다고 할 수 있다.

개각 전의 2차 아베 정권에 대해 주간지 〈프라이데이〉(2014년 8월 22~29일 합병호)는 "아베 정권을 철저히 지배하는 일본회의의 정체, 밑바닥까지 폭로한다!"는 제목으로 4쪽에 걸친 기사를 실었다. 그 글의 첫머리는 이렇다.

아베 총리, 아소 부총리를 포함한 13명의 각료가 공공연히 이름을 내건 우익 조직. '자위대를 국방군으로', '8·15 야스쿠니 참배', '아름다운 나라 일본'이란 발상은 모두 우익 조직에서 온 것이다. 여성을 멸시하고 야유한 도의회 의원, '인터넷 우익'이라 불리는 지방 의원들도 이 조직에 속해 있다.

또한 "아베 내각은 '일본회의 내각'이라고 해도 과언이 아니다"라고 주장하면서 "총리는 일본회의를 바라보고 정치를 하고 있는 것은 아닐까 하는 생각이 들 때가 있다"고 말을 흘린 관저 관계자의 말을 전했다. 이처럼 아베 정권을 '일본회의 내각'으로 정의하는 것은 비단 나 한 사람은 아니다.

일본회의는 난징 사건이나 일본군 '위안부' 문제를 '사실이 아님', '날조', '중국과 한국의 반일 선전' 등이라고 공격해왔다. 일본회의와 역사 인식을 함께하는 일본회의 의련 등 우익 의련의 구성원이 정권의 중추를 담당하면서 일본과 국제사회의 마찰은 거세지고 있다. 아베 총리는 입으로는 무라야마 담화나 고노 담화를 계승한다고 말하면서 일본군 '위안부'를 부정하는 발언을 되풀이하고 있다. 또한 자신의 '전후 70주년 담화' 안에 무라야마 담화의 골자인 '국책의 잘못', '침략과 식민지 지배', '통절한 반성', '진심으로 사죄' 같은 핵심어의 기입을 거부하고 있다. 이런 모습은 아베 총리의 역사 인식에서 유래하는 동시에 아베 정권의 성격에 뿌리를 두고 있다.

극우 정치가 아베 신조는
어떻게 탄생했는가

역사를 은폐하고 왜곡한 자민당과 정부, 문부성

아베 총리와 아베 정권, 그리고 그들을 떠받치고 있는 자민당 등 일본 정치가들의 역사 인식을 살펴보기 위해서는 자민당, 정부, 문부성이 일본의 침략 전쟁과 가해의 역사적 사실을 은폐하고 왜곡해온 것을 먼저 짚어볼 필요가 있다. 이는 정치가뿐 아니라 일본인의 역사 인식에도 부정적인 요인으로 작용해왔다.

1945년의 패전 이후 민주적 개혁에 의한 교육의 민주화가 이루어졌다. 1947년 3월에 일본 헌법과 교육기본법의 제정과 실시에 따라 교과서는 국정제도를 폐지하고 검정제도를 채택했다. 당시 검정제도의 목적은 국가의 통제가 아니었다. 1950년대 중반까지 역사 교과서에는 일본이 일으킨 침략 전쟁이나 난징 사건, 동남아시아에서 벌인 가해 사실이 적혀 있었다. 그런데 1955년 민주당(같은 해 11월 자유당과 보수 합동으로 자민당이 되었다)이 교과서의 편향성을 공격하자(1차 교과서

공격), 이를 배경으로 문부성은 검정제도를 개악하여 검정을 강화했다. 수많은 교과서가 검정 불합격을 받으면서 교과서의 '동장군 시대'를 초래했고, 1950년대 후반에 이르러서는 역사 교과서에서 난징 사건 등 침략과 가해에 관한 기술이 삭제된 것이다.

여기에 저항해 역사학자 이에나가 사부로家永三郞가 1965년(1차 소송), 1967년에(2차 소송) 교과서 검정제도를 위헌이며 위법이라고 주장하는 교과서 재판을 제소했다. 1972년 도쿄지방재판소는 2차 소송에서 이에나가 사부로에게 전면 승소라는 판결을 내렸다. 이 판결에 의해 문부성은 1950년대 후반에서 1960년대에 행했던 강압적인 검정을 시행할 수 없게 되었다. 이에 교과서의 '동장군 시대'는 막을 내리고 교과서 내용이 개선되기 시작했다. 1974년도판 고등학교 일본사 교과서 1종(자유서방自由書房)과 1975년도판 중학교 역사 교과서 2종(일본서적, 교육출판)에 난징 사건을 실었다. 실로 십수 년 만에 침략과 가해의 사실이 다시 교과서에 실린 것이다.

그 후에도 서서히 교과서 개선이 이루어져 난징 사건 등을 기술하는 중고등학교 역사 교과서가 늘어났다. 이에 위기감을 느낀 자민당은 1979년 말부터 재차 교과서의 편향성 공격(2차 교과서 공격)을 개시했다. 이 공격을 배경으로 문부성은 다시 한 번 검정을 강화하고 침략 전쟁이나 가해 행위, 식민지 지배의 사실을 왜곡하는 검정을 실시하기에 이르렀다.

1982년 6월 문부성이 일본의 아시아 침략 사실을 왜곡하는 검정을 실시한 사실이 중국과 한국 등 아시아 나라들에 알려지면서 격

럴한 항의가 빗발쳤고 외교 문제로까지 발전했다. 이웃 나라들이 거세게 항의하자 스즈키 젠코鈴木善幸 내각의 미야자와 기이치 관방장관은 "아시아 이웃 나라들과 우호와 친선을 증진시키기 위해 그들의 비판에 충분히 귀를 기울이고 정부가 책임지고 시정하겠다"는 정부 견해(미야자와 담화)를 발표해 외교 문제를 매듭지었다(미야자와 담화는 나중에 고노 담화, 무라야마 담화와 함께 역사 인식 문제의 중요한 담화로 꼽힌다).

이에 따라 문부성은 "아시아의 이웃 나라들과 일본 사이에 있었던 근현대의 역사적 사실을 다룰 때, 국제적인 이해와 협조의 견지에서 필요한 배려가 있어야 할 것"이라는 '근린 제국 조항'을 검정 기준으로 설정했다. 일본의 침략과 가해, 식민지 지배, 오키나와 전쟁(일본군의 주민 학살 등)의 역사를 검정에 의해 왜곡하지 않겠다는 이 조항은 아시아 사람들을 향한 국제적인 공약일 뿐 아니라 일본 국민에 대한 공약이기도 했다.

당시 담화 발표에 대해 관방장관 미야자와 기이치는 문부성과 외무성 간부와 협의하려 했지만, 자민당의 입김이 셌던 문부성(당시 사무차관은 미스미 데쓰오三角哲生)은 '일체의 양보를 거부한다'는 입장이었기 때문에 문부성을 제외하고 외무성과 협의하면서 차후의 해결 방안을 모색했다. "정부가 책임지고 시정하겠다"고 한 미야자와 담화의 내용은 먼저 중국과 한국에 전해졌고, 문부성에는 나중에 설명했다. 관방장관의 지시로 근린 제국 조항을 두기는 했지만, 주지하다시피 문부성은 처음부터 반대 입장이었기 때문에 기회가 있을 때마다 검정 기준에 반하는 검정을 실시해왔다.

이러한 과정 속에서 교과서 집필자와 편집자의 노력으로 역사 교과서는 점점 개선되는 방향으로 나아갔다. 1984년도판 중학교 역사 교과서와 1985년도판 고등학교 일본사 교과서 전체에 난징 사건이 기술되었다(초등학교 6학년 사회 교과서는 1992년도판 전체에 난징 사건이 실렸다). 일본의 아이들은 모두 전후 40년이 지나서야 비로소 교과서를 통해 난징 사건을 배우게 된 것이다.

전후 역사 교육과 평화 교육에서는 원자폭탄, 공습, 피난, 식량난 등 전쟁으로 인한 피해의 측면을 중심으로 가르쳤고, 가해의 측면에 대한 교육은 지극히 불충분했다. 하지만 1970년대 후반 무렵부터 겨우 침략 전쟁이나 가해, 식민지 지배에 대한 학습이 늘어나기 시작했다. 이것이 오랫동안 일본인이 침략과 가해의 역사 인식을 지니지 못한 원인이다. 그런 의미에서 전후 40주년이 되는 해에 모든 교과서를 통해 난징 사건을 가르치게 된 것은 대단히 큰 의의를 지닌다.

한편 1984년 2월 이에나가 사부로는 전쟁에 관한 기술을 제한한 1980년대 초의 교과서 검정을 따져 묻기 위해 3차 소송을 일으켰다. 이 교과서 재판과 재판을 지원한 시민운동, 교과서 집필자와 편집자의 노력, 국제적 비판에 의해 1990년대에는 교과서가 더욱 개선되었다. 그리하여 1994년도판, 1995년도판 일본사 교과서 전체와 1997년도판 중학교 역사 교과서 전체에 일본군 '위안부'에 관한 내용을 게재하기에 이르렀고 난징 사건의 기술도 상세해졌다. 이 흐름을 거스른 움직임이 바로 1996년부터 시작된 3차 교과서 편향성 공격이다.

아베 신조가 등장할 무렵의 역사적 배경

1993년 7월 총선거에서 처음 당선한 아베 신조는 2006년 9월, 겨우 13년 만에 자민당 총재와 일본 총리의 자리까지 올랐다. 그러나 불과 1년 만에 신병을 이유로 정권을 내던지더니 다시 5년 반 뒤에 총리 및 총재로 부활했다. 그사이 극우 정치가의 역사 인식을 갖게 되기까지 그는 어떤 교육과 훈련을 받았을까? 이 점을 알기 위해서는 아베 신조가 첫 당선을 이루어내고 극우 정치가로서 훈련을 받아온 '종전 50주년 국회 결의' 무렵에 벌어진 정치 상황과 자민당의 움직임을 먼저 점검할 필요가 있다.

1980년대에 급속한 글로벌화에 나서던 일본의 대기업이 아시아로 진출하려고 할 때, 최대의 장애는 일본의 전쟁 문제를 처리하는 일이었다. 전후 일본은 극동국제군사재판(도쿄재판)의 판결을 받아들이고 1951년 샌프란시스코 평화조약에 의해 국제사회에 복귀했다. 하지만 자기 손으로 전쟁범죄를 처벌하는 일도, 전쟁 책임을 추궁하는 일도 없었기 때문에 아시아에는 일본에 대한 뿌리 깊은 불신감이 팽배했다.

이 문제를 해결하는 일이 재계를 비롯해 일본 정관계의 커다란 숙제였다. 정관계와 재계는 전후 50년이 되는 1995년에 일본의 전쟁 문제를 매듭짓고 이후 국내외에서 이 문제가 걸림돌이 되지 않도록 조치할 필요를 느꼈다. 그러기 위해서는 일본이 과거에 행했던 침략 전쟁과 가해, 식민지 지배에 대해 어느 정도 반성과 사죄를 표해야 했다. 또한 전쟁 책임과 전후 보상 문제에 대해서도 어느 정도 대응하면서 주변의 아시아 국가들에게 일본이 더 이상 군사대국이 될 우려가 없다는 믿음을 주어야 했고, 그런 사항에 대한 국회 결의가 필요했다.

'종전 50주년 국회 결의'에 이르는 전단계로 1991년 12월 국회에서는 아시아태평양전쟁 개전 50주년을 맞이해 전쟁을 하지 않겠다는 결의를 실행할 계획이었고 자민당 안案, 사회당 안, 정부(자민당 단독 정권) 안을 각각 준비해두었다. 정부 안 중에는 "아시아의 여러 나라들에 대해 과거에 있었던 침략 행위와 식민지 지배 같은 일본 군국주의의 행위에 대해 진심으로 사죄를 표명하고 싶다"는 문안이 들어가 있었다(이 국회 결의는 유보되었다).

이러한 가운데 일본군 '위안부' 문제가 다대한 과제로 떠올랐다. 1990년과 1991년에 국회에서 일본군 '위안부' 문제가 다루어졌지만, 일본 정부는 '위안부'를 모집해 끌고 간 것은 민간업자라고 답변함으로써 일본군이 '위안부' 문제, '위안부' 제도에 관여한 사실을 부정했다. 일본 정부의 이 답변이 한국에 전해지자 한국의 여성들이 분연히 일어섰고, 그들의 지원을 받은 김학순이 1991년 8월 자신이 바로 "산 증인"이라고 하면서 일본군 '위안부'로 끌려갔던 사실을 처음으로 고백했다. 김학순은 그해 12월에 일본 정부를 향해 사죄와 배상을 요구하며 도쿄지방법원에 제소했다.

한편 1991년 주오대학 교수 요시미 요시아키는 방위청 도서관에서 '위안부' 문제에 일본군이 관여했음을 증명하는 "군위안소 종업

부 등 모집에 관한 건"이라는 제목이 달린 사료, 즉 "부관副官으로부터 북지나 방면군 및 중지나 파견군 참모장에게 보내는 통첩안"이라는 사료를 발견했다. 〈아사히신문〉이 이 사료를 1면 톱으로 보도했다. 이렇게 되자 일본 정부도 일본군의 관여와 책임을 인정하지 않을 수 없었다. 마침내 1992년 1월 13일 관방장관 가토 고이치가 '사죄와 반성' 담화를 발표했고, 그해 1월 16일 한국을 방문한 미야자와 기이치 총리는 노태우 대통령과 나눈 회담에서 일본군의 관여를 인정하고 사죄를 표명하는 동시에 진상 규명을 약속했다.

일본군 '위안부' 문제를 조사하기 시작한 일본 정부는 1993년 8월 3일 조사 결과를 공표했다. 당시 관방장관 고노 요헤이가 '일본군의 관여'를 인정하면서 "위안부의 모집, 이송, 관리 등이 감언, 강압에 의하는 등 전체적으로 본인들의 의사에 반해 이루어졌다"고 말했다. 아울러 '반성과 사죄의 마음'을 표명하고, "역사 연구, 역사 교육을 통해 이 문제를 영원히 기억하겠다"는 결의를 담은 담화를 발표했다.

국회의원 아베 신조의 탄생과 자민당 역사검토위원회

잘 알려진 일이지만, 아베 신조의 부친은 자민당 간사장, 국회대책위원회 위원장, 자민당 정무조사회 회장, 자민당 총무회 회장, 관방장관, 농림대신, 통산대신, 외무대신 등을 역임한 아베 신타로安倍晋太郎라는 인물이다. 또한 모친은 A급 전범 용의자였던 기시 노부스케 총리의 딸이므로, 말하자면 아베 신조는 기시 노부스케의 손자이다. 아베 신타로의 부친 아베 간安倍寬은 무소속으로 중의원 의원을 세 차례 역임했다. 처음으로 중의원 선거에 출마했을 때에는 '금권 부패타파'를 내걸었고(이때는 낙선했다), 아시아태평양전쟁이 개시된 다음해인 1942년 총선거에서는 도조 히데키東条英機의 군벌정치나 익찬선거를 비판하며 무소속, 무공천으로 당선한 반골의 정치가였다.

아베 신조는 세이케이대학을 졸업하고 나서 미국 유학을 거쳐 고베제강소에 입사했다. 그는 조부인 기시 노부스케를 가장 존경하는 정치가로 꼽으며 할아버지의 DNA를 계승했다고 주장한다. 1982년에는 고베제강소를 퇴사하고 당시 외무대신이었던 부친 아베 신타로의 비서로 정계에 입문했다. 그리고 부친이 세상을 떠난 후 1993년 7월 총선거에서 부친의 지지 기반을 이어받아 야마구치현 4구에서 첫 당선의 개가를 올렸다.

하지만 그가 처음으로 당선한 총선거에서 자민당은 역사적인 패배의 고배를 마시고 권좌에서 물러났다. 그해 8월 9일 비非자민당의 호소카와 모리히로 연립 정권이 발족했다. 호소카와 총리는 8월 10일 기자회견에서 아시아태평양전쟁에 대해 "나 자신은 침략 전쟁이었고 잘못된 전쟁이었다고 인식하고 있다"고 발언하며 역대 총리로서는 처음으로 침략 전쟁임을 인정했다. 아베 신조가 의원이 된 직후에 일본군 '위안부' 문제에 관한 고노 담화가 나왔고, 호소카와 총리의 '침략 전쟁 발언'이 나왔다. 이러한 상황은 아베 신조가 극우 정치가의 길로 들어서는 중요한 배경이라고 할 수 있다.

호소카와 총리의 '침략 전쟁 발언'에 반대한 우익 세력은 '일본은 침략국이 아니다 국민위원회'를 결성하고, 1993년 9월 9일자와 1994년 3월 27일자 〈산케이신문〉에 "호소카와 총리의 역사 인식에 의문이 듭니다. 일본이 침략 전쟁을 했습니까?", "일본은 침략국이 아닙니다! 영령英靈은 침략 전쟁의 가담자가 아닙니다"라는 의견광고를 전면으로 내고, 전국 각지에서 '일본은 침략국이 아니다 국민위원회'를 개최했다.

이러한 우익의 움직임에 발맞추어 자민당의 야스쿠니 관련 협회 세 곳(영령에 답하는 의원의회, 유가족의원협의회, 야스쿠니 의련)은 일본의 대동아전쟁(아시아태평양전쟁)이 침략 전쟁이었는지 아닌지를 스스로 총괄할 목적으로 1993년 8월에 역사검토위원회를 설치했다. 역사검토위원회는 같은 해 10월부터 1995년 2월까지 스무 차례에 걸쳐 위원회를 개최했다. 구성원은 중참의원 105명으로 고관이나 정치 계파의 우두머리 등 자민당 간부가 참여했다.

이 인물들 중에 과거 특고경찰과장이었던 고문 오쿠노 세이스케奧野誠亮는 패전 직후 전쟁범죄를 숨기려고 전국을 돌며 관련 문서를 소각하라고 지시한 인물일 뿐 아니라 문부대신, 법무대신으로서 몇 번이나 침략과 가해 행위를 부정하는 폭언을 일삼아 문제를 일으킨 정치가이다. 사무국장인 이타가키 다다시板垣正는 관동군 참모장, 지나(중국의 옛 명칭)파견군 총참모장을 역임하고 도쿄재판 때 A급 전범이되어 사형을 선고받은 이타가키 세이시로板垣征四郎의 아들이다. 극우 정치가들인 오쿠노 세이스케와 이타가키 다다시는 아베 신조를 극우 정치가로 키워내는 '스승' 역할을 맡았다.

105명의 위원들 중에는 1997년 2월에 '일본의 전도와 역사 교육을 생각하는 젊은 의원 모임'을 결성한 중심 멤버인 아베 신조, 에토 세이치, 가와무라 다케오河村建夫, 나카가와 쇼이치, 기시다 후미오 등 15명도 포함되어 있다.

역사검토위원회는 나중에 '만드는 모임'을 세운 전기통신대학 교수 니시오 간지西尾幹二나 메이세이대학 교수 다카하시 시로高橋史朗 등 19명의 강사를 초빙해 강의를 듣고 토론한 것을 정리했고, '일본의 전쟁은 옳았다'는 내용의 《대동아전쟁의 총괄》로 엮어 1995년 8월 15일에 출판했다. 이날은 자민당과 연립 정권을 이룩한 사민당의 무라야마 도미이치 총리가 다음과 같은 담화를 발표한 날이었다.

"식민지 지배와 침략으로 많은 나라, 특히 아시아 국가의 사람들에게 막대한 손해와 고통을 안겨주었습니다. 나는 미래에 이러한 잘못이 없도록 하기 위해 의심할 바 없는 역사적 사실을 겸허하게 받아들이고, 새삼스레 통절한 반성을 표하며 진심으로 사죄의 마음을 표명하는 바입니다."

그러나 《대동아전쟁의 총괄》의 내용은 무라야마 담화를 전면 부인하는 것이었다. 역사검토위원회의 총괄을 들여다보면 이렇다. 첫째, 일본이 저지른 대동아전쟁은 자기 보존과 자기 방위의 아시아 해방 전쟁이지 침략 전쟁이 아니었다. 둘째, 난징 사건이나 일본군 '위안부' 문제는 날조된 것으로 중국과 한국의 프로파간다일 뿐 사실이 아니므로 가해 행위나 전쟁범죄가 아니었다. 셋째, 침략 전쟁과 가해 사실을 기술한 내용을 교과서에서 삭제시키기 위해 새로운 교과서

투쟁(교과서의 편향성 공격)이 필요하다. 넷째, '침략이나 가해가 아니었던 일본의 전쟁은 올바른 것이었다'는 전쟁 인식과 역사 인식을 국민에게 정착시키기 위해 학자들을 중심으로 자민당의 자금을 동원하는 국민운동을 벌여나가야 한다. 이 네 번째 제안을 계기로 1997년 1월 학자들을 중심으로 국민운동 조직 '만드는 모임'이 결성되었다.

역사검토위원회의 또 다른 역할은 전후의 역사 왜곡에 중심적으로 활동한 중의원의원 오쿠노 세이스케나 참의원의원 이타가키 다다시 등 역사수정주의의 원로 의원들이 아베 신조 등 젊은 의원들에게 자신들의 역사 인식을 계승하는 것이었다. 중의원의원이 된 지 한 달도 되지 않은 아베 신조는 나중에 교과서 의련을 조직한 15명의 동지와 더불어 위원에 임명되었다. 그는 역사검토위원회의 원로 의원들에게 역사 왜곡, 역사수정주의의 영재교육을 받으면서 신진 의원 가운데 지도자급으로 부상했다고 할 수 있다.

자민당 '종전 50주년 국회의원연맹'과 아베 신조의 역할

역사검토위원회의 학습과 병행해 아베 신조가 오쿠노 세이스케에게 영재교육을 받은 것이 바로 자민당의 '종전 50주년 국회의원연맹'(중참의원 161명) 활동이다. 이 의원연맹은 앞서 말한 바와 같이 패전 50주년을 맞이한 1995년에 전쟁을 반성하는 국회 결의의 움직임이 일어나자 1994년 12월 1일 '전쟁 사죄 결의'에 반대할 목적으로 결성된 조직이다. 이 의원연맹의 회장은 오쿠노 세이스케, 사무국장은 이타가키 다다시였고, 의원이 된 지 1년 남짓인 아베 신조가 사무국장 대리로 발탁되었다.

이와 연대한 조직이 '종전 50주년 국민운동 시행위원회'였다. 가세 도시카즈加瀨俊一(전 유엔 대사, '일본을 지키는 국민회의' 초대 의장)가 회장, 마유즈미 도시로黛敏(작곡가, '일본을 지키는 국민회의' 의장)가 부회장, 후쿠다 다케오福田赳夫(전 총리)가 최고고문이었다. 이 모임의 주요한 구성 단체는 신일본협의회, 국민회의(나중에 '일본회의'로 바뀌었다), 영령에 답하는 모임, 일본유족회, 신사본청, 메이지신궁, 야스쿠니 의련, 일본 향우연맹, 신도 의련, 불이가도회不二歌道會, 전국전우회연합회, 교과서를 바로잡는 부모의 모임 등의 우익 세력이다.

이러한 우익의 국민운동 조직은 '종전 50주년 국회 결의'에 반대하고 '전몰자에 대한 추도와 감사 결의'의 국회 채택을 이루기 위해 지방의회에서 의견서를 채택하는 일을 추진했다. '종전 50주년 국회의원연맹'과 '종전 50주년 국민운동실행위원회'의 활동에 호응해 자민당 본부는 1994년 12월 5일 지방의 자민당 현련縣連*에서 부전不戰 결의에 대항하는 안건, 즉 '2차 세계대전의 전몰자에 대한 추모와 항구 평화에 관한 결의(안)'를 각 현의회 단위로 채택해 중앙에 올리도록 지시했다. 1994년 가을 이후 각지의 '종전 50주년 국민운동실행위원회' 조직과 자민당 현련이 공동으로 '전몰자에 대한 추도와 감사 결의'를 지방의회에서 채택하는 움직임이 활발해졌다. 그리하여 26

---

*   행정단위인 현縣을 단위로 결성된 각종 단체의 연합 조직이다.

개의 현의회, 90개의 시정촌市町村 의회가 이를 채택했고, 서명운동을 통해 456만 명의 서명을 받았다.

'종전 50주년 국회의원연맹'이나 우익 세력의 운동이 성공을 거둠으로써 '종전 50주년 국회 결의'는 당초 의도한 내용에서 크게 벗어났고 침략 전쟁에 대한 반성도 전혀 들어가지 않았다. 그 때문에 무라야마 총리가 무라야마 담화를 발표할 수밖에 없었다고 할 수 있다. 아베 신조는 오쿠다 세이스케와 이타가키 다다시의 지도 아래 중요한 역할을 해내면서 우익 운동과 우익 의원연맹의 연대가 얼마나 중요한지를 배웠을 것이다.

'밝은 일본 국회의원연맹'과 아베 신조의 활동

'종전 50주년 국회의원연맹'은 1996년 6월 4일 발전적인 개조를 거쳐 '밝은 일본 국회의원연맹'이 되었다. 이 조직의 임원은 '종전 50주년 국회의원연맹' 때와 마찬가지로 회장 오쿠다 세이스케, 사무국장 이타가키 다다시, 그리고 사무국장 대리 아베 신조였다. '종전 50주년 국회의원연맹'과 침략과 가해를 부정하는 역사검토위원회의 연구 성과 및 업적을 계승한 이 조직은 1995년 1월에 발족한 신진당의 '올바른 역사를 전하는 국회의원연맹'(회장은 오자와 다쓰오小沢辰男)과 공동으로 1996년 3차 교과서 편향성 공격 때 적극적으로 활동했다.

이 의원연맹을 결성할 당시 오쿠다 세이스케는 기자회견 자리에서 "일본군 '위안부'는 존재하지 않는다. 상행위로 참가한 사람들이다.

전쟁터에서는 교통편을 (국가나 군이) 마련해주었겠지만 강제 연행은 없었다"(《아사히신문》, 1996년 6월 5일자)고 발언하면서 일본군 '위안부'에 관해 기술한 중고등학교 교과서를 비난했다. 또한 이타가키 다다시는 일본군 '위안부' 내용이 실린 고등학교 교과서에 대해 "성적 학대의 이미지를 심어주는 교과서는 옳지 못하다", "미성년 여성에게 '위안부' 일을 시켰다고 일면적으로 기술하는 등 역사적 진실이 아닌 것을 역사적 진실이라고 써놓았다. 일본의 나쁜 점만 강조하고 있다"(《아사히신문》, 1996년 5월 29일자)고 공격했다. 더구나 그는 6월 4일에 일본을 방문한 김상희가 "나는 15세 때 납치로 끌려가 일본 군부대의 '위안부'가 되었다. 내가 산 증인이다"라고 항의했을 때에도 "돈(보수)을 받지 않았는가?"라고 몇 번이나 물었고, 김상희가 "그렇지 않다"고 부인해도 "믿을 수 없다", "내게는 판단 근거가 없다. 증거가 필요하다"는 말을 되풀이하면서 김상희의 증언과 항의를 부정했다.

'밝은 일본 국회의원연맹'은 설립 취지에서 "침략 국가라고 죄악시하는 자학적인 역사 인식이나 비굴한 사죄 외교에는 동조할 수 없다. 전후 잃어버린 소중한 것을 되찾고 건전한 일본인 육성을 지향한다"고 밝히면서 역사와 교육의 당면 문제에 초점을 맞추어 교과서에 일본군 '위안부' 문제를 기술하는 일을 검토할 것을 제안했다. 이 조직이 내건 일본군 '위안부'를 비롯한 역사 인식과 교과서 문제야말로 아베 신조가 평생에 걸쳐 고집스럽게 매달려온 것이다. 이 의원연맹은 '위안부는 매춘부'라는 캠페인을 펼치면서 1996년 6월 이후로 일본군 '위안부'와 난징 사건을 기술하는 것을 공격하며 교과서에서 삭제하라는 활동을 벌였다. 여기에서 아베 신조가 중심적인 역할을 해 냈다. 일본군 '위안부' 문제에 대한 그의 역사 인식은 일단 이 의원연 맹의 활동을 통해 형성되었다. 이 활동은 1997년 2월에 결성된 교과 서 의련이 이어받았다. 실로 극우 정치가의 역사 인식에 계승이 이루 어진 것이다.

자민당 '일본의 전도와 역사 교육을 생각하는 젊은 의원 모임'

'만드는 모임'이 발족한 지 한 달 뒤인 1997년 2월 27일, 자민당 안 에서 당선 5회 이하 의원을 중심으로 중참의원 87명이 참가한 가운 데 '일본의 전도와 역사 교육을 생각하는 젊은 의원 모임(교과서 의련)' 이 결성되었다.

교과서 의련은 1997년 3월부터 6월까지 19명의 강사를 초빙해 열 차례에 걸쳐 공부 모임을 열고, 그 내용을 정리해 같은 해 12월에 《역사 교과서에 대한 의문》을 출판했다. 19명의 강사에는 주오대학 교수 요시미 요시아키도 있었지만, 대개는 '만드는 모임'의 다카하시 시로, 당시 도쿄대학 교수였던 후지오카 노부가쓰, 지금은 고인이 된 가쿠슈인대학 교수 사카모토 다카오坂本多加雄나 '위안부' 부정론자인 도쿄기독교대학 교수 니시오카 쓰토무西岡力, 오사카부 공립중학교 교원이며 우익 단체 일일회一日會의 구성원인 하세가와 준長谷川潤, 문 부성의 교과서과장 등의 임원과 교과서 회사 사장 등도 있다.

이곳 멤버들은 침략 전쟁이나 일본군 '위안부' 문제를 교과서에 기술하는 것에 대해 의견이 다른 사람들을 격렬하게 힐난하고 추궁했다. 나아가 일본군 '위안부' 문제에서 일본군과 일본 정부가 관여한 사실을 인정한 1993년의 고노 담화에 대해 "확실한 증거가 없는데도 상대방이 원하는 대로 강제성을 인정했다"고 비난하면서 고노 요헤이를 공부 모임에 불러 담화를 철회하라고 압박했다. 《역사 교과서에 대한 의문》에는 강연 내용, 강사와 멤버 의원 사이의 질의응답 외에도 "위안부와 교과서 문제—젊은 의원은 발언한다"라고 제목을 붙인 의원 28명의 주장이 수록되어 있다.

아베 신조의 홈페이지에 따르면, 교과서 의련은 "통산 10회에 걸친 공부 모임에 의해 일본의 역사 교육에 얼마나 심각한 문제가 존재하는지, 또 일본군 '위안부' 문제가 얼마나 왜곡돼 전해지고 있는지, 그리고 이제까지 일본 외교의 방식, 이른바 사죄하는 체질이 얼마나 오늘날의 문제에 실마리를 제공했는지 등이 분명해졌다"고 주장하면서 "국민운동을 정력적이고 역동적으로 전개해나갈 것"이라고 밝혔다. 국민운동의 활동은 바로 '만드는 모임'이나 일본교육재생기구와 연대해 교과서를 공격하는 것, '만드는 모임' 계열의 교과서(후소샤扶桑社판, 이쿠호샤育鵬社판, 지유샤판) 채택을 지원하는 것이었다.

아베 신조는 《역사 교과서에 대한 의문》에서 고노 담화의 바탕이 된 한국의 '위안부' 증언에 대해 "스스로를 일본군 '위안부'였다고 밝히면서 배상을 요구하고 있는 사람들 중에는⋯⋯ 명백하게 거짓말을 하는 사람들이 꽤 많다"고 말했다. 또한 "요시미 요시아키 선생도 고노 담화를 증거이자 금과옥조로 내밀 뿐⋯⋯ 문교위원회에서 몇 번이나 질문했지만 문부성의 답변을 들어보면 그것은 본의가 아니었다는 것을 드러내면서 '그러나 이는 고노 담화에서 한 말이니까 거기까지는 인정하지 않을 수 없다'고 설명했다"고 말한다. 이어 그는 "스트라이크 존을 조금만 왼쪽으로 옮겨놓으면 가장 왼쪽으로 던져도 100% 스트라이크이다. 모두 그것에만 집중한다면 담화의 방향을 바꾸지 않는 이상 소용없다"고 하면서 결국 고노 담화의 수정을 주장하고 있다. 나아가 "고노 관방장관의 담화는 당시 일본과 한국 양국에서 조성된 분위기 속에서 사실보다는 외교상의 문제를 우선시한 것이었다. 또 아무런 증거도 제시하지 않은 채 증언자 16명의 구술 조사에 의해 군과 정부가 직접 가담한 사실이 있다고 인정하고 발표한 것으로 판명되었다"고 단정했다. '사실보다는 외교상의 문제를 우선시했다'는 점을 두고 에토 세이치가 한 질문에 대해 고노 요헤이는 명확히 답변했다.

"아시아 외교를 펼쳐야 한다는 시대적 배경 때문에 실제로는 없었던 일인데 마치 있었던 것처럼 우리 쪽이 양보한 일이 있었느냐고요? 그런 일은 없었습니다."

그런데도 아베 신조는 이를 무시하고 있다.

교과서 의련은 2001년 중학교 교과서 채택 때 '만드는 모임'의 교과서(후소샤판) 채택을 전면적으로 지원했고, '만드는 모임'의 교과서가 쉽게 채택되도록 제도를 개악하는 활동을 벌였다. 2001년의 채택 후 얼마 동안은 두드러진 활동이 없었지만, 2005년의 채택을 앞둔 2004년 2월, 조선인 강제 연행에 관한 출제를 둘러싸고 활동을 재개했다. 원래 이름에서 '젊은'을 빼고 '일본의 전도와 역사 교육을 생각하는 의원 모임'으로 개칭한 후, 2004년 6월 14일 '만드는 모임'의 검정과 채택을 지원하는 자민당 심포지엄을 개최했다.

2004~2005년에 자민당 간사장 및 간사장 대리였던 아베 신조는 2005년 중학교 교과서 채택 때 전력을 다해서 '만드는 모임'의 교과서 채택을 지원했다. 자민당의 간사장으로서 그는 2004년 6월 "역사 교육 문제는 교육기본법 개정, 헌법 개정과 표리일체를 이루는 국가적 중요 과제이며, 나라와 지방이 일체가 되어 (후소샤판 교과서 채택에) 힘을 쏟을 필요가 있다"고 지방 조직에 통지했다. 아울러 2004년 6월과 2005년 3월에는 전국의 지방의회 의원을 도쿄로 불러 모아 교과서 채택 문제의 학습회와 결기 집회를 개최했다. 아베 신조가 간사장 대리였을 때 자민당은 2005년 1월에 열린 당 대회에서 교육기본법 개정과 '편향적인 역사관 및 젠더 프리*로 기울어진 교과서 시정'을 2005년의 중점 과제로 꼽았다.

2006년 교과서 의련 총회에서는 당면한 활동 방침으로 1993년의 고노 담화 수정 및 철회를 추진할 것을 확인했고, 일본군 '위안부' 문제를 검증하기 위해 소위원회(위원장은 나카야마 야스히데中山泰秀)를 설치했다. 또한 난징 문제 소위원회도 설치해서 2007년 6월 19일에는 난징 사건을 부인하는 '조사 검증의 보고'를 발표했다.

---

* gender-free라는 일본식 외래어로, 사회적 성별(젠더)에 대한 일반 통념을 벗어나 자신의 삶을 스스로 결정할 수 있어야 한다는 관념을 말한다. 고정적인 성 역할의 통념에서 자유로워야 한다는 사상 및 행위이다.

교과서 의련은 2009년 총선거 때 자민당의 대대적인 패배로 인해 의원연맹의 중심 멤버들이 적잖이 낙선하는 바람에 잠정적으로 활동을 접었다. 하지만 중학교 교과서 채택을 앞둔 2011년 2월 3일에 총회를 열고 활동을 재개할 것을 결의하며 새 임원진을 선출했다. 이때 회장은 후루야 게이지古屋圭司(전 국가공안위원장), 간사장은 시모무라 하쿠분下村博文, 회장대행은 에토 세이치, 사무국장은 요시이에 히로유키義家弘介였고, 아베 신조는 고문으로 취임했다.

2014년부터는 회장은 후루야 게이지, 간사장은 에토 세이치(총리보좌관), 사무국장은 요시이에 히로유키(전 문부성 정무관)가 맡고 있다. 이 조직은 2011년 중학교 교과서 채택 때 이쿠호샤판(후소샤판의 후속) 교과서 채택을 지원했고, 야에야마八重山 교과서 채택 문제, 2012년 3월 말 문부성 고등학교 교과서의 검정 공개 후에는 자민당 문교부회와 한통속이 되어 고등학교 일본사 교과서에 실린 일본군 '위안부'나 난징 사건의 기술을 공격해왔다. 교과서 의련은 짓쿄実教출판에서 나온 《고교 일본사 A·B》를 배제하는 움직임에도 관여하고 있다.

당을 초월한 '역사 교과서 문제를 생각하는 모임'

2001년의 중학교 교과서 채택을 앞두고 '만드는 모임'의 교과서를 향한 비판이 거세지면서 그 채택을 저지하는 시민운동이 활발해졌다. 이에 2001년 6월 26일, '만드는 모임'의 교과서 채택 활동을 지원하기 위한 목적으로 민주당 의원 등과 연대해 자민당의 교과서 의런 활동을 전개하기 위해 설립된 조직이 초당파超黨派 의원연맹 '역사 교과서 문제를 생각하는 모임(초당파 교과서 의련)'이었다. 이 조직의 결성에서도 아베 신조는 나카가와 쇼이치(회장) 등과 함께 힘을 쏟았다. 이 의원연맹에는 자민당 외에 민주당, 자유당, 보수신당, '무소속 모임' 의원들이 참가했다.

초당파 교과서 의련은 문부성 간부를 초빙해 '난징 사건의 희생자 수가 한없이 제로에 가깝다는 주장'도 교과서에 실어라, '난징대학살 환상론'도 학설이니 양쪽 학설을 병행해 기술하라, 검정 기준에서 '이웃 나라 조항'은 삭제하라 등의 요구를 밀어붙였다. 나아가 시민운동을 적대시하면서 교과서 채택에 시민의 목소리를 반영하는 것은 위법 행위라고 규정하고, 2001년 8월의 채택 후 '인간의 굴레' 등 시민의 활동을 배제하도록 문부성에 압력을 가했다. 이를 받아들여 문부성은 2002년 8월 교과서 채택 때 시민운동 등이 교육위원회에 요청하는 활동을 벌일 경우에는 경찰과 연대해 대처하라고 각 행정단위의 교육위원회에 통지했다.

당시 민주당 국회위원이었던 전 가나가와 현지사 마쓰자와 시게후미松沢成文, 사이타마 현지사 우에다 기요시上田清司, 전 요코야마 시장 나카다 히로시中田宏(전 일본유신회 소속 중의원의원), 나고야 시장 가와무라 다카시河村たかし 등도 이 의원연맹에 참여했다. 나카다 히로시가 임명한 교육위원들이 요코하마 시에서 지유샤판과 이쿠호샤판 교과서를 채택한 시기는 바로 이들이 활동한 때였다.

극우 조직과 우익 의원연맹

일본회의

일본회의란 무엇인가? 일본회의와 연대하는 '일본회의 국회의원 간담회'(이하 '일본회의 의련'이라 한다)란 무엇인가? 아베 정권에는 왜 일본회의 의련 멤버가 많은 걸까? 이 점에 대해 이제부터 이야기하고자한다.

일본회의의 전신은 '일본을 지키는 국민회의'(이하 '국민회의'라 한다)이다. 국민회의는 원호 법제화(1979년 6월) 국민운동을 통해 출범한 우익 조직이다. 원호 법제화 문제를 염두에 두면서 1960년대 중반이후 강화된 반동화와 역사수정주의의 움직임을 살펴보자.

문부성과 중앙교육심의회는 1965년 1월 천황에 대한 충성 등을 내세운 '기대하고 싶은 인간상'의 중간 초안을 발표했다. 정부는 1966년 7월 건국기념일 심의회를 설치했는데, 같은 해 아시아태평양 전쟁 기념일인 12월 8일에 이 심의회는 건국기념일을 2월 11일로 삼자고 주장했다. 이에 응해 정부는 12월 9일에 정령政令*을 공표했고, 1967년 2월 11일에 첫 건국기념일을 실시했다.

1968년 10월 정부는 메이지 100주년 기념식전을 개최했고, 1969년 3월에는 '자주헌법제정 국민회의'(회장은 기시 노부스케)를 결성했다. 같은 해 6월에 자민당은 처음으로 야스쿠니 신사 국가호지법안을 국회에 제출했다. 이때는 심의를 마치지 않은 상태였지만, 1974년 5월 25일 자민당은 야스쿠니 법안을 중의원 본회의에서 단독 가결했다(참의원에서 폐지됐다). 1976년 11월 10일 정부는 쇼와천황 재위 50주년 기념식전을 거행했다. 1977년 7월 문부성은 기미가요를 국가國歌로 제정했다.

이러한 움직임이 있고 나서 1977년 9월 원호 법제화를 요구하는 지방의회 결의 운동이 시작된다(1979년 7월까지 46개 도도부현都道府縣, 과반수인 1,632개의 시정촌 의회 결의를 달성했다). 1978년 6월 14일 '원호 법제화 촉진 국회의원연맹'을 설립하고, 1978년 7월 '원호 법제화 실현 국민회의'(의장은 이시다 가즈토石田和外)를 결성했다. 1978년 11월 원호 법제화에 대한 각의 결정이 이루어졌다. 1979년 6월 6일 원호 법제화 법안의 가결과 성립이, 12일에는 법의 공표와 실시가 이어졌다.

원호 법제화 운동을 전개해 성공시킨 우익 조직들은 1982년 10월 개헌과 익찬翼贊**의 국민운동을 전개하는 항상적 조직으로 국민

---

* 일본국헌법 73조 6호에 기초해 내각이 제정하는 명령이다. 행정기관이 제정하는 명령 가운데 가장 우선적인 효력을 지닌다.

** 원래는 '힘을 보태는 일', '보좌하는 일'을 뜻하는 중립적인 단어였지만, 2차 세계대전 이전에 성립한 '대정익찬회'의 이미지 때문에 '일본적'인 의미가 덧붙여졌다. 그 결과 세간의 압력에 의한 파시즘적인 요소, 안이한 타협에 의한 여당적 분위기를 표현하는 말이 되었다.

회의를 결성했다. 발족 당시 임원은 의장 가세 도시카즈(전 유엔 대사), 운영위원장 마유즈미 도시로(음악가, 이후 의장), 사무국장 소에지마 히로유키副島廣之(메이지신궁 상임고문, 전 일본회의 대표위원)였다. 국민회의는 "일본을 지키기 위해서는 물질적인 군사력으로 지키는 방위 문제, 나아가 마음과 정신으로 지켜야 하는 교육에 관한 두 가지 커다란 문제"(결성총회의 기조 보고)가 있다고 규정하고, 헌법을 '개정'해 천황 중심의 나라를 만들어야 한다는 기본 방침을 내걸었다. 그리고 "교과서 편찬 사업에 몰두하는 과정에서 헌법 개정의 사상적 조류를 형성"(1984년 국민운동 기본 방침)할 것을 주장하고, 1986년 쇼와천황 재위 60주년을 봉축하는 의미로 고등학교 교과서 《신편新編 일본사》(하라쇼보原書房)를 발행했다.

《신편 일본사》의 검정 합격은 중국 등이 격렬하게 항의하면서 외교 문제로 번졌다. 당시 나카소네 야스히로中曽根康弘 총리는 초법규적 조치를 발동해 문부대신 가이후 도시키에게 재검정을 명했다. 이 교과서는 당시부터 '복고풍 교과서', '천황의 교과서'라고 비판받아왔다. 역사를 왜곡하는 '만드는 모임' 계열의 교과서(후소샤판 및 그 후속인 이쿠호샤판, 지유샤판)를 이어받은 고등학교 교과서였던 것이다(단, 고등학교 판의 발행이 먼저이다).

이 교과서는 최다 부수로 9,357권이 사용되었지만(1989년), 하라쇼보는 채산이 맞지 않았기 때문에 발행을 중지했다. 이어 국서간행회가 제목을 《최신 일본사》로 바꾸어 발행했지만 이 출판사도 4년 만에 손을 뗐다. 일본회의는 이 교과서의 발행을 지속시키기 위해 출판사 메이세이샤明成社(사장은 일본회의 부사장 이시이 고이치로石井公一郞)를 설립해 계속 교과서를 펴내고 있다. 메이세이샤판《최신 일본사》는 매년 5,000부 이상 채택된다. 2012년부터 조치대학 명예교수 와타나베 쇼이치渡部昇一를 대표 집필자로 삼아 대대적으로 선전했지만, 학교마다 자율적으로 교과서를 채택하고 있는 고등학교에서는 교사 대다수가 이 교과서를 지지하지 않기 때문에 2015년의 채택 수는 4,066권(0.08%)밖에 되지 않았다.

1997년 5월 30일 국민회의와 '일본을 지키는 모임'과 조직을 통일해 개헌과 익찬의 우익 조직인 일본회의가 탄생했다. '일본을 지키는 모임'은 1974년에 '일본의 역사와 전통을 지킬 것'을 목적으로 보수 계열과 우익 계열의 종교 단체인 신사본청, 생장生長의 집, 불소호념회佛所護念會, 염법진고念法眞教, 모럴로지Moralogy 등이 중심이 되어 발족한 종교계 우익 조직이었다. 국민회의는 임원 등만 보더라도 우익 조직임을 알 수 있지만, 일본회의로 재편되고 나서는 재계 인사와 대학 교수 등이 임원으로 취임한 덕분에 표면상 우익 색깔을 감추고 있다. 그렇지만 본질은 변함없다.

초대 회장 쓰카모토 고이치塚本幸一(와코르 회장), 2대 회장 이나바 고사쿠葉興作(당시 일본상공회의소 회장)에 이어, 2001년 12월에 미요시 도오루三好達(전 최고재판소 장관)가 3대 회장에 올랐다. 그리고 2015년 4월 16일 다쿠보 다다에田久保忠衞가 4대 회장으로 취임하면서 미요시 도오루는 명예회장이 되었다. 사무총장은 1997년 조직 통일 당시 두 조직의 사무국장이었던 가바시마 유조椛島有三(일본협의회 회장, 일본청년협의회 대표)이고, 부회장은 안자이 아이코安西愛子(성악가), 오다무라 시로小田村四郎(전 타쿠쇼쿠대학 총장, 전 야스쿠니 신사 숭경회 회장), 고보리 게이치로小堀桂一郎(도쿄대학 명예교수), 다나카 쓰네키요田中恒淸(신사본청 총장)이며, 이사장은 오토코나리 요조男成洋三(메이지신궁 숭경회 이사장), 사무국장은 마쓰무라 도시아키松村俊明(일본회의 상임이사), 고문으로는 이시이 고이치로(전 브리지스톤 사이클 사장), 기타시라카와 미치히사北白川道久(신사본총 통리), 다카쓰카사 나오다케鷹司尚武(신궁 대궁사), 하토리 사다히로服部貞弘(신도 의련 상임고문), 와타나베 에신渡邊惠進(전 천태좌주天台座主)이 이름을 올리고 있다. 여기에 이름을 거론한 인물로는 종교 관계자가 13명 중 6명이고, 대표위원 47명 중 종교 관계자는 야스쿠니 신사 궁사 등 15명, '가이코샤偕行社·영령에 답하는 모임' 등 우익 조직의 임원이 7명이다(2014년 8월 1일 기준).

일본회의는 신헌법연구회(대표는 오다무라 시로), 정책위원회(대표는 오하라 야스오大原康男 상무이사), 국제위원회(좌장은 다케모토 다다오竹本忠雄 대표위원), 일본교육회의(좌장은 이시이 고이치로, 주사主査*는 다카하시 시로), '일본여성의 모임'(회장은 오노다 마치에小野田町枝) 등 부속기관을 설치해 활동하고 있다.

일본회의는 결성 후 1997년 5월 29일 발족한 일본회의 의련과 긴밀하게 연대해 헌법과 교육기본법 개악, 역사 왜곡 교과서의 채택 추진 등 다양한 책동을 펼쳐왔다.

---

* 　주로 조사나 심사하는 일 또는 그 역할을 맡은 주임을 가리킨다. 일본의 중앙관청과 지방 공공단체, 각종 공공기관과 민간기업 내 직책이다.

그들은 매년 여름 전국 캠페인을 실시했다. 또한 2001년, 2005년, 2009년, 2011년, 2015년의 중학교 교과서 채택 때에는 '만드는 모임' 계열 교과서 채택을 위해 활동을 전개했으며, 역대 총리들에게 야스쿠니 신사 참배를 요구해왔다.

헌법 개정으로 '천황 중심의 일본', '전쟁하는 나라'를 향한 방침을 내건 일본회의는 전국에 현縣 본부, 지역에 지부 조직을 설치한, 그야 말로 약 3만 8,000명의 회원을 자랑하는 일본 최대의 익찬·우익 단체이다. '자랑스러운 나라 만들기'라는 슬로건을 내세우고 있는 이 조직은 아베 총리의 '아름다운 나라 일본'도 슬로건으로 사용해왔다.

일본회의는 2001년 '일본 여성의 모임'(발족 당시 회장은 안자이 아이코)을 발족했다. 1970년 에토 세이치, 다카하시 시로(일본교육재생기구 운영위원장, 전 사이타마현 교육위원장), 가바시마 유조 등이 결성한 우익 단체 일본청년협의회를 사실상 그들의 청년 조직으로 두고 있다. 교육기본법 개악을 추진한 '일본의 교육개혁' 유식자 간담회(민간교육 임시행정조사회, 2003년 결성), 헌법 개악을 추진하는 '21세기의 일본과 헌법' 유식자 간담회(민간헌법 임시행정조사회, 2001년 결성) 등의 중심 조직이다.

그리고 일본회의는 헌법 개정 국민운동을 전개하면서 매년 5월 3일에 민간헌법 임시행정조사회가 주최하는 헌법 개정을 위한 집회를 개최하고 있다. 2015년 5월 21일에는 "헌법 개정, 기다리고 있지 않겠다!"는 제목으로 제17회 공개 헌법포럼을 열었다. 이 자리에는 사쿠라이 요시코櫻井よしこ(대표이자 저널리스트), 후루야 게이지(중의원 헌법

심사회 간사), 이소자키 요스케磯崎陽輔(자민당 헌법개정추진본부 사무국장), 마쓰바라 진松原仁(민주당, 전 납치 문제 담당 대신), 가키자와 미토柿沢未途(유신의당 정무조사회장), 나카야마 야스코中山泰子(차세대의당), 마이노우미 슈헤이舞の海秀平(스모 해설자), 호소카와 다마오細川珠生(저널리스트), 모리모토 가쓰야森本勝也(일본청년회의소 부회장), 니시 오사무西修(고마자와대학 명예교수) 등이 등장했다.

일본회의는 2차 아베 정권의 등장을 절호의 기회로 삼아 헌법 개정 국민운동을 전개하는 한편, '헌법 개정의 조기 실현을 바라는 의견서'를 지방의회에서 결의하는 운동을 추진하고 있다. 2013년 11월 13일에 열린 '헌법 개정으로! 일본회의 전국대표자대회'에는 800명이 참가해 '3년 이내의 헌법 개정 맹세'를 결의했다. 이 대회에서는 사쿠라이 요시코가 기조 발언을 하고, 다카이치 사나에高市早苗(당시 자민당 정무조사회장), 히라누마 다케오平沼赳夫(일본유신회 국회의원단 대표), 마쓰하라 진(민주당 국회대책위원장), 아사오 게이치로浅尾慶一郎(모두의당 간사장), 에토 세이치 등이 발언했다. 또한 2014년 7월 1일 아베 정권이 집단적 자위권의 행사 용인을 각의 결정하자 이를 열렬히 지지하는 견해를 표명했다. 이 '견해' 전문과 각의 결정을 소개하는 기관지 〈일본의 숨결〉(2014년 8월호)에는 "적극적인 평화주의로 중국 패권주의에 대항, 관련법 정비 후 드디어 헌법 개정으로!"와 같은 문안들이 난무했다.

일본회의는 2012년 7월에 "센카쿠와 오키나와가 위험하다. 황실의 2천 년 역사가 위험하다. 지금이야말로 일본을 지킬 힘을!"이라는 제목을 달고, '일본회의의 국민운동으로 이 국난을 극복하자'는 운동을 부르짖었다. 그때 그들이 제기한 '국난'과 '운동'의 내용은 다음 네 가지였다.

- 황실의 2천 년 역사가 위험하다. 남자로 황위를 계승해온 만세일계의 전통을 지키고 전하자.
- 아이들의 교육이 위험하다. 애국심을 명기한 신교육기본법의 교육을 전국의 학교에서 실천하자.
- 일본의 영토와 영해가 위험하다. 영해경비강화법을 개정하고 해양대국 일본의 주권을 지키자.
- 오키나와와 센카쿠를 지키자. 오키나와에 행차하시는 천황 황후 폐하의 봉영奉迎 운동을 추진하자.

일본회의가 드러내는 역사 인식을 보면 다음과 같다. 난징대학살은 없었다, 일본군 '위안부'는 날조다, 중국과 한국의 반일 프로파간다일 뿐이다, 도쿄재판은 오류였다, 총리는 야스쿠니 신사에 참배하라, 식민지 지배는 좋은 일을 해준 것이다, 대동아전쟁은 조국 방위와 아시아 해방의 전쟁이다……. 일본회의는 역사 교육과 교과서를 '자학사관', '편향'이라고 공격하면서 '만드는 모임'과 일본교육재생기구를 지원하고 각지에서 이쿠호샤판, 지유샤판 교과서를 채택하자는 운동을 벌이고 있다.

1차 아베 정권의 교육개혁은 영국 대처 총리의 교육개혁을 모델로

삼았는데, 대처 총리의 개혁 쪽으로 아베 신조를 인도한 것이 일본회의였다. 2004년 10월 자민당의 히라누마 다케오 중의원의원(일본회의 의련 회장)을 대표로 내세우고 중의원의원 후루야 게이지, 시모무라 하쿠분, 마쓰하라 진, 류 히로후미笠浩史와 참의원의원 가메이 이쿠오龜井郁夫, 야마타니 에리코山谷えり子가 영국교육조사단을 결성했다. 그들은 대처 총리의 교육개혁을 조사하러 영국으로 떠났다. 이들 전원은 일본회의 의련의 멤버인 동시에 아베 신조의 동료였다. 아베 신조는 자신이 간사장 시절에 자민당에서 조사단을 꾸려 영국에 파견했다고 말했는데(아베 신조, 《아름다운 나라로美しい日本へ》), 가바시마 유조가 수행한 영국 교육의 조사 작업을 기획한 것이 일본회의였다.

일본회의 국회의원 간담회(일본회의 의련)

일본회의가 발족하기 전날인 1997년 5월 19일, 일본회의를 전면적으로 지원하고 연대할 목적으로 자민당의 오부치 게이조, 모리 요시로森喜朗(나중에 두 사람 다 총리에 취임했다), 신진당의 오자와 다쓰오가 발기인이 되어 초당파 일본회의 의련을 결성했다. 이에 앞서 '만드는 모임'을 지원하기 위해 1997년 2월에 발족한 '일본의 전도와 역사 교육을 생각하는 젊은 의원 모임'은 일본회의 의련과 매우 깊은 관계를 맺고 있다.

일본회의 의련에 참가한 의원은 결성 당시 중참의원 189명이었지만, 이후 계속 늘어나 2015년 4월에는 289명이나 되었다. 자민당 안의 일본회의 의련 멤버는 중참의원에서 모두 일대 세력을 이루고 있다(중참의원 717명의 약 40%). 이만큼 강대해진 우익 의련이 자신의 중심인물을 총리 및 총재 자리에 올려놓은 것이 1차, 2차 아베 정권의 탄생이다.

일본회의와 일본회의 의련은 손을 맞잡고 일본의 정치를 움직이고 있다. 대표적인 예로, 문부성은 2002년부터 초중학생 전원에게 애국심과 국정國定 도덕을 강요하고 세뇌시키려는 의도로 국정 도덕 부교재《마음의 노트》(초등학교 1·2학년용, 3·4학년용, 5·6학년용과 중학교용 등 네 종류)를 배포했다. 일본회의가 이 교재의 작성을 요구하자, 2000년 3월 당시 참의원의원이었던 가메이 이쿠오가 국회에서 이를 언급했다. 여기에 문부과학대신 나카소네 히로후미中曽根弘文가 검토하겠다는 대답을 하자마자 곧바로 예산이 책정되었고, 1주일 후에는 문부과학부대신 가와무라 다케오가 "교재를 발행해 전국 학교에 배포하겠다"고 답변했다.

일본회의는 2001년 3월 총회에서 "본회의 국회 질의를 계기로 문부성은《마음의 노트》라는 도덕 교재의 작성을 결정했다"고 성과를 자랑했다. 국회의원이 우익 단체의 요구를 안건으로 제출하면, 그것이 곧 나라의 정책이 돼버리는 걱정스러운 구도가 형성되고 있는 것이다.《마음의 노트》를 전면 개정한《우리의 도덕》도 2014년 4월에 전국의 초중학생 전원에게 배포됐는데, 문부과학상 시모무라 하쿠분과 문부성은 교육 현장에서 이 교재를 사용하라고 강제하고 있다.

아베 정권과 문부성은 2015년 3월 도덕을 '특별 교과'로 정해 정규 교과로 격상시키고, 2018년부터 검정교과서 발행을 전면 실시하려고 한다. 2015년부터 선행 실시도 재촉하고 있는데, 검정교과서가 완성될 때까지 《우리의 도덕》을 '교과서'로 사용하고 검정교과서 발행 후에도 병용하려고 한다. 나아가 도덕의 교과 편성을 추진하는 《우리의 도덕》 집필자인 가이즈카 시게키貝塚茂樹(무사시노대학 교수, '문부성·도덕 교육의 충실에 관한 간담회' 위원, 일본교육재생기구 이사)는 《우리의 도덕》이 검정교과서의 모델이 될 것이라고 주장하고 있다.

신도정치연맹 국회의원 간담회(신도 의련)

신도 의련은 1970년 5월 11일에 설립되었다. 2000년 5월 15일 당시 총리였던 모리 요시로는 신도 의련 결성 30주년을 축하하는 석상에서 "일본이라는 나라는 실로 천황을 중심으로 삼는 신의 나라임을 국민이 똑똑하게 알아야 한다"는 말로 이른바 '신의 나라' 발언을 했다. 회장은 아베 총리이고 중참의원 193명이 소속해 있다(2014년 9월 11일 기준). 신도 의련은 《강령 해설》에서 이렇게 표명한다.

"우리는 천황 치세의 영광과 영구함을 기원한다. 이것이 일본인이 되풀이해온 받드는 마음이며, 여기에 신도적인 일본 국민의 양심적 사회관이 있고 또 국가관이 있다."

이 말 그대로 이 조직은 실로 '천황을 중심으로 한 신의 나라'를 실현하고자 하는 정치 결사이다. 이런 생각에 찬동하고 지지하며 이를 국회와 정치에서 실현하기 위해 활동하고 있는 것이 신도 의련이다.

다함께 야스쿠니 신사를 참배하는 국회의원 모임(야스쿠니 의련)

야스쿠니 의련은 춘계예대제春季例大祭(4월 21~23일), 종전기념일(8월 15일), 추계예대제(10월 17~20일)에 야스쿠니 신사에 가서 집단적으로 참배하는 초당파 국회의원연맹이다. 야스쿠니 신사는 춘추계예대제에 천황의 칙사가 참상參上하고 천황이 내려준 공양을 바치며 제문을 진상한다.

세 행사의 집단 참배자는 야스쿠니 의련의 멤버들이다. 아베 정권의 탄생과 아베 신조의 야스쿠니 신사 참배(2013년 12월 26일)에 의해 야스쿠니 의련 멤버들 사이에는 활기가 돌았고, 2014년 8월 15일에는 최근 몇 년 가운데 최다수의 집단 참배를 실현했다. 중국과 한국은 물론 미국조차도 비판하는 가운데 아베 신조는 춘추계예대제와 8월 15일에 진신眞榊*의 봉납을 계속했으며 다카이치 사나에高市早苗, 야마타니 에리코山谷えり子, 아리무라 하루코有村治子 등의 각료들과 정책조사회 회장 이나다 도모미稻田朋美가 참배를 계속하고 있다.

창생일본

2007년 12월 '진眞·보수정책연구회'로 발족했다(회장은 나카가와 쇼이치). 2009년 총선거에 낙선한 나카가와 쇼이치가 10월 3일에 급사

---

*   신에게 제사를 드릴 때 제단 좌우에 세우는 제구祭具이다.

하면서 11월 16일 아베 신조가 회장으로 취임했다. 2010년 2월 5일 "연구회를 뛰어넘어 '행동하는 의원의 집단'으로 탈피하기 위해"(아베 신조) 창생일본으로 명칭을 변경했다. 이 조직의 목적은 전통과 문화를 지킨다, 피폐한 전후 시스템을 재평가한다, 국익을 지키고 국제사회에서 존경받는 나라가 된다는 세 가지인데 한마디로 헌법 개악을 지향하는 초당파 의원연맹이다.

최고고문은 히라누마 다케오, 회장은 아베 신조, 회장대행은 나카소네 히로후미, 회장 대리는 나가세 진엔長勢甚遠, 후루야 게이지, 야마모토 유조山本有三이며 부회장은 스가 요시히데菅喜衛, 시모무라 하쿠분, 다카이치 사나에, 세코 히로시게世耕弘成 등이다. 간사장은 에토 세이치, 부간사장은 신도 요시타카進藤義孝, 야마모토 이치타山本一太 등이고, 사무국장은 가토 가쓰노부加藤勝信, 사무국장 대리는 이나다 도모미, 사무국차장은 기우치 미노루城内実, 요시이에 히로유키義家弘介, 마루카와 다마요丸川珠代 등이다. 사실상 '아베 의련'이라고 할 만큼 이 의련의 멤버 다수가 2차, 3차 아베 내각의 대신 등으로 임명되었다.

아베 신조를 지지하는 여성 대신과 당 간부

아베 총리는 2차 정권의 내각 개편 때 여성 의원 다섯 명을 대신으로 기용했다. 다카이치 사나에의 후임으로는 이나다 도모미(전 행정개혁 담당 대신)를 자민당의 정책조사회 회장으로 임명했다. 여성 의원의 등용이 세간의 높은 평가를 받으면서 아베 내각의 지지율이 10%포인트나 올라갔다는 매스컴 보도가 나올 정도였다. 그러나 여성이라고 다 좋다고 볼 수 없다.

앞에서 거명한 다섯 명(이나다 도모미를 포함하면 여섯 명이다)은 하나같이 극우 의원연맹 소속인데, 그중에서도 다카이치 사나에, 야마타니 에리코, 아리무라 하루코, 이나다 도모미 등 네 명은 아베 총리와 친한 극우 정치가이다. 그녀들은 모두 일본회의 의련, 교과서 의련, 신도 의련, 야스쿠니 의련, 창생일본, '일본교직원조합 적대시 의련' 등에 소속해 있는 인물들이다. 그뿐만 아니라 2012년 11월 6일 사쿠라이 요시코, 후지오카 노부가쓰(당시 '만드는 모임' 이사, 현 부회장) 같은 일본의 극우 인사들이 미국의 뉴저지 주 지방 신문 〈스타 레저Star Ledger〉에 일본군 '위안부'를 부정하는 의견광고를 냈을 때 아베 총리, 시모무라 하쿠분 문부과학상, 에토 세이치 총리보좌관 등과 함께 이름을 올리기도 했다(이나다 도모미는 〈워싱턴포스트〉 2007년 6월 14일자 의견 광고에도 이름을 올렸다).

일본회의는 부부 별성別姓*을 전통적인 가족제도를 해체한다는 이유로 반대하면서 가족의 복권을 주장하고, 자치단체에서 남녀공동참획기본법**이나 이 법의 조례를 제정하는 데 반대한다. 또한 가정 과목의 교과서를 공격하고 젠더 평등을 비난하는 등 반동을 추진해 왔다. 그런데 네 명의 여성 대신과 당 간부는 이러한 공격 행위의 중

---

* 일본의 민법은 아내가 남편과 같은 성을 쓰도록 정해놓았는데, 이것이 헌법이 보장하는 시민권에 위배된다는 반대의 목소리가 높아지고 있으며 정부를 상대로 소송도 벌어지고 있다.
** 한국의 남녀차별금지법에 해당한다.

심적인 역할을 해왔다.

이나다 도모미는 2005년 우정郵政 선거* 때 고이즈미 총리의 '자객'이 되어 후쿠이福井 1구에 입후보해 당선했다. 그녀의 입후보와 정계 진출을 추진한 인물이 아베 신조라는 정보가 있다. 그녀는 난징 사건 피해자(이수영, 하숙금)의 명예훼손 재판 때에는 피고 변호단, 혼다 쇼이치本多勝一의 명예훼손 재판(백인 참수 재판**) 때에는 원고 변호단의 일원이었다. 그녀는 담당 사건에서 전부 패소했지만,《백인 참수 재판에서 난징으로》라는 책을 내는 등 난징 사건을 부정하는 언동을 서슴지 않았다. 이 같은 그녀의 사상이나 행동을 알게 된 아베 신조는 야스쿠니 신사에서 그녀를 만나 선거에 출마할 것을 설득하라고 야마타니 에리코에게 지시했다고 한다. 아베 신조는 이나다 도모미를 중시한 인사를 단행했던 것이다.

아리무라 하루코는 여성 활약·남녀공동참획 담당 대신에 임명되었지만, 그 일에 가장 어울리지 않는 인물이다. 그녀는 일본회의 의련 멤버일 뿐 아니라 참의원 선거 때 일본회의가 추천한 단 두 명의 후보자 가운데 한 사람이다(다른 한 사람은 에도 세이치였다). 한마디로 그녀는 극우 단체인 일본회의가 추천한 단 한 명의 여성 의원인 것

---

* 제44회 중의원의원 총선거를 말한다. 당시 고이즈미 준이치로 총리는 우정민영화 법안이 참의원에서 부결되자 중의원을 해산하고 국민투표에 부쳤다. 자민당은 우정민영화 법안에 반대표를 던진 의원의 선거구에 '자객' 후보를 보내 많은 의원을 낙선시켰으며, 그 결과 여당인 자민당과 공명당이 압승했다.
** '백인 참수'란 중일전쟁 초기에 난징에서 두 명의 일본군 장교가 일본도로 누가 백 명의 목을 더 빨리 베느냐를 겨룬 행위를 둘러싸고 전쟁 후에 난징 사건의 상징으로 비난받은 사건이다. 장교들의 유족은 이 사건을 소개한 저널리스트 혼다 쇼이치와 〈아사히신문〉에 사죄와 손해배상을 청구하는 명예훼손 소송을 걸었다.

이다. 또한 그녀는 일본회의 의련의 정심의政審議 부회장, 신도 의련의 부간사장, 일본회의의 '일본 여성의 모임' 부회장이다. 2012년 참의원 선거에서는 "일본에 긍지를 가질 수 있는 역사관과 마음의 교육을 추진하겠다"는 공약을 내놓았고, 나아가 추천 후보가 되어 발표한 '결의 표명'에서는 "만세일계의 나라를 다음 세대에!"라는 제목으로 이렇게 주장했다.

"만세일계라는 일본의 가치가 전후 세대에 반드시 통하지는 않는다. ……전시체제의 국정교과서에는 하나의 예외도 없이 1대 진무神武천황부터 황통을 이어온 만세일계라는 가치를 서술하고 있었지만, 전후 교과서에서는 만세일계라는 말이 사라졌다. 이 지점에서 다시 시작해야 한다."

얼마나 참담한 역사 인식과 교육관인가. 덧붙여 소개하자면 아리무라 하루코의 후원회 회장은 극우 단체 '영령에 답하는 모임' 회장을 맡은 나카조 다카노리中條高(전 육군병장, 아사히맥주 회장, 일본회의 대표위원, 일본교육재생기구 찬동자, '만드는 모임' 고문)였다. '일본 여성의 모임'은 앞서 말한 일본회의의 부부 별성 반대 등과 같은 반동을 일삼는 중심 조직이다. 그녀는 2010년 3월 20일 '일본 여성의 모임' 등이 중심이 되어 개최한 '부부 별성에 반대하고 가족의 유대를 지키는 국민대회'에 다카이치 사나에, 야마타니 에리코, 이나다 도모미와 함께 참가했다.

다카이치 사나에 대신이나 이나다 도모미 정책조사회 회장이 '일본국가사회주의 노동자당'(일본판 신나치)의 주재자 야마다 가즈나리

山田一成와 나란히 사진을 찍은 것이나 야마타니 에리코 대신이 '재일在日 특권을 허용하지 않는 시민의 모임'(재특회)* 간부와 함께 사진을 찍은 것이 문제가 되었다. 그녀들은 "신나치인 줄 몰랐다", "재특회가 무엇이냐?", "재특회인지 뭔지 몰랐다"와 같은 말로 발뺌했다. 아베 총리나 스가 요시히데 관방장관, 세코 히로시게 관방부장관 등은 궤변을 동원해 그녀들을 옹호했다.

그러나 "야마타니 에리코 선생과는 교육 문제를 논의하는 단체의 활동을 통해 20년 이상 알고 지낸 분"(《주간 분슌文春》, 2014년 9월 15일)이라고 말한 재특회의 전 간사이關西 지부장은 NPO법인 '지방재생·지방의원 100인과 시민의 모임'의 사무국장 마스키 시게오增木重夫였고, 야마타니 에리코 대신은 이 단체의 고문이었다. 이 NPO법인 사이트에는 쓰지 준코辻淳子 이사장(오사카 유신회, 오사카 시의회) 왼쪽에 야마타니 에리코 의원이 찍힌 사진이 올라와 있다. 이 NPO법인의 회원 중에는 마스키 시게오 같은 재특회 회원이 여러 명 있고, 그중 두 명은 교토의 조선학교 습격 사건으로 체포당해 2011년 4월 21일 유죄판결을 받았다. 그 두 사람도 야마타니 에리코 의원이 함께 찍은 사진 속에 얼굴을 내밀고 있다.

---

* 　재일 한국인이 갖고 있다는 '재일 특권'을 없애고, 다른 외국인과 동등하게 대우할 것을 강령으로 삼아 설립한 시민단체이다. 경찰청에 의해 극단적인 민족주의와 배외주의에 기초해 활동하는 극우 계열 시민단체로 규정되고 있다.

풀뿌리 개헌 운동을 하는 일본회의 지역지부

일본회의는 결성 후부터 도도현부 본부를 설립해 현재 전국적으로 현 본부를 조직해두었다. 2000년 무렵부터 착수한 지역지부 설립은 그다지 진척이 없었지만, 2006~2007년쯤부터 전국에 300개 지부 설립을 목표로 힘을 쏟아왔다. 일본회의가 지부 조직에 힘을 기울이기 시작한 이유는 9조의 모임이 전국적으로 발족하고 활동하는 것에 대항하기 위해서였다.

2004년 6월 9명의 저명인사들이 설립한 9조의 모임에 호응해 전국 각지에 지역별, 분야별로 9조의 모임이 결성되어 2006년에는 5,000개를 넘어섰다. 전국 각지에서 벌어진 9조의 모임 강연회, 지역과 분야별 9조의 모임의 풀뿌리 활동에 의해 헌법 개정의 여론 상황이 크게 변화했다. 〈요미우리신문〉에 따르면 여론조사 결과, 2004년에는 헌법 개정에 찬성하는 사람이 65%, 반대하는 사람이 22%였던 것이 2006년에는 찬성 55.5%, 반대 32%가 되었고, 2007년에는 찬성 46.2%, 반대 39.1%가 되었다. 이로써 2004년에는 3배가량 차이가 났던 찬반 비율이 2007년에는 겨우 7%포인트로 그 격차가 줄어들었다(이제는 찬성과 반대가 역전되었다).

이러한 9조의 모임 활동에 대항하기 위해 일본회의는 지역지부 결성에 총력을 기울인 것이다. 2015년 4월 말에는 지부가 231개에 이르렀다. 지부가 10개 이상 있는 곳은 도쿄(18개), 사이타마(17개), 구마모토(16개), 오카야마(13개), 아이치(12개), 히로시마(10개)이다. 지부의 수 자체는 적지만 지부가 전체 현을 아우르고 있는 나가노(4개)나 도토리(4개) 같은 현도 있다.

현 본부와 지부는 다음에서 이야기하게 될 일본회의 지방의원연맹, 일본 여성의 모임, 일본청년협의회 등과 연대해 풀뿌리 우익 운동과 개헌 운동을 각지에서 전개하고 있다. 주로 헌법 개악을 위한 다양한 활동을 벌인다. 이를테면 일본교육재생기구와 '교과서 개선의 모임'의 이쿠호샤판 교과서, '만드는 모임'의 지유샤판 교과서의 채택 활동, 일본의 침략 전쟁을 정당화하고 일본군 '위안부'나 난징 사건을 부정하는 역사 왜곡 활동, 학교 현장에서 일장기와 기미가요를 강제하고 지방의회에 일장기를 게양하는 활동, 교원의 수업 실천과 교재 문제 등을 감시해 교육위원회나 학교에 압력을 가하는 활동, 영토 문제에 편협한 내셔널리즘을 내세우는 활동 등이다.

지방의회를 무대로 책동하는 '일본회의 지방의원연맹'

'지방회의부터 자랑스러운 나라 만들기'를 슬로건으로 내걸고 설립한 것이 '일본회의 지방의원연맹'(회장은 가나가와현 의원 마쓰다 요시아키松田良昭, 이하 '지방 의련'이라 한다)이다. 2015년 4월 지방선거 전에는 회원이 1,858명이었고, 그 안에 지사 1명, 시구정市區町장 27명, 도도부현 의원 920명, 시구정촌 의원 910명이 있다. 현의회 중에 지방 의련이 점하는 비율이 70%가 넘는 곳은 야마가타현, 야마구치현, 구마모토현이고, 60%가 넘는 곳은 이바라기현, 에히메현, 미야자키현, 가고

시마현, 50%가 넘는 곳은 군마현, 도쿄도, 가나가와현, 시즈오카현, 시가현, 교토부, 효고현, 오카야마현, 사가현이다. 40% 이상을 점하는 일본회의와 의회가 굳게 접속되어 있는 곳이 23개 도부현이나 되는 이상한 상황이다. 또한 시의회로는 오사카시 58.1%, 구마모토현 야쓰시로시 57.7%, 후쿠오카시 45.2%, 사카이시 44.2% 등이 눈에 띈다.

지방 의련은 지방의회를 이용해 이쿠호샤판과 지유샤판 교과서의 채택 활동, 교과서 공격, 지역의 개헌 운동 등을 벌이고 있다. 지방 의련 소속 의원이 교육이나 교과서 채택에 공공연히 개입하고 있다. 고등학교 일본사 교과서를 채택할 때 짓쿄출판의 《고교 일본사》 채택을 방해하고, 의회에서 질문하거나 교육위원회에 개입해 압력을 가하면서 이 교과서를 학교 현장에서 채택되지 못하게 한 것은 지방 의련 소속 의원들이었다.

이를테면 사이타마현에서는 2013년 교과서 채택 때 고등학교에서 짓쿄출판 교과서를 선정했고 현縣 교육위원회가 그것을 그대로 채택했다. 그런데 이 일에 대해 현의회의 문교위원회가 폐회 중 심사 회의를 두 번이나 개최해 짓쿄출판 교과서의 집필자들을 부당하게 공격했고, 이 교과서를 선정한 8개 학교의 교장을 불러 추궁했으며, 현의회에서 채택 수정을 결의했다. 이 일의 중심인물들이 바로 지방 의련 멤버들이었다. 의회를 이용해 압력을 가한 곳은 치바현, 가나가와현, 요코하마시, 가와자키시 등이었는데, 여기에 지방 의련 멤버들의 활약이 있었던 것이다(오사카부와 오사카시의 경우는 유신회 의원단이 있었다).

일본회의 지부와 지방 의련은 손을 잡고 다양한 활동을 전개하고 있다. 역사 교육과 교과서 채택 문제에서 일본회의 계열 조직이 지방 의회에 청원과 진정을 내면 지방 의련 멤버가 그것을 소개하면서 의회에서 취급해 이쿠호샤판과 지유샤판 교과서 채택이 쉽도록 분위기를 조성해왔다. 2014년 아베 정권에 의한 교육위원회 제도 개악으로 단체의 수장이 교육이나 교과서 채택에 개입하기 쉬워진 것을 바탕으로 일본회의와 밀접한 관계가 있는 일본교육재생기구나 '만드는 모임' 등은 지방의 조직과 회원, 후원자 등을 향해 각 지방의회에서 교과서 채택이나 교육재생 활동에 협력하는 의원을 소개하도록 설득하고 있다. 따라서 이와 보조를 맞추어 2015년 중학교 교과서 채택 때에는 호이쿠샤판과 지유샤판 교과서를 채택하도록 지방 의련과 지부가 연대해 활동할 것으로 예상된다.

일장기와 기미가요 문제도 각지의 지방 의련과 지역지부가 손잡고 책동을 부리고 있다. 이를테면 도쿄도 나카노구에서는 2013년 일본회의 나카노 지부가 '구내 모든 구립 초중학교에서 매일 국기를 게양하도록' 하는 청원을 제출했다. 이 청원에 대해 지방 의련 소속의 구의회의원 세 명이 소개자가 되어 다른 의원의 동조를 격려했다. 본회의의 찬성과 반대는 동수였지만 의장의 찬성으로 가결되었다. 이렇듯 학교와 지방의회에서 국기를 게양하도록 하는 청원이 양자의 연대로 추진되고 있다. 앞으로 이런 움직임은 한층 더 준동할 것으로 예상된다.

'아름다운 일본의 헌법을 만드는 국민의 모임'의 개헌 운동

일본회의는 아베 정권의 탄생을 절호의 기회로 삼아 개헌 운동에 박차를 가하고 있다. 2014년 10월 1일에는 '아름다운 일본의 헌법을 만드는 국민의 모임'(이하 '국민의 모임'이라 한다)을 설립했다. 여기에 대해 일본회의 기관지 〈일본의 숨결〉(2014년 11월호)은 다음과 같이 보고했다.

"헌법 개정의 조기 실현을 추진하기 위한 모체로서 '국민의 모임'을 설립하기로 한 결과, 10월 1일 도쿄 헌정기념관에서 설립총회를 열고 각계각층 대표 700명이 결집했다. 올해 6월에는 국민투표법의 개정안이 성립해 드디어 국회에서 헌법 개정 발의, 국민투표 실시를 위한 새로운 물꼬가 트였다!"

일본회의는 전년도인 2013년 11월 13일 800명이 참가해 '헌법 개정의 실현으로! 일본회의 전국대표자대회'를 개최하고 3년 이내의 헌법 개정을 맹세했다. 이 대회에서는 '헌법을 국민의 손에! 헌법 개정의 국민투표 실현을!', '전국 47개 도도부현 의회, 1,742개 시구정촌 의회에서 국민투표 실현을 위한 의견서 결의를!'을 슬로건으로 내걸었다. 일본회의 회장 미요시 도오루는 주최자 대표 인사에서 "일본회의의 총력을 기울인, 헌법 개정 실현을 지향하는 총궐기대회"라고 말하고, 중의원과 참의원에서 선거 공약으로 내건 정당 내 3분의 2 의석을 확보했다. 그리고 "국민 여론도 헌법 개정 자체에 대해서는 과반수가 찬성하고 있다", "지금이야말로 헌법 개정 운동을 추진해 개정을 실현해야 하는 때이며, 지금 때를 놓치면 다음 기회는 훨씬 멀어질 것이다", "나는 오늘의 대회를 국민 계발에 나서는 대회임과 동시에 국회의원에게 회초리를 드는 대회라고 규정한다"고 주장했다 (《일본의 숨결》, 2014년 1월호).

이 대회의 결의문에서 "헌법 개정 국민투표에서 절반의 표를 획득하기 위해 전국 300개 소선거구에 헌법개정본부를 설치하고, 나아가 국민대연합 결성을 통해 개헌의 '국민 찬성 행동'을 추진하겠다"는 말이 나왔는데, 실로 1년 동안의 준비를 거쳐 '국민의 모임'을 조직한 것이다. 한마디로 '국민의 모임'은 풀뿌리 개헌 운동을 전개하는 국민운동 조직을 뜻한다. 설립총회에서는 공동대표이자 저널리스트인 사쿠라이 요시코가 "헌법 개정에 혼을 담아"라는 제목으로, 대표 발기인 하세가와 미치코長谷川三千子(사이타마대학 명예교수, NHK 경영위원)가 "독립국가의 조건과 9조 2항"이라는 제목으로 각각 강연을 펼쳤다. 대표 발기인에는 40명이 서명했고, 임원은 각계각층 대표 500명이 취임했다고 한다.

'국민의 모임'은 '헌법 개정을 실현하는' 1,000만 찬동자 서명 운동을 전개하고 있는데, 이는 다가올 국민투표에서 과반수 찬성표인 3,000만 표의 기초가 된다고 본다. 이 서명 용지의 겉면에는 네 명의 아이가 밝게 웃고 있는 사진과 후지산의 사진이 실려 있고, 굵은 글씨로 "당신의 협조로 헌법 개정을 실현하는 1,000만 명 찬성을 이끌어내자!", "아름다운 일본을 아이들에게 물려주자" 같은 문구를 강조하고 있다. 속지는 서명 용지인데 소개자 한 명의 이름을 위에 쓰고, 찬동자 열 명을 쓰도록 되어 있다(이름, 주소, 전화번호를 기입한다).

A4 용지를 세 등분으로 접은 컬러판 전단도 만들었다. 이 전단지 겉면에도 마찬가지로 똑같은 굵은 글씨가 박혀 있다. 안쪽에는 사쿠라이 요시코의 메시지, 즉 "아름다운 일본에 희망의 무지개를! 헌법 개정을 국민의 힘으로!", "지금이야말로 헌법 개정의 국민적 논의를 일으키자!"라는 굵은 글씨가 적혀 있고, 그 아래 그들이 지향하는 헌법 개정의 일곱 가지 내용이 실려 있다. 설명은 생략하고 그 항목만 소개해보겠다.

- **전문前文** : 아름다운 일본의 전통문화를 명기하자.
- **원수** : 나라의 대표가 누구인지를 명기하자.
- **9조** : 평화 조항과 함께 자위대의 규정을 명기하자.
- **환경** : 세계적 규모의 환경 문제에 대응하는 규정을 명기하자.
- **가족** : 국가와 사회의 기초인 가족의 보호 규정을 명기하자.
- **긴급사태** : 대규모 재해 등 긴급 사태의 대처 규정을 명기하자.
- **96조** : 헌법 개정을 위한 국민 참여의 조건 완화를 명기하자.

전단지에 있는 일곱 가지 표제와 설명은 앞서 말한 2013년 11월의 일본회의 전국대표자대회 때 미요시 도오루가 "우리는 일곱 가지 개헌 주제를 내걸고 있다"고 주장하면서 일본회의 이름으로 발행한 "지금이야말로 헌법 개정의 국민적 논의를 일으키자!"라는 제목의 전단지와 완전히 동일하다. 이것도 '국민의 모임'이 일본회의의 조직임을 증명하는 것이다.

'설립 선언'에서는 "헌법 개정 절차를 정한 국민투표법을 개정하고 국회가 헌법 개정을 발의함으로써 국민투표를 실시하기 위한 조건은 갖추어졌다"고 했고, "우리는 국회가 발의 가능한 의석수를 확보한 2년 안에 개헌 발의가 이루어지고, 2016년(헤이세이 28년)의 참의원 선거에 맞춰 국민투표를 실시하도록 이하의 활동을 개시한다"고 언명했다. 그들이 제기한 세 가지 활동은 다음과 같다.

- 헌법 개정의 조기 실현을 위한 국회의원 서명 및 지방의회 결의 운동을 추진한다.
- 전국 47개 도도부현에 '현민縣民의 모임' 조직을 설립하고, 개정 여론을 불러일으키는 계발 운동을 추진한다.
- 아름다운 일본의 헌법을 만드는 1,000만 찬동자 확대 운동을 추진한다.

이 설립총회에는 일본회의 의련 멤버인 참의원의원 에토 세이치, 중의원의원 히라누마 다케오(차세대의당), 중의원의원 마쓰하라 진(민주당), 참의원의원 마쓰자와 시게후미(모두의당)가 출석해 인사말을 전했다. 그 가운데 총리보좌관 에토 세이치는 "마지막 연설"이라는 제목으로 다음과 같은 중대한 발언을 내놓았다.

"마지막 연설을 해야 할 때가 왔다. 자민당은 당 결성 이래 헌법 개정의 깃발을 내걸었지만, 2003년 정권을 빼앗겼을 때 강령에서 자주헌법 제정 사안을 제외해야 한다는 의견이 있었다. 그때 고故 나카가와 쇼이치와 아베 총리 같은 몇몇 젊은 사람들이 당 강령 검토 위원회에 들어가 혼신의 힘으로 토론에 임했다. 헌법 개정을 포기할 바에야 차라리 자민당이기를 그만두어야 한다고 외친 결과, '앞으로의 시대에 어울리는 헌법을 만들자'는 의견에 도달했다. 그리고 지금 그때의 멤버를 중심으로 2차 아베 내각을 조성하는 데 성공했다. 요컨대 아베 내각은 헌법 개정이라는 최종 목적을 위해 성립되었다고 해도 과언이 아니다. 중의원 임기가 만료되고 참의원 선거가 이루어지는 2016년까지 우리가 헌법 개정을 실현할 수 있는 상황을 만들어내느냐의 여부에 모든 것이 달려 있다."(《일본의 숨결》, 2014년 11월호)

에토 세이치는 이때 아직 참의원의 해산과 총선거를 예상하지 못했던 듯하다. 그래서 2년 후인 2016년 참의원 선거 때 '헌법 개정의 국민투표'를 실시해 3분의 2 찬성으로 헌법 개정을 실현하는 상황을 만드는 데 '국민의 모임'이 중요한 역할을 해왔다고 강조했다.

앞서 말한 '국민의 모임' 찬성 서명이나 헌법 개정의 계발 운동을 구체적으로 추진한 것은 도도부현 본부와 지역지부, 지방 의련에 참가한 의원, 일본 여성의 모임 등이다. 일본회의는 '국민의 모임' 활동을 구체화하기 위해 '헌법 개정의 조기 실현을 향한 블록 대회'를 개최하려 하고 있다. 12월 말까지 규슈(10월 15일), 호쿠리쿠北陸*(10월 31일), 긴키**(11월 10일), 간토(11월 16일), 시코쿠(11월 22일), 주고쿠(11월 24

---

*   혼슈 중앙부에 위치한 중부지방 가운데 일본해에 접한 지역을 가리킨다. 니가타현, 도미야마현, 이시카와현, 후쿠이현이 해당한다.
**   혼슈 중서부에 위치한 지역이다.

일), 도카이(11월 30일), 홋카이도와 도호쿠(12월 6일)가 '국민의 모임' 공동대표 사쿠라이 요시코와 다쿠보 다다에를 강사로 불러 대회를 치렀다.

또한 '국민의 모임'은 모든 현에 현 조직이나 분야별 조직을 결성해 운동을 전개할 방침이다. 이에 2015년 5월 3일 기준으로 18개 도도부현에 현 조직이 만들어져 '아름다운 일본의 헌법을 만드는 구마모토 여성의 모임'(11월 3일) 등이 결성되기 시작했다. 나아가 각지에서 헌법 개정을 호소하는 가두선전과 서명 활동을 벌이고 있다. 이 조직들의 결성과 활동을 담당한 것이 현 본부, 지부, 여성의 모임 등이다.

'국민의 모임'은 2015년 3월 19일 '헤이세이 27년도 총회'를 개최했다. 총회에서는 사쿠라이 요시코가 기조 제안을 통해, 하쿠타 나오키百田尙樹*가 헌법 개정의 필요성을 계몽하는 영화를 맡아 제작할 것이라고 발표했다. 총회에서는 후루야 게이지(중의원 헌법심사회 간사), 히라누마 다케오(차세대의당 당수), 와타나베 슈渡辺周(민주당), 바바 노부유키馬場伸幸(유신의당), 우치다 후미히로打田文博('국민의 모임' 사무국장), 오가와 가즈히사小川和久(군사 저널리스트) 등이 단상에 올랐다.

___

* 하쿠타 나오키(1956~)는 일본의 방송작가 겸 소설가이다. 자살 돌격대를 미화한《영원의 제로永遠の0)(2006년)는 500만 부 이상 팔렸다. 전범 미화를 비롯해 일본군 '위안부', 난징대학살 등 일본의 침략 행위를 부정하는 극우적 발언을 서슴지 않는다.

헌법의 조기 개정을 요구하는 국회의원 서명과 지방의회 결의

일본회의는 2차 아베 정권의 탄생 후 아베 정권의 개헌 움직임에 맞추어 헌법 개정의 조기 실현을 요구하는 국회의원 서명 활동에 뛰어들었다. 서명을 한 의원은 2014년 11월 18일 기준으로 380명에 이르렀다. 중의원 해산과 총선거 후 재서명으로 2015년 6월 15일에는 386명이 되었다. 또한 자민당이나 일본회의, 지역지부, 지방 의련에 의해 국회에 헌법 개정의 조기 실현을 요구하는 지방의회 결의도 추진되고 있다. 2015년 6월 15일 기준으로 27개 부현府縣과 42개 시구정촌에서 의견서가 가결되었다.

아베 정권이 강행하는
'교육재생'의 목적

아베 정권과 자민당이 전후 체제의 해체를 실현하고자 하는 '강한 나라 일본'은 한마디로 말해 9조를 비롯한 헌법을 개악하고 미국과 함께 전쟁을 하는 나라를 가리킨다. 아베 정권은 헌법 개악과 맞물려 교육재생 정책을 추진하고 있다. 그 정책으로 지향하는 것은 대기업(글로벌 기업)을 위한 인재(소수의 엘리트와 압도적 다수의 순종하는 노동자) 육성(신자유주의)과 '전쟁하는 나라'의 인재(국방군 병사와 그들을 후원하고 전쟁을 지지하는 사람들) 육성(국가주의)이다.

교육의 목적은 어린이의 인격 완성을 지향하며 '인재'(물자)가 아닌 '인간'을 키우는 일이다. 그러나 그들은 아이들을 인재로밖에 여기지 않는다. 교육재생 정책은 총리 직속의 교육재생실행회의, 문부성의 중앙교육심의회, 자민당의 교육재생실행본부 등으로 급속하게 추진되고 있다.

교과서 채택과 교육에 개입하는 교육재생수장회의

2014년 6월 13일 아베 정권, 자민당, 공명당은 수장이 교육행정에 개입하기 쉽도록 교육위원회 제도를 개악하는 '지방교육행정의 조직 및 운영에 관한 법률'(이하 '지방교육행정법'이라 한다) 개정을 가결해 성립시켰다. 이에 앞서 6월 2일에는 교육재생수장회의(회장은 마쓰우라 마사토松浦正人 호후防府시 시장)가 설립되었다. 설립총회에서는 문부과학상 시모무라 하쿠분이 내빈 인사를 했고, 사쿠라이 요시코가 "교육이 미래를 연다"라는 제목으로 기념 강연을 했다.

교육재생수장회의는 일본교육재생기구와 '교과서 개선의 모임'이 전면적인 관계를 맺고 꾸려낸 조직이다. 최초의 준비 모임 때부터 야기 히데쓰구八木秀次(일본교육재생기구 이사장, 이쿠호샤판 교과서 집필자)가 강연을 했다. 이 조직의 사무국 단체는 '교육재생을 추진하는 전국연락협의회'(이하 '전국협의회'라 한다)이며 일본교육재생기구가 중심이 되어 2013년 5월 25일에 발족했다. 전국협의회 사무국장은 이시이 마사히로(石井昌浩)인데 일본교육재생기구 부이사장이고, 대표임원인 스다 히로시須田寛(JR도카이 상담 담당), 와타나베 도시오渡辺利夫(타쿠쇼쿠대학 총장)는 일본교육재생기구 이사이다.

6월 2일 교육재생수장회의 결성총회에는 야기 히데쓰구 외에 일본교육재생기구 상임이사 미야자키 마사히로宮崎正治를 비롯해 와타나베 도시오, 이시이 마사히로 등 일본교육재생기구 관계자와 전국협의회 집행위원 유자와 유타카湯澤豊(신사본청 섭외부장), 전국협의회

기획의원 아베 다카시阿部孝(모럴로지 연구소 고문), 전국협의회 조직대책부장 후쿠하라 신타로福原慎太郎 등이 참가했다. 일본교육재생기구 사무국원이었던 후쿠하라 신타로는 마스다시 시장이 되어 재임 시절인 2011년에 이쿠호샤판 역사 교과서를 마스다 지구에서 채택했다 (2011년 시장 선거에서는 낙선의 고배를 마시고 일본교육재생기구로 돌아갔다).

여기까지 보면 교육재생수장회의는 2015년 중학교 교과서 채택 때 일본교육재생기구와 '교과서 개선의 모임'이 이쿠호샤판 교과서를 채택시키려는 목적으로 조직한 것이다. 전국협의회는 2013년 10월 '교육재생을 위한 열 가지 제언'을 발표해 아베 총리에게 제출했는데, 마지막 두 가지, 즉 "9. 교과서 채택은 시정촌 단위를 기본으로", "10. 역사의 '빛'을 전하는 교육으로 전환"이라는 내용은 교과서 채택과 관련 있는 제언이다. 교육재생수장회의는 이 제언을 실행하는 조직인 만큼 소속 수장이 중학교 교과서 채택에 개입해 '만드는 모임' 계열의 교과서를 채택하도록 교육위원회에 압력을 가할 것이 예상된다.

실제로 교육재생수장회의는 일본교육재생기구의 이시이 마사히로 등을 강사로 불러 몇 번이나 교과서 채택에 대한 공부 모임을 가졌다. 교육재생수장회의에는 2015년 3월 기준으로 31개 도도부현 83명의 수장이 참가하고 있는데, 그중 사이타마 10명, 오카야마 9명, 도쿄 6명, 가가와 5명, 시즈오카와 히로시마 4명이고, 이바라기, 후쿠이, 아이치, 오사카가 3명이다.

문부과학상 시모무라 하쿠분은 교육재생수장회의에 크게 힘을 기울여 관계를 강화하고 있다. 설립총회에 내빈으로 참가해 축사를 하고 나서 그는 그 자리에서 문부과학상과 교육재생수장회의의 간담회를 제안했다. 자신의 제안으로 실현한 8월 28일의 교육재생수장회의와 문부과학대신 시모무라와의 간담회(전국협의회 주재)에서 그는 "교육재생을 위한 실천"이라는 제목으로 강연을 했다. 그는 아베 정권의 교육재생 정책의 진척 상황과 이후 계획을 이야기하면서 아베 정권에 협력할 것을 요구했다. 이 간담회에도 일본교육재생기구 멤버가 다수 참가했다.

아베 정권은 대기업을 위한 인재와 전쟁하는 나라의 인재를 기르기 위한 교육재생 정책을 지역에서 실천하는 조직이 교육재생수장회의라고 규정하고 전면적으로 지원하고 있다. 2015년 1월 27일 교육재생수장회의는 경의를 표하기 위해 아베 총리를 방문했고, 아베 총리는 교육재생수장회의의 역할을 강조하며 협력을 요청했다(이때 시모무라 하쿠분이 동석했다).

시모무라 하쿠분을 비롯해 아베 정권과 자민당은 일본교육재생기구 및 '교과서 개선의 모임'과 교육재생수장회의의 연대를 전면적으로 지지함으로써 2015년 중학교 교과서 채택 때 이쿠호샤판의 10%(12만 권) 이상 채택을 달성하려고 한다.

일본교육재생기구 등의 움직임

2015년에는 중학교 교과서 채택이 이루어진다. 역사를 억지로 수정해 일본의 침략 전쟁과 식민지 지배를 미화하거나 정당화하고, 아이들에게 일본국헌법을 적대시하고 개헌의 필요성을 세뇌시키는 이쿠호샤판과 지유샤판 교과서 채택을 둘러싸고 봄부터 8월까지 전국 각지에서는 뜨거운 공방이 펼쳐질 것이다. 아니 '봄부터'라기보다 이쿠호샤판과 지유샤판의 채택을 추진하는 세력은 이미 이전부터 활발한 활동을 전개하고 있다고 해야 할 것이다.

이쿠호샤판을 편집하고 채택을 추진하는 일본교육재생기구와 '교과서 개선의 모임'은 "아베 정권의 교육재생의 성공 여부는 2015년 채택 결과에 달려 있다"(야기 히데쓰구)고 말하는 한편, 2015년 채택 목표를 10% 이상으로 정하고 교과서 채택과 아베 정권의 교육재생 정책을 결부시켜 활동하고 있다.

2014년 6월 27일에는 요시이에 고스케義家公介 의원 등을 강사로 불러 '교과서가 바뀌면 일본이 바뀐다―더욱 많은 채택을 위해 약진하는 모임'이라는 심포지엄을 개최했다. 나아가 2011년에 발행한 팸플릿 〈제대로 뽑자! 아이들의 교과서〉를 개정해 보급, 활용했고 몇 종류에 달하는 전단지를 작성했다. 또한 이 모임의 협력으로 작성돼 보급되고 있는 팸플릿 〈긍지 있는 일본의 역사를 배우자, 일본이 더욱 좋아진다〉를 무료로 배포하고 있다. 이는 이쿠호샤판 교과서의 선전 팸플릿이다. 이쿠호샤판 교과서를 채택한 도쿄 무사시무라야마 교육위원회는 이 팸플릿을 모든 중학생과 초중학교 교사에게 배포하는 등 전국적으로 35만 부 이상을 활용했다고 한다(2014년 12월 기준).

'만드는 모임'도 2014년 8월 15일 전후로 전국에서 각 세대와 역 앞에 배포하는 등 선전 활동을 벌였다. 앞면에는 "전쟁을 겪은 지 70

년, '진정한 역사'를 가르치는 교과서로 일본의 긍지를 되찾자!", 뒷면에는 "일본에 긍지를 가질 수 있는 교과서를 아이들에게!"라는 제목의 컬러 전단지를 작성해 활용하는 등 '사활을 걸고' 채택 활동에 매진하고 있다.

일본교육재생기구 등은 아베 정권의 역사 인식에 동조하면서 일본군 '위안부' 부정, 〈아사히신문〉 공격, 난징 사건 부정 등 역사수정 캠페인을 전개하면서 자신들의 교과서 채택에 유리한 상황을 조성하고 있다.

2015년 4월 6일 이쿠호샤판 역사 교과서와 지유샤판 역사 교과서가 검정에 합격했다. 일본교육재생기구와 '교과서 개선의 모임'은 이쿠호샤판에 대해 "이상적인 교과서가 탄생했다!"고 주장하고, 2015년 5월 13일 "이쿠호샤 최신판 교과서 출판 기념 및 채택의 모임, 당신의 동네에도 이쿠호샤 교과서를!—일본을 더욱 좋아할 수 있는 교과서를 전국의 아이들에게 전해주자"라는 긴 제목의 집회를 개최했다. 이 집회에서는 교과서 의련 간사장이자 총리보좌관인 에토 세이치의 강연이 있었다.

자민당은 일본교육재생기구와 '교과서 개선의 모임', '만드는 모임'의 채택 활동을 전면적으로 지원한다. 나아가 일본회의, 일본회의 의련, 지방 의련과 일본회의 도도부현 본부 및 지부의 공동 연대를 통해 2015년 채택 때 이쿠호샤판과 지유샤판 교과서의 채택 확대를 지향하고 있다.

수장은 교과서 채택에 개입할 수 없다

앞서 서술한 바와 같이 아베 정권에 의해 2014년 통상국회에서 지방교육행정법 개악이 이루어지면서 수장이 교육행정에 개입하기 쉬워졌다. 교육재생수장회의는 이를 내다보고 결성된 조직이다. 이번 법 개정에 의해 교육행정에 대한 권한이 강해진 수장이 교과서 채택이나 교육 내용에 개입할 위험성이 높아지고 있다. 그러나 수장이 자기 마음대로 법 개정을 해치울 수 있는 것은 아니다. 국회의 토론 등 일정한 억제 장치가 기능한다. 이 점에 대해서는 문부성이 2014년 7월에 발굴한 '시행 통지'에서도 명백하게 드러난다. 교과서 채택 등에는 다음과 같은 억제 장치가 있다.

- 수장과 교육위원회는 대등한 집행기관이며, 각각의 집무 권한은 법 개정 전과 조금도 달라지지 않는다.
- 교육위원회의 전권專權 사항에 대해서도 '교육 시책의 대강'(교육 목표와 근본 방침)에 쓰여 있지만, 교육위원회는 조정이 성립하지 않은(동의하지 않은) 사항에 대해서는 존중할 의무가 없다.
- 교과서 채택이나 교직원 인사 등 교육위원회의 전권 사항은 대강에 기재할 만한 것이 아니다.
- 총합 교육회의에서는 교과서 채택과 개별 교직원 인사 등 정치적 중립의 요구가 높은 사항은 협의 의제로 삼으면 안 된다.

이러한 억제 장치에 따라 수장이 간단하게 교과서 채택에 개입해 '만드는 모임' 계열 교과서를 채택시키는 일은 불가능하다. 수장이 대강에 "역사의 '빛'을 전하는 교육으로 전환" 혹은 "교육기본법에 가장 적절한 교과서의 채택" 등이라고 기술해도 교육위원회가 동의하지 않는다면 존중할 의무는 없다. 다만 선택의 방침에 대해서는 협의 의제로 삼는 일은 가능하다고 되어 있기 때문에 수장을 교과서 채택에서 완전히 배제하는 것은 곤란하다.

이러한 상황에서 결정적으로 중요한 것은 주민과 수장, 교육위원회와 수장의 '역관계'라고 하겠다. 주민의 운동이 지역에 깊이 뿌리내리고, 교육이나 교과서에 대한 수장의 정치적 개입을 허용하지 않는 각 지역 여론이 뒷받침해줌으로써 교육위원회가 수장의 정치적 개입을 물리치도록 힘을 보탠다면, 수장이 교과서 채택에 개입하는 것을 막을 수 있다.

이처럼 지방교육행정법이 개정된 현실에서는 교과서 채택 때 지역의 풀뿌리 주민운동과 시민운동의 역할이 더욱 중요하다. 교육위원회를 방청하거나 교육위원회에 일상적으로 의사를 표현하는 일이 전보다 훨씬 더 중요해진다. 지역에서 교육과 교과서 문제에 참여하는 사람들의 수를 늘리고 표 나지 않는 근간 활동부터 시작할 필요가 있다.

4

군사대국을 향한
재계의 염원과 딜레마

이시카와 야스히로

아베 정권을 군사대국화로 내모는 힘은 단순하지 않다. 독자적인 세계 전략에 의거한 미국의 요청, 자유로운 활동 영역을 늘리려는 일본 재계의 염원, 군비 증강을 새로운 비즈니스 기회로 활용하려는 일본과 미국의 군사 및 우주 산업계의 노림수도 있다. 다른 한편으로는 이런 요청을 통째로 받아들이며 일본의 전통과 역사를 오로지 야스쿠니 사관으로만 환원시키려는 아베 정권의 사상적 문제도 있다.

개헌을 요구하는 재계

2014년 7월 1일에 나온 집단적 자위권 행사 용인이라는 각의 결정에 대해 재계는 일제히 환영의 뜻을 표했다. 같은 날 결정 직전의 기자회견에서 경제동우회 대표간사 하세가와 야스치카長谷川閑史는 이렇게 말했다.

"우리는 기본적으로 그런 생각(집단적 자위권 행사)이 필요하다고 생각하고 있다. 절차 논의를 포함한 (수정의) 방법에 대해 현재는 좀 가라앉았는지 모르겠지만, 동중국해나 남중국해에서는 파고가 거센 상황이며, 예상 밖으로 여러 사태가 일어날 수 있다. 그러한 가운데 어떻게 대응할지 합의를 이루지 못했다는 것은 독립국가로서 지극히 불완전하고 부자연스러운 일이라고 생각한다."[1]

재계의 총본산이라고 일컬어지는 일본경제단체연합회(이하 '일본경단련'이라 한다)도 같은 의견을 반복적으로 표명해왔다.

그럼에도 일본의 '군사대국화'를 향한 움직임이 일률적이지는 않다. 2012년 4월 자민당이 발표한 '일본국헌법 개정 초안'에는 다음과 같은 일본 사회 개혁 구상이 나타나 있다.

① 천황을 원수로 삼아 천황의 헌법 존중과 옹호 의무를 해제하는 '천황 중심의 나라 만들기'
② 국방군에 의해 미국과의 공동 전쟁이 가능한 '해외에서 전쟁하는 나라 만들기'
③ '낙수효과 경제' 신화에 근거해 '대기업에 더욱 철저하게 봉사하는 나라 만들기'
④ 개인의 자유나 권리를 대폭 제한하고 '국민이 자기 책임, 가족 책임으로 살아가는 나라 만들기'
⑤ 이러한 나라의 모습으로 '국민의 비판을 무력화시키고 억누르는 나라 만들기'

글자 그대로 '전후 체제'의 근본 전환을 꾀하고 있다.[2] 여기에는 거대해진 다국적 기업으로 이루어진 일미 재계의 요구가 반영돼 있는 동시에, 일본을 자신의 기지 국가로 삼으려는 미국 정부의 강력한 압력과 미국에 종속하는 일본의 자세가 깔려 있다. 게다가 과거의 침략을 미화하는 야스쿠니 사관파가 아베 정권의 중추를 이루고 있는 특수한 사상적 상황도 겹쳐 있다. 이들은 서로 힘을 보태는 한편, 적지 않은 마찰을 일으키고 있다.

대자본이 결집한 운동체인 재계 단체는 왜 지금 일본의 군사대국화를 추구하는 것일까? 이 장에서는 재계 자체의 문서를 통해 그 이유를 풀어보고 싶다. 주요 검토 대상은 재계의 최고의사결정기관이며 수행기관이기도 한 일본경단련의 문서이다.[3] 이 글에서는 군사대국화와 개헌, 구체적인 방위력 정비에 대해 재계가 바라는 것을 살펴보려 한다.

나라의 기본 문제 검토위원회

개헌을 요구하는 재계에 대해서는 지금도 일본경단련의 문서 〈일본의 기본 문제를 생각한다〉(2005년 1월 18일)가 가장 총괄적이다. 이 문서를 작성한 '나라의 기본 문제 검토위원회'는 2004년 5월 27일 일본경단련 총회를 통해 설치되었다. 그 사정에 대해 2004년 7월의 문서 〈나라의 기본 문제 검토위원회 설치에 대하여〉[4]는 다음과 같이 기술하고 있다.

설치 요지 "국민의 국가관 변화나 안전보장 환경의 변화, 일본에 대해 국제 사회가 거는 기대의 변화에 따라 일본 사회를 구성하는 다양한 기본적 틀이 안팎의 필요에 반드시 맞지는 않고 있다." "그래서 새로 '나라의 기본 문제 검토위원회'를 설치해 나라의 기본적인 중요 과제를 체계적으로 정리하고, 국익과 국가 전략의 관점에서 헌법 개정 방식 등을 검토해 의견을 모으고 필요에 따른 제언을 꾀하고자 한다."

오늘날 아베 총리가 좋아하는 말을 빌리자면 '전후 체제의 전환'을 지향한다는 말이다. 개헌은 이미 자명한 일로 치부하고, 헌법 문제의 초점을 개헌의 시시비비가 아닌 개헌의 구체적인 '방식'에 두어야 한다는 것이다. 국제사회의 기대나 해외 수요라는 말은 기본적으로 미국 정부에 해당한다고 보아야 할 것이다.

> **검토 항목** "안전보장·외교, 국·지방자치단체의 관계, 과학기술·교육과 같은 나라의 기본적 틀을 기둥으로 삼는다."

여기에서는 항목의 맨 첫머리에 '안전보장·외교'를 들고 있다.

> **검토 체제** "위원은 위원장이 결정한다." "일본경단련 회장·부회장, 평의원회 의장·부의장 등으로 구성."

이는 일본경단련 최고 지도부가 집단 책임을 짊어진 위원회로서 다른 각종 위원회와는 격이 다르다는 말이다.

문서 〈일본의 기본 문제를 생각한다〉

'나라의 기본 문제 검토위원회'에서 반년 동안 검토한 결과, 문서 〈일본의 기본 문제를 생각한다〉(2005년 1월)가 나왔다. 부제는 "지금 이후의 일본을 전망하며"로 되어 있다.[5] 이제부터 군사대국화와 직접 연관 있는 부분을 인용하기로 한다.

전체 구성은 머리말, 1장(일본을 둘러싼 현황과 문제의식), 2장(앞으로 일본이 나아가야 할 길), 3장(외교·안전보장을 둘러싼 과제), 4장(헌법에 대하여), 5장(더욱 민주적이고 효율적인 통치 시스템의 실현), 6장(정책별 중요 과제), 맺음말로 되어 있다.

머리말 "외교·안전보장…… 같은 기본적 과제에 대한 국가의 실천은 기업의 활동에도 지대한 영향을 미치고 있다. 그렇기 때문에 기업으로서도 나라의 커다란 방향성을 규정하는 기본적 과제에 대해 의견을 정리하고 발신해야 한다." "일본경단련은 2003년 1월에 비전 '활력과 매력이 넘치는 일본을 위해'를 공표했다." "개별 문제에 대해서(도)." "이 보고서는 여기에 더해 이제까지 언급하지 않았던 외교·안전보장이나 헌법 등에 대해서도 검토할 것이다." "마침 중참의원, 여야당 등에서 헌법 개정을 본격적으로 검토하고 있다. 또 이라크 파견을 비롯한 자위대의 해외 활동, 일미안전보장조약에 따른 미군의 재편 문제, 일중 관계, 북한 문제, 유엔 개혁 등 일본의 장래에 대단히 중대한 대외 방침도 재검토할 시기를 맞이했다. 이러한 때에 경제계의 의견을 모아 발신하는 것은 다음 세대에 대한 우리의 책무라고 생각한다."

여기에는 이 문서를 작성한 동기가 명쾌하게 드러나 있다. 외교·안보는 기업의 활동에도 지대한 영향을 미치고 있기 때문에 '발신'하는 것이라고 말이다. 뒤집어 말하면 그것은 '기업의 활동'에 유리한 외교·안보 방식을 '경제계의 의견'으로 제시해나가겠다는 말이다. 한마디로 그들이 추구하는 것은 무엇보다도 기업의 이익이다. 뜻이 모호한 국익도 아니며, 국민의 이익은 더더구나 아니다.

1장 일본을 둘러싼 현황과 문제의식 "일본은 안팎으로 일찍이 경험한 적 없는 수많은 환경 변화에 직면해 기존의 틀을 크게 바꾸어야 할 시기를 맞이하고 있다."

(1. 국민이나 기업을 위협하는 위기) "동서 대립에 의한 냉전의 종언으로 거대 국가 사이의 군사적 분쟁에 대한 걱정은 줄었지만, 종교와 민족에 기인하는 빈번한 분쟁과 내전의 발발, 미사일과 대량 살상 무기의 확산 등 위협의 내용은 복잡하고 예측하기 어려워지고 있다. 특히 9·11로 대표되는 비국가 주체에 의한 테러는 세계 평화에 커다란 위협을 가하고 있다. 또한 한반도와 대만해협 등 동아시아 지역에서는 아직 냉전기의 대립관계가 남아 있으므로 국가적 분쟁의 위기는 사라지지 않고 있다. 실제로 북한의 미사일 발사, 무장 공작선의 침입, 영토 문제, 해양 이권을 둘러싼 문제 등 일본의 주권에 관련된 사건이 많이 발생하고 있다." "글로벌하게 활동하는 일본 기업이나 국민에게는 이러한 위협이 남의 일이 아니라 자신에 대한 직접적인 위협이다." "국내에서는 범죄, …… 자연재해, …… 이러한 안팎의 위협으로부터 국민의 생명과 재산을 지키고 평화와 독립, 주권 및 번영을 확보하기 위한 가장 기본적인 국가 기능에 관해 일본의 제도나 체제를 더욱 강고하게 만들어갈 필요가 있다."

여기에서도 국제적 환경 변화 속에서 새로운 '위협'에 시달리고 있는 것은 '글로벌하게 활동하는 일본 기업'이 첫째로 꼽히고 있다. 그러면 그 위협에 어떻게 대처할 필요가 있다는 말인가?

(2. 장래의 발전을 뒷받침하는 기반에 대한 걱정) 생략

(3. 현행 기본적 틀의 문제점) "현행 헌법이나 1960년 개정한 일미안보조약, 성청省廳의 종적 관계와 관료가 주도하는 통치 시스템, 또한 55년 체제라고 일컬어지는 국내의 정치체제." …… "이러한 역사적 틀 아래에서는 충분한 대응이 어려워지고 있다." "첫째, 외교나 안전보장에 관한 대응이 불충분하고 미봉책으로 끝나기 쉽기 때문에 국제사회를 향한 발언이나 주체성 발휘가 제약을 받고 있다." "둘째, …… 외교나 안전보장, 경제연대협정의 체결, 해양 권익, 우주 이용, 종합과학기술 정책의 확립 등 특정한 성청에 속하지 않는 새로운 과제 또는 국가적 차원에서 성청의 횡적 관계로 신속하게 대응할 필요가 있는 과제가 많아지고 있다. 강력한 정치적 리더십 아래 국가적 대응이 가능한 투명하고 효율적인 통치 시스템이 요구된다."

여기에서는 '현행 헌법'을 포함한 '역사적 틀'의 불충분함을 문제삼고 있다. 그러면서 지금은 국제사회에서 '주체성'을 발휘할 수 없으며 국제사회의 과제에 대해 '신속한 대응'을 할 수 없다고 진단하고, 이 문제를 극복하기 위해서는 '강력한 정치적 리더십'을 발휘할 수 있는 새로운 '통치 시스템'이 필요하다고 주장한다. 나중에 말하겠지만, 이 문서가 현행 헌법의 최대 장애로 꼽는 것은 바로 헌법 9조이다. 그런데 헌법 9조가 있으면 왜, 그리고 어떻게 주체성이 제약을 받는다는 것일까? 이 점에 관한 논의는 없다.

2장 앞으로 일본이 나아가야 할 길 (1. 일본이 견지해야 할 기본 이념) 민주, 자유, 평화. 단, "평화란 자신의 평온함뿐 아니라 이웃 사람, 나라, 국제사회의 평화 실현을 말한다." 중요한 것은 이러한 이념의 '실현'을 향한 행동이다. "'외치는 이념'에서 '실현하는 이념'으로 전환하고자 할 때 우리는 일본의 역사나 전통을 충분하게 받아들이고 늘 긍지를 품는 것이 중요하다. 국제사회에서는 단지 타국을 따르는 것이 아니라…… 책임과 자각을 통해 자립성과 자주성을 발휘해야 한다."

일본의 역사나 전통에 대한 충분한 긍지. 이 말의 의미에 대해서는 더 이상 파고든 해설이 없기 때문에 이것을 곧바로 야스쿠니 사관과 직결시킬 수는 없다. 그러나 앞뒤 맥락을 살펴볼 때 아무래도 뜬금없는 이 구절이 굳이 여기에 끼어 있다는 점에서 야스쿠니 사관과 손잡을 길을 열어두는 여지를 엿볼 수 있다.

(2. 이후의 일본이 지향해야 할 국가상) ① (국제사회의 신뢰와 존경을 받는 국가) "국제사회의 일원으로서 세계 평화나 국제사회의 과제 해결에 주체적으로 관여할" 필요가 있다. 분쟁 등에 대처하려면 '국익에 따른 기본 원칙을 분명하게' 밝힐 것. ② (경제사회의 번영과 정신의 풍요를 실현하는 국가) ③ (공정·공평하고 안심·안전한 국가) "개인은 국가에 기대는 일 없이……." (생략)

(3. 우선적으로 씨름해야 할 기본 문제) 앞의 세 가지 이념을 실현하기 위해 필요한 것은 첫째로 모든 활동의 전제가 되는 안심·안전 확보를 위한 안전보장

과 국제사회에 적극적으로 관여해 신뢰를 획득하기 위한 외교, 둘째로 헌법의 수정, 셋째로 민주적이고 효율적인 나라의 통치 시스템, 넷째로 기타 개별적 중요 정책 과제에 주력하는 것이다.

여기에서는 국제사회에 대한 '주체적'이고 '적극적인 관여'를 '헌법의 수정'과 일체시하는 관점을 보이고 있다. 다시 말해 헌법 9조의 정신을 어떻게 발휘하느냐가 아니라, 오늘날 아베 내각이 '적극적 평화주의'라는 이름으로 합리화하려는 군사력 행사의 길을 추구하고 있다고 할 것이다.

일미동맹의 강화와 군사력

3장 외교·안전보장을 둘러싼 과제 (1. 일본의 외교·안전보장을 둘러싼 인식) 이제까지 일본은 '경제력을 배경으로 한 외교', '최소한의 방위력'에 의한 '전수방위', '경찰조직의 정비 강화'에 의해 평화와 안전을 유지해왔다. 그러나 "자위대 활동에 관한 제약이 있기도 하므로 국제분쟁 등 세계의 안전보장을 둘러싼 문제에 대해 국익을 고려한 전략적 주장이나 주체적인 관여와 공헌이 부족했다." "많은 국민이 평화주의를 '비군사주의'라고 여김으로써 군사력을 평화 유지와 실현을 위한 필수 요소로 직시하지 못하고 있다. 결과적으로 '일국평화주의'라는 무책임한 주장이 두루 통하는 일도 있다."

(2. 국제사회를 대하는 방식에 관한 기본적인 사고) ① (세계의 평화·안정을 향한 주체적 참여의 필요성) ② (경제·산업을 중심으로 한 상호관계의 강화)

③ (외교 능력을 한층 강화할 필요성)

여기에서는 군사력을 평화 유지와 실현의 필수 요소라고 단정하고, 이를 인정하지 않는 자는 '무책임한 일국평화주의자'라고 비판하고 있다.

확실히 평화를 위해 군사력의 행사와 과시가 필요한 경우도 존재한다. 그러나 외교를 통해 사전에 분쟁을 회피하는 등 현대 세계에서는 군사력에 의지하지 않는 평화 추구가 커다란 역할을 해내는 것도 사실이다. 헌법은 일본이 장기간에 걸친 침략의 당사자였다는 역사적 반성을 통해 군사력을 보유하지 않고, 또 군사력에 의거하지 않고 일본과 세계의 평화를 추구하는 길을 선택했다. 그것은 물론 일본이 평화롭기만 하면 세계는 어떻게 되든 상관없다는 일국평화주의가 아니다.

일본이 걸어온 길을 진지하게 돌이켜보면서 과연 평화 외교의 노력이 충분했는가, 불충분했다면 어떤 장애 때문이었는가 하고 묻는 일이 필요하다. 한국전쟁, 베트남전쟁, 이라크전쟁 등등 일본이 군사적으로 한쪽의 '주체'였던 역사도 있다. 그렇다면 그러한 '관여'는 세계의 평화에 얼마나 '공헌'할 수 있었을까? 이런 현실적인 문제가 검토되어야 하는 것이 아닐까? 그러나 여기에는 그런 관점이 전혀 보이지 않는다.

(3. 일본 외교를 둘러싼 중요 문제) ① (일미동맹의 중요성) 주변의 '군사적 위협'

으로부터 일본을 지키고 '동아시아 지역 전체의 안정'을 위해서도 일미안전보장 체제를 유지하고 강화시켜야 한다. 미국은 '일본 번영의 기반을 지지하는 최대의 파트너'이다. '미군의 재편' 등 "안전보장에 관한 정세와 전략 목표에 대해 공통의 인식을 갖도록 노력하면서 국익 및 세계 평화와 지속적인 발전의 길을 스스로 판단하고, 국제사회 전체의 이익이라는 관점에서 미국에 대해 필요한 의견을 제시함으로써 상호 신뢰를 심화시켜야 한다. ② (유엔 활동 참여의 강화) "평화국가라는 입장을 살려…… 유엔에 의한 국제질서 유지 활동에 주도적인 역할을 해내야 한다." "그러기 위해서는…… 일본의 국제적 지위에 어울리는 발언권을 확보할 수 있도록 안전보장이사회의 상임이사국에 들어가야 한다." ③ (동아시아 지역과의 연대 강화) "동아시아 나라들은 세계의 성장 센터이며 국제적 경쟁 상대일 뿐 아니라 상호 의존 관계가 깊어지는 파트너이기도 하다. 동시에 국제안전보장의 측면에서 볼 때 일본뿐 아니라 세계를 위협하는 위기가 내재해 있는 지역이다." "일본이 리더십을 발휘해 동아시아 자유경제권을 조기에 구축하고…… 장래에는…… 정치와 안전보장의 측면에서 연대와 협력을 발전시켜가야 한다." "일본은 동아시아 자유경제권 구축과 일미동맹의 강화를 외교 정책의 축으로 삼아 지역의 안정과 발전에 최대한 노력을 기울여야 한다." "중국은…… 경제적으로 미국에 버금가는 중요한 파트너로 부상하고 있다. 정냉경열政冷經熱*이라고 일컬어지는 현재의 상황을 개선하기 위해 일본과 중국 양국 정부가 서로의 가치관과 입장 차이를 극복하기 위해 긍정적인 노력을 해나가야 한다."

---

* 1990년대 이후 일본과 중국의 관계를 나타내는 말이다. 정치 분야에서는 냉각 상태지만 경제 분야에서는 과열되어 있다는 뜻이다.

이렇게 보면 알 수 있듯 최우선은 일미동맹의 강화이다. 이제까지 인용한 글 속에는 몇 번인가 일본의 '자주성', '자립성' 같은 말이 등장하는데, 이 말뜻은 미국에 대한 종속적인 동맹을 뛰어넘지 않는 것이다. 한편 유엔의 상임이사국에 들어가는 일을 기술한 것 가운데 '평화국가라는 입장'이라는 말은 일본의 어떤 특징을 가리키는 것일까? 헌법을 수정하고 적극적으로 해외에서 군사력을 행사하게 된다면, 일본을 다른 강대국과 구별하는 '평화'의 특징은 어디에도 남아 있지 않을 것이다.

이 문서에 나오는 동아시아와의 연대는 10년이 지난 오늘날 더욱 더 막다른 길로 내몰리고 있다. 첫째, 동아시아에서 발휘할 리더십은 점점 더 일본의 손을 떠나고 있다. 세계적으로 중국이 주도하는 아시아인프라투자은행AIIB으로 가맹국이 쇄도하는 현상은 일본과 미국이 오늘날의 정세에 뒤처지고 있음을 상징한다. 둘째, 동아시아에서 일미동맹의 강화에 대한 미국과 일본의 입장은 다르다. 다시 말해 아베 정권은 센카쿠의 '유사시'에 미군의 출동을 기대하지만, 미국은 미중 관계를 21세기의 가장 중요한 양국 관계로 생각하고 있다. 셋째, 고이즈미 총리의 연이은 야스쿠니 참배로 인한 일중 관계의 '정냉경열' 상태는 오늘날 아베의 야스쿠니 사관파 내각의 언동에 의해 2012년, 2013년 연속적으로 일중 무역액을 감소시키기에 이르렀다 (2014년에도 비슷했다). 경제적으로는 중국을 세계 제2의 파트너라고 규정하면서도 정치적으로는 잠재적인 이익을 추구할 수 없게 하고 있기 때문에 아베노믹스*에 의지할 수밖에 없는 재계의 심각한 딜레마가 여기에 나타나고 있다.

(4. 국제안전보장을 위한 적극적인 협력) ① (분쟁을 미연에 방지, 부흥과 발전 지원에 협력) "앞으로도 안전보장을 위해 국제 협력과 공헌은 군사력에 의하지 않는 평화적 수단을 통해." "분쟁의 주요한 원인인 빈곤의 박멸…… 군비 관리·군축 추진을 위한 공헌 등에 적극적으로." ② (자위대에 의한 활동) "현실적으로 분쟁이 발생한 경우나 분쟁의 조기 종결에 임해서는…… 국제 사회의 평화와 안정에 주체적으로 관여한다는 국가 목표에 따라 협력과 공헌 활동을." 자위대의 'PKO(국제평화유지 활동)', '평화 협력 활동', '인도적 부흥 지원 활동' 등을 한층 강화해나갈 필요가 있다. 그러나 이것이 "군사대국화 또는 타국에 대한 위협으로 받아들여지는 일이 있어서는 안 된다. 이 점에 세심한 주의를 기울이면서…… 해외 파견의 활동 내용과 범위에 대해 기본 방침을 명확히 밝히고…… 특별 조치가 아니라 일반법을 조속히 정비해야 한다." "자위대에 의한 국제 활동은…… 시민의 통제 아래 강화해나가야 한다." "그러기 위해서는…… 헌법에 의한 자위대 역할이나 집단적 자위권을 명확하게 할 필요가 있다."

한마디로 분쟁을 미연에 방지하기 위해 '평화적'으로 참여한다고 해도 분쟁이 이미 발생한 경우에는 자위대의 '주체적 관여'가 필요하고, 이를 위해서는 집단적 자위권 행사를 명확하게 밝히는 일이 헌법

---

* 　전반적인 유동성 확대, 양적 완화를 통해 디플레이션에서 벗어나겠다는 아베 신조 총리의 경기부양책을 말한다. 이 말은 2012년 2차 아베 정권 때 유행했다.

의 수정이라는 형태로 이루어져야 한다는 말이다. 이를 군사대국화라고 받아들이지 않도록 해야 한다는 경계의 문구가 있기는 하지만, 실로 나아가고자 하는 방향은 군사대국화의 길 바로 그것이다.

(5. 종합적인 안전보장체제의 확립) ① (국민의 안심·친선 확보의 중요성) ② (종합적인 안전보장 실현을 위한 체제 정비) 지금 있는 안전보장회의의 발본적인 강화 ③ (방위력의 방식) "앞으로 특히 중점을 두어야 할 자위대의 임무에는 테러나 미사일 등 새로운 위협 및 국제 활동에 대한 적절한 대응이 있다." 방위력에 대해서도 '방위생산·기술 기반의 강화'에 대한 고려, 자위대와 외무, 경찰, 자치단체, 해상보안청과의 연대, "나아가 동맹국인 미국과 상호 운용성을 높여나갈 필요가 있다." ④ (치안 수준의 회복) ⑤ (해상 교통로의 안전 확보 등) "해상 교통의 안전 확보는 일본의 통상활동을 지탱하는 중요한 과제." "특히 중동에서 말라카 해협을 거쳐 일본에 이르는 해상 교통로." "인접 국가와의 영토 문제나 동중국해의 해상 권익 문제에 관해서도 전체적인 판국을 보면서 외교와 안전보장 전략 아래 정당한 주장을 펼쳐야 한다." ⑥ (정보 수집·분석·관리 정책의 중요성) "고도의 정보 수집 능력을 가진 미국 등과 협력 관계를 심화하는 동시에 일본의 정보 수집 위성이나 인적 정보 등 자립적인 정보원을 충실하게 갖춤으로써 주체적인 외교와 안전보장 정책을 확립해나갈 필요가 있다."

국가안전보장회의의 강화, 방위생산·기술 기반의 강화, 자위대와 미군의 일체화 촉진, 해상 교통로 방위, 해양 권익의 확보, 우주의 군사적 이용 추진 등에는 아베 내각이 추진하는 군사대국화의 기본적인 경로가 이미 구체적으로 정리되어 있다.

집단적 자위권 행사를 헌법에 명확하게

4장 헌법에 대하여 (1. 빈틈이 두드러지는 현행 헌법) "현행 헌법은 번역조로 이해하기 힘든 전문前文의 표현, 9조에 드러난 규정과 현실의 괴리, 국제 평화를 위한 주체적 활동의 제약, 실질적으로 기능하지 않는 위헌 입법 심사권, 지나치게 엄격한 개정 조항 등 다양한 문제를 안고 있다." "특히 9조는…… 일국 평화주의나 국제 문제에 대한 소극적 관여로도 이어졌다."

(2. 헌법 9조에 대하여) ① (자위대 역할의 명확화 헌법 9조 2항) 자위대는 '존재하는 자위대'에서 '기능하는 자위대'로 변하고 있다. 9조 1항은 계속 존치해야 한다. 그러나 전력의 비보유를 외치는 9조 2항에서는 "자위대의 유지를 명확하게 함으로써 자위대가 일본의 주권, 평화, 독립을 지키는 임무와 역할을 수행함과 동시에 국제사회와 협조하여 국제 평화에 기여하는 활동에 공헌하고 협력할 수 있다는 취지를 명시해야 한다." ② (집단적 자위권) "집단적 자위권을 행사할 수 없다는 것은 일본의 동맹국 지원 활동을 부정하는 일이며, 국제사회로부터 신뢰와 존경을 받는 국가가 되는 데 족쇄가 된다." "그러므로 집단적 자위권에 관해서는 일본의 국익이나 국제 평화의 안정을 위해 행사할 수 있다는 취지를 헌법에 명확하게 밝혀놓아야 한다. 동시에 안전보장에 관한 기본법을 제정하고…… 국회의 사전 승인을 원칙으로 삼는 등제한하고 억제하는 조치를 갖출 필요가 있다." ③ (긴급한 대응의 필요성)

"긴급한 사태에 대처하고 자위대의 국제 활동 확대, 집단적 자위권 행사 등은…… 일각을 다투는 과제이다." "새로운 입법에 의해 조치가 가능한 것 등에 대해서는…… 헌법 개정을 기다릴 것 없이 조속히 착수해야 한다."

이 대목은 이 문서의 핵심 부분 중 하나이다. 9조 2항을 '개정'하고 집단적 자위권 행사를 가능하게 하라, 그래서 '동맹국(미국)에 대한 지원 활동'을 실시하라, 더불어 안보의 '기본법', 즉 일시적인 조치법이 아니라 항구법을 제정하라, 가능하다면 개헌 전에도 그것들을 실시하라……. 다름 아니라 아베 정권이 현재 강행하려고 하는 무법적인 군사대국화 노선의 내용이다. 자민당 정치를 '의견서'(정책)와 '헌금'으로 조작하는 재계의 강력함을 새삼스레 확인시켜주는 듯하다.[6]

(3. **헌법 개정 요건**헌법 96조) "발의 요건 등 개정 요건을 완화해야 한다." "헌법 개정을 구체적으로 실현 가능한 것으로 논의하는 전제로서…… 국민투표법의 조기 성립이 불가결하다."

(4. **헌법 개정을 향한 접근**) "현재 가장 요구되는 개정 대상은 현실과 괴리가 큰 9조 2항(전력의 비보유)과 이후의 적절한 개정에 필요한 96조(헌법 개정 요건)이다." 또한 "헌법 전문은 이해하기가 곤란하고…… 전문을 둘 경우에는 일본의 역사, 문화, 전통 등의 고유성, 독자성을 충분히 반영한 국가 이념을 제시해야 한다."

그 후 96조의 개헌 노력은 많은 국민의 비판을 받고 이미 좌절되었다. 여기에서 새삼 주목해야 할 대목은 전문에 대한 내용이다. 이 문서는 '국가 이념'의 내용을 구체적으로 제시하고 있지는 않으나 자민당의 최신 '일본국헌법 개정 초안'(2012년 4월)에는 다음과 같은 글이 들어 있다.

일본국은 오랜 역사와 고유한 문화를 갖고 국민통합의 상징인 천황을 모시는 국가……

일본 국민은 훌륭한 전통과 우리 국가를 영원히 자손에게 계승하기 위해 이 헌법을 제정한다.

일본 재계는 중국을 비롯한 동아시아 각국과 경제적 교류의 확대를 바라면서도 과거의 침략 전쟁을 정당화하는 야스쿠니 사관파와는 이 같은 일정한 호응 관계를 가질 수밖에 없다. 여기에 동일한 군사대국화 노선을 추진하는 세력 내부에 일정한 뒤틀림이 나타나고 있다고 할 것이다.

우주의 평화적 이용과 무기 수출 3원칙의 수정

5장 더욱 민주적이고 효율적인 통치 시스템의 실현 (1. 나라와 국민의 관례)
① (한 표의 격차 시정과 정치·사회 교육의 충실) ② (정치 기부를 촉진하는 제도 정비) ③ (국민의 권리와 의무) (생략)

(2. 효율적인 통치 시스템의 구축) ① (입법부에 관한 과제) ② (행정부에 관한 과제) ③ (사법부에 관한 과제) ④ (나라와 지방의 관계) (생략)

6장 정책별 중요 과제 (1. 교육 문제) ① (현행 교육의 문제점) ② (교육개혁의 방향성) (생략)

(2. 저출산 문제) ① (노동력 인구의 장기적인 감소) ② (여성이나 고령자를 한층 더 활용) ③ (저출산 대책의 확충) ④ (외국인 노동자의 수용) (생략)

(3. 과학기술 정책) ① (과학기술 창조입국의 중요성) "외교와 안전보장 측면에서도 고도의 기술력 보유는 나라의 우위성을 확보함과 동시에 잠재적인 억제력으로도 기능한다." ② (과학기술 정책을 한층 강화하기 위한 이후의 과제) "이제까지는 평화주의의 관점에서 방위 관련 과학기술과 다른 과학기술을 구별해서 다루는 경향이 있었다. 앞으로는 국가가 목표로 삼는 국제사회에 대한 주체적인 관여라는 관점에서 과학기술에서도 방위와 민생의 장벽을 뛰어넘어 국민의 안심·안전 확보와 국제 평화의 실현으로 이어지는 실천을 밀고 나가야 한다. 이것과 연관해 방위 목적의 최첨단 기술 활용을 제한하고 있는 우주의 평화적 이용 원칙이나 무기 수출 3원칙은 일본의 첨단과학기술 발전의 관점에서 수정하거나 완화할 필요가 있다."

여기에 등장한 '우주의 평화적 이용 원칙이나 무기 수출 3원칙'의 수정은 다음에서 살펴보듯 아베 내각 아래에서 급속히 진행되고 있다. '과학기술에서도 방위와 민생의 장벽을 뛰어넘어'라는 말도 마찬가지이다.

(4. 재정의 지속 가능성 확보) ① (재정 파탄의 위기) ② (개혁의 방향성) (생략)

(5. 에너지·환경·식량 문제) ① (일본의 에너지·환경 문제) "에너지 안전보장과 국제 평화 유지의 관점에서도 중국을 포함한 동아시아 국가들 사이에 에너지 비축이나 자원화를 비롯해 기술 협력 등을 통한 적극적인 연대를 전개할 필요가 있다." ② (이후 에너지·환경 정책의 과제) ③ (식량의 안정적 공급 확보)

맺음말 "우리 경제계는…… 외교와 안전보장 및 헌법을 중심으로 한 나라의 기본 문제에 관여할 것을 기대한다. 그리고 이 관여는 수년 안에 착실하게 열매를 거두어야 한다." "그 첫번째 이유는 일본 경제의 장래는 훤히 밝아 보이지만, 중장기적으로는 일본을 위협하는 위기도 있고 발전의 기반에 대한 우려도 있는 등 전후의 기본적인 틀이 한계를 맞이했다는 것이다." "두 번째 이유는 여당과 야당, 참의원과 중의원이 나라의 기본 문제에 몰두하는 분위기가 강해지고, 여론조사 등에서도 헌법 개정에 대한 국민의 의식이 고양되고 있다는 점이다. 첫 헌법 개정의 실현을 위해서는 국회의원 3분의 2가 발의하고 이를 국민투표에 부칠 필요가 있다. 국민이 필요하다고 판단할 때 적절한 개정이 가능해지는 틀을 이 기회에 최우선적으로 정비해두어야 한다." "세 번째 이유는 세계 정세의 격변에 호응하여 일본의 기본적 틀을 한시라도 빨리 정비하지 않으면 국제적인 신뢰를 잃을지도 모른다는 점이다. 동맹국, 유엔과의 협조는 물론, 근린 국가와의 관계를 확고하게 다지기 위해서는 일본이 나아가야 할 기본적인 방향성을 조속하게 안팎으로 명확히 선언해야 한다."

이상으로 문서 〈일본의 기본 문제를 생각한다〉를 살펴보았다. 당시 자민당의 개헌안을 보면, 먼저 야스쿠니 사관의 색이 짙은 전면 개헌안으로 〈헌법 개정 초안 대강(시안)〉(2004년 11월)이 나왔다. 그러나 9조 2항과 96조에 초점을 맞추려고 한 〈일본의 기본 문제에 대하여〉(2005년 1월)가 공표되면서 그 후 자민당의 〈신헌법 초안〉(2005년 10월)에서는 야스쿠니 사관의 색이 상당히 희석되었다. 2006년 9월 1차 아베 내각의 성립을 계기로 또다시 야스쿠니 사관의 색이 개헌의 전면으로 짙게 나타났는데(초당파 의원에 의한 신헌법 제정 촉진위원회 준비회, 〈신헌법대강안〉, 2007년 5월 등), 이러한 움직임으로 인해 거꾸로 아베 내각은 숨통이 조이기도 했다. 이는 재계와 야스쿠니 사관 사이의 조화가 어긋난 모습을 현실적으로 파악할 수 있는 중요한 지점이다.[7]

보족 ─ 경제동우회의 〈헌법문제조사회 의견서〉

이와 관련해 경제동우회의 문서 〈헌법문제조사회 의견서〉(2003년 4월)도 살펴보자.[8] 이것은 앞에서 본 일본경단련의 문서보다 해석 개헌에 많은 비중을 싣고 있다. 일미동맹하의 집단적 자위권 행사 등 군사대국화를 향한 방침은 다를 바 없지만, 그것을 달성하는 방법에서 약간 차이를 보인다.

　이 의견서보다 앞서 나온 〈헌법문제조사회 활동보고서〉(2002년 4월)에는 이렇게 쓰여 있다.

경제동우회는 1990년대 초부터 냉전 후 세계의 틀과 일본의 위상에 대해 검토하고…… 적극적으로 제언해왔다.

이 활동을 기반으로 '헌법문제조사회'를 신설했는데, 그것은 처음부터 일본의 방위와 안전보장 문제, 특히 집단적 자위권 행사에 초점을 두었다.[9]

다음은 〈헌법문제조사회 의견서—자립한 개인, 자립한 나라가 되기 위하여〉의 내용을 살펴보자.

(1. 머리말 : 왜 헌법 개정이 필요한가) ① (헌법 개정을 통해 참된 국민주권을 확립하자.) ② (전후 50여 년의 변화를 바탕으로 '이 나라의 틀'을 재고해보자.) (생략)

(2. 헌법 개정으로 무엇을 해야 하는가 : 자립한 개인, 자립한 나라를 위하여) ① (자립한 개인이 만드는 일본 사회를 향해) "국방과 안전보장을 외국에 의존한 채 거국적으로 관 주도의 경제 발전에 매진해온 결과, '윗분에게 의존하는' 사회 풍조가 조성되었다." ② (국익과 가치를 지키는 자립한 일본을 위하여) "각국은 자국의 '국익'과 국제사회에서 추구해야 할 '가치'를 명확하게 인식하고, 그것을 바탕으로 외교의 중심축을 정해 국가의 방향성을 끌고 나가야 한다."

여기에서 '자립한 개인'은 앞에 언급한 자민당의 '일본국헌법 개정 초안'에 나온 대로 국민이 자기 책임과 가족 책임으로 살아가는 나라를 상징한다. 한편 '자립한 나라'는 집단적 자위권을 행사하는 이른바 '보통 국가'를 의미하는 것이지 결코 미국으로부터 '자립'하는 것을 의미하는 것은 아니다.

(3. 구체적이고 개별적인 논점에 대하여) ① (헌법의 얼굴인 전문 수정) 전문에는 "일본의 역사, 지리적 환경과 풍토, 문화의 특색을 반영한 이 나라의 모습", "일본의 '국가경영'이 입각하고 있는 기본 원칙(국민주권, 자유민주주의 등)", "국제사회에 대한 인식과 일본의 참여 방식, 세계 속 일본의 입장과 책임", "일본의 진로와 장래 모습, 비즈니스 등의 요소"가 포함되어야 한다. 그런데 "현재 전문에 제시되어 있는 '평화를 사랑하는 국민의 공정과 신의를 신뢰하면서 우리의 안전과 생존을 유지한다'는 결의는 유감스럽게도 현재 국제사회의 현실과 잘 맞지 않을 뿐 아니라, 전후 50여 년을 거쳐 일본이 획득한 국제적 입장에서 볼 때 지나치게 수동적이고 합당하지 않다고 할 수 있다." "우리는 일본이 종래와 같은 소극적인 일국평화주의를 벗어나 국제적인 평화 구축에 주체적으로 참여해야 한다는 신념으로 이 점을 특히 바로잡을 필요가 있다고 생각한다." ② (상징천황제의 견지)

이상은 기본적으로 일본경단련의 문서와 동일한 내용이라고 볼 수 있다.

③ (외교와 안전보장에 관한 사고방식) "본래 '자기 몸은 자기가 지키는 것'이 국제사회의 상식이며, 국가에는 '국민의 생명, 재산, 안전을 보호한다'는 기본

적인 책임이 있다. 그리고 국가가 그 책임을 수행하기 위해 필요하다면 국민은 자기 주권의 일부를 국가에 위임하고, 경우에 따라서는 자기 권리의 한정적인 제한을 인정하는 관계가 성립한다." 구체적으로는 "집단적 자위권 행사에 관한 정부의 해석을 수정해 적정한 목적과 범위 안에서 '자위권' 행사에 대한 틀을 견고하게 할 것", "오랫동안 유보해왔던 유사시 법제의 정비를 진행할 것", "위기를 사전에 감지하고 방지하기 위해 지극히 중요한 정보 수집과 부속 체제의 정비를 서둘러 갖출 것" 등은 본래 현 헌법의 틀 안에서도 충분히 수정할 수 있는 문제이며, 조속히 대응해야 할 긴급한 과제이다. ④ (국민의 권리와 의무, 공공의 복지 재고) ⑤ (통치 기구에 관한 문제) ⑥ (헌법을 살려나가기 위한 방책) "헌법 개정을 위한 국민투표법을 조기에 성립시킬 것."

(4. 맺음말) "국민적인 논의를 통해 조속히 헌법 개정을 실현해야 한다." 동시에 "현 헌법의 개정이 반드시 필요하지 않은 문제, 구체적으로는 유사시 법제의 정비, 집단적 자위권 행사에 관한 정부 견해의 변경, '헌법 개정을 위한 국민투표 절차법'의 정비 등은 조기에 해결해야 한다."

이렇게 보면 이 의견서는 헌법 개정의 필요성을 주장하면서도 '전문' 외에 대해서는 구체적인 개정안을 검토하지 않는다. 또한 초점을 맞춘 집단적 자위권 행사에 대해서도 '현 헌법의 개정이 반드시 필요하지 않은 문제'의 하나라고 간주하고 있다. 이는 개헌이라는 높은 담을 넘지 못하는 일이 있더라도 집단적 자위권을 행사하라는 주장이기도 하다.

경제동우회의 이러한 자세는 2차 아베 내각의 성립 후에 발표한 문서 〈실현 가능한 안전보장의 재구축〉에서도 변하지 않고 있다.[10] 이 문서는 '실현 가능한'이라는 문구를 '헌법의 틀 안에서 실행 가능하다'는 의미로 사용하고 있다. 그 속뜻은 다음과 같은 무법적 해석 개헌과 다르지 않다.

"정치, 경제, 안전보장의 모든 측면에서 일미 관계의 활성화와 강화를 꾀한다. 특히 안전보장 측면에서는 일본의 주체적인 방위 능력을 전제로 아시아·태평양 지역에서 일본이 맡은 역할에 대해 유연성과 전략을 갖고 미국과의 연대를 확립한다." "유사시에 일미동맹의 실효성을 높이는 것을 고려해 일미 부대 간 제휴의 강화, 즉 종합 운용성, 능력, 상호 운용성을 향상시킬 필요가 있다." "이미 육상자위대와 미국 해병대의 합동훈련이 실시되는 등 그러한 방향성이 드러나고 있지만, 육해공 각각에서도, 또 해상보안청과 경찰 등 관련 기관들도 관여하는 방식으로 미국과 함께 합동훈련과 정보 교환을 시도하고 상호 연대 능력을 향상시켜야 한다."

일미동맹을 유지하고 강화하는 과정에서 미군과 함께 '해외에서 전쟁을 수행할 수 있는 나라'를 지향한다는 점은 다를 바 없다. 단, 일본경단련의 문서는 정면으로 명문 개헌을 주장하는 반면, 경제동우회의 문서는 해석 개헌, 즉 '야금야금 무너뜨리는 개헌'에 중점을 두고 있다.

군사대국을 위한 정책적 요망

아베 내각에서 급진전된 군사대국화

2차 아베 내각은 2012년 12월에 발족했다. 그 이후의 내각 결정, 본부 결정(아베 총리를 본부장으로 삼는다) 가운데 군사대국화와 관련 있는 주요한 것을 추려 시간 순으로 인용하면 다음과 같다.[11]

① 2013년 12월 17일 각의 결정 : 국가안전보장 전략[12]

② 2013년 12월 17일 각의 결정 : 헤이세이 26년 이후에 관한 방위계획대강[13]

③ 2013년 12월 17일 각의 결정 : 중기 방위력 정비 계획(헤이세이 26~30년)[14]

④ 2014년 4월 1일 각의 결정 : 방위 장비 이전 3원칙[15]

⑤ 2014년 4월 1일 국가안전보장회의 결정 : 방위 장비 이전 3원칙의 운용 방침[16]

⑥ 2014년 7월 1일 각의 결정 : 나라의 존립을 보전하고 국민을 지키기 위한 빈틈없는 안전보장 법제의 정비에 대하여[17]

⑦ 2015년 1월 9일 우주개발전략본부 결정 : 우주 기본 계획[18]

⑧ 2015년 2월 10일 각의 결정 : 개발협력대강에 대하여[19]

앞의 ①, ②, ③은 아베 내각이 군사대국화의 길로 폭주하는 출발점이 된 것이다. 일본의 군사적 '강인함'을 드높이고 일미동맹에 따른 '일본의 능력과 역할을 강화하고 확대할 것'을 떠맡은 '통합기동방위력의 구축'을 위해 5년에 14조 6,700억 엔의 군사비를 편성하고, 자위대 활동의 해외 진출 능력을 강화한다는 것이다. 이는 종래의 전수방위라는 명분을 내버리고 '해외에서 전쟁하는 나라 만들기'를 공공연하게 추진하겠다는 선언문이 되었다.

여기에서는 '중대하고 긴박한 위협'으로 중국과 북한을 지명하고, 그 국가들에 대항하기 위해 이지스함이나 최신예 스텔스 전투기 등의 증강, 오스프리나 무인정찰기, 신형 항공 급유기의 신규 도입, 미국의 해병대를 본뜬 '수륙 기동단'의 배치와 준비 등을 내세웠다. 이는 북동아시아에서 군사적 긴장을 높이는 군비 확산의 악순환을 촉진시키는 요소가 되었다.

④, ⑤는 무기 수출 3원칙을 철폐할 뿐 아니라 무기 수출이나 관련 기술 수출을 포괄적으로 해금解禁함으로써 거기에 매진하기 위한 새 원칙을 제시한 것이다. 그때까지도 미국이나 재계의 요구에 응해 '미사일 방위' 등 부분적인 예외 조치는 거듭 취해왔다. 그러나 이는 원칙 자체를 180도 뒤집는 일이다. 새 원칙은 "분쟁 당사국이나 유엔 결의를 위반한 경우에는 수출을 인정하지 않는다"고 하면서도 기

존에 수출 금지 대상으로 규정한 "국제분쟁의 소지가 있는 나라"라는 어구를 삭제한 결과, 이스라엘 등에도 수출이 가능해졌다. 또한 해외에서 미군 항공기를 수리하는 역할도 한다고 했다. 이런 것은 전체적으로 일본의 군사 생산 기반과 군사산업의 이익을 확대하는 동시에 자위대의 대미종속적인 군사 일체화를 진행시킬 것이다. 나아가 세계로 새로운 전쟁과 분쟁의 가능성을 확산시키는 역할도 할 것이다.

⑥은 집단적 자위권 행사를 용인한 불법적 위헌에 해당하는 결정이다. 이는 첫째로 '국제사회의 평화와 안정에 한층 더 공헌한다'는 명목으로, 둘째로 '헌법 9조가 용인하는 자위의 조치'라는 명목으로 '해외에서 전쟁하는 나라 만들기'를 용인한 것이다.

첫 번째 명목에 의해서는 자위대의 활동 지역을 '후방 지역', '비전투 지역'으로 한정한 종래의 틀을 폐지하고, '전투 지역'을 지원하는 길을 열어놓았다. 두 번째 명목에 의해서는 '자기 방어'를 위한 조치로 무력행사를 취할 때, 일본에 대한 무력공격이 없어도 "일본의 존립이 위협받으며, 국민의 생명, 자유와 행복 추구의 권리가 뿌리째 흔들리는 명백한 위험이 있는 경우"를 거론했다. 한마디로 일본이 공격받기 전에 선제공격을 할 수 있게 한 것이다.

⑦은 자위대의 운용과 '우주 협력을 통한 일미동맹의 강화'를 위한 '우주 안전보장 확보'를 가장 중점적인 과제로 삼는 것이다. 타국의 군사위성 감시, 부대의 운용과 미사일 유도에 꼭 필요한 GPS(미군이 운용하는 전 지구적 위치 파악 시스템)와 일본의 위치 파악 위성의 연대,

정보 수집 위성(군사 스파이 위성)의 증가, 우주항공연구개발기구JAXX와 방위성의 연대 강화 등을 주장하고, 탄도미사일 방위로 적의 미사일 발사를 탐지하는 '조기 경계 위성'의 조사연구도 포함시켰다.

⑧은 일본의 대외개발 원조를 민생 부문에 한정하지 않고 군사 부문에서도 가능하게 한다는 것이다. 종래의 〈정부개발원조ODA 대강〉은 '군사적 용도 및 국제분쟁을 조장하는 사용을 회피한다'고 되어 있었다. 그러나 새 대강은 이 어구를 이어받으면서도 "상대 국가의 군 또는 군적을 지닌 자가 관계할 경우에는 그 실질적 의의를 고려해 개별적이고 구체적으로 검토한다"고 함으로써 군사 부문의 원조까지 용인하는 것이 되었다. 또한 이 결정에 앞서 2014년 6월에 공표한 '정부개발원조대강 수정에 관한 유식자 간담회'는 더욱 명쾌하게 타국 군에 대한 원조를 촉구했다.

이와 같은 내용은 명백히 앞에서 살펴본 일본경단련 문서의 내용과 합치한다. 다음으로는 앞의 여러 결정으로 결실을 맺은 일본경단련의 구체적인 정책적 요망을 더욱 자세하게 파고들어 확인해보자.

일본경단련과 방위산업의 입장

우선 짚어두고 싶은 문서가 있다. 일본경단련이 〈일본의 기본 문제를 생각한다〉와 같은 시기에 발표한 〈이후 방위력 정비의 방식에 대해―방위생산·기술 기반의 강화를 위해〉(2004년 7월 20일)라는 것이다.[20] 여기에는 개헌과 일미동맹의 강화, 집단적 자위권의 행사 등을 체계적으로 주장하는 일본경단련이 자신들의 주장에 걸맞은 '방위력'과 관련해 정부에 요구하는 바가 무엇인지, 그 전체상이 요약적으로 드러나 있다.

머리말 "일본경단련(방위생산위원회)에서는 미리부터 〈신시대에 대응한 방위력 정비 계획의 책정을 바란다〉(1995년)나 〈차기 중기 방위력 정비 계획에 대한 제언〉(2000년) 등을 통해 방위산업의 입장에서 방위생산·기술 기반의 강화에 대한 요망 사항을 제시해왔다. 왜냐하면 국가의 평화와 안정은 경제산업 활동의 대전제일 뿐 아니라, 일본에서는 국가 방위력의 기반이 되는 기술 개발이나 생산 활동을 민간 기업이 담당하고 있으며, 방위산업은 다른 분야와 달리 특수한 제약 아래에서 활동할 것을 요구받는다는 점에서 관민 사이에 특단의 연대와 의사소통이 있어야 한다는 이유 때문이다.

국가 방위력에 관해 내놓은 구체적인 요망은 이것이 처음은 아니다. 패전 후 '역코스'를 취한 이래 반복적으로 이루어져왔다.[21] 방위생산위원회는 일본경단련의 유력한 각종 위원회 중 하나로서 전후에 회장 자리는 변함없이 미쓰비시중공업이 차지해왔다(미쓰비시중공업은 현재 일본경단련의 부회장 기업이기도 하다). 따라서 이 요망은 일본의 방위산업과 군사산업이 내놓은 것이라고 할 수 있다.

1. 일본의 안전보장을 둘러싼 환경의 변화 ① (안전보장 환경의 질적인 변화) ② (자위대 활동의 다양화) "자위대의 임무도 전수방위에 기초한 활동에 더해

국제 협력 업무, 재해 파견, 감염증 대책 등으로 다양화." "경제대국으로서 국력에 어울리는 국제적 공헌." "방위 장비 등의 네트워크화, 신속하고 효율적인 운용을 위해 육해공의 종합 운용이나 다국간 공동 운용, 경찰이나 소방대 같은 다른 성청과의 연대에 의한 대처." ③ (기술의 고도화) "특히 우주 활용에 의한 통신, 위치 파악, 정보 수집 등." "다종다양한 위협으로부터 널리 안심과 안전을 확보하기 위해서는 방위, 민생의 장벽을 뛰어넘는 기술의 활용이 요구된다." "외국에서는…… 국제 공동 개발에 의한 효율화의 움직임이 벌어지고 있다."

안전보장 환경의 변화 속에서 자위대의 역할도 변하고 있고, 거기에 합당한 장비와 네트워크를 구축할 필요가 있다는 내용이다. 이에 발맞추어 기술 수준도 높아지고 있고 해외에서는 국제적인 공동 협력이 진행되고 있는데, 거기에 어떻게 대처하느냐 하는 점이 과제로 떠오르고 있다는 말이다.

④ (방위산업을 둘러싼 상황) "일본 방위산업의 특징으로는 기업 안에서 방위사업이 차지하는 비율이 낮다는 것, 공급처는 방위청뿐이라는 것 두 가지이다. 방위 장비 예산의 감소는 일본 방위산업의 규모 축소와 직결되고, 전체적으로 산업 기반의 침체, 기업 내 중요성 저하, 기술력 저하, 비용 상승으로이어진다." "이미 하청기업 등이 방위사업에서 철수하는 경향이 보이고 있다. 일단 잃어버린 생산 기반을 새롭게 재구축해내기 위해서는 오랜 시간과 인적 수당을 포함한 비용이 필요하다는 점을 유의하면서 방위산업 정책을 펼칠

필요가 있다." ⑤ (국제적인 연대의 전개) "일본은 무기 수출 3원칙 때문에 방위생산 분야에서 타국과 연대하는 데 제약을 받고 있다. 이미 일본은 선진국 간 공동 개발 프로젝트의 흐름에서 뒤떨어져 있다. 이것이 앞으로 방위 장비에 관한 기술 개발 및 비용, 나아가 일본의 안전보장 전반에 영향을 미치지 않을까 염려된다."

방위산업의 유지와 발전을 위해서는 사업을 통한 확실한 이익 예상, 국제 협력에 의한 해외 판로의 확대, 선진기술의 흡수 등이 필요하다고 말한다.

(2. 이후 안전보장 기반 강화를 위한 기본 사고방식) ① (안전보장 기본 방침과 방위산업 정책의 명확화) "국민의 안전과 안심을 위해서는…… 상황 변화에 걸맞은 형태의 국가 안전보장에 관한 기본 방침"과 함께 "그것의 기술·생산 기반인 방위산업의 위상을 정립하고 중장기적 산업 정책을 명시할 필요가 있다." ② (기간기술로서 방위 기술 기반의 강화) "고도의 기술 기반 유지는 위협에 대한 억제력이 되는 동시에 해외로부터 기술과 제품을 도입할 때 교섭력이 된다. 또한 국제적인 연구·개발·생산 프로젝트에 참가할 때에도 없어서는 안 되며 기술을 통한 외교·안전보장 관계의 강화와도 연관된다. 나아가 첨단 기술은 방위, 민생을 불문하고 커다란 파급효과를 낳으므로 일본 산업의 경쟁력 강화, 경제의 활성화로도 이어진다." "오늘날 IT를 중심으로 고도화된 민생 기술을 국민의 안심과 안전에 적극적으로 활용하는 일이 중요하다. 일본이 내놓은 기술을 통해 국제사회의 공헌을 꾀하는 일은 안전보장

측면에서 고도의 기술과 경제력을 가진 일본이 국제적으로 수행해야 할 하나의 사명일 것이다." "장기간 축적에 의해 국제적으로 우위성을 확보한 방위기술을 유지하고 강화하는 동시에 과학기술 창조입국을 지향하는 일본으로서는 방위와 민생의 장벽을 넘어 '안심과 안전'에 관한 기술 개발을 추진하고, 국제적 경쟁력을 강화하며 기술 우위성을 확보하는 일이 중요하다."

안전보장의 기반이 되는 방위산업에 대해 '중장기' 정책이 필요하며, 그중에서도 '방위와 민생의 장벽을 넘어' 방위 기술 기반의 강화에 진력하는 일이 필요하다고 서술하고 있다.

③ (방위산업 변혁의 필요성) "방위산업도 종래의 장비 생산 중심에서 다양한 위협에 대한 대응력을 포함해 폭넓은 안전보장 산업으로 변혁해갈 필요성이 요구되고 있다. 한층 더 비용을 절감하고 기술력을 강화하여 기업 스스로 체질 강화를 꾀하고, 신규 참여를 포함한 기업의 경쟁에 의해 국제적 경쟁력을 높이는 것이야말로 일본 방위력의 밑바탕이 된다는 점을 인식해야 한다."

이는 군사산업체가 더 이상 국가의 하청으로 발주받은 장비만 한정적으로 생산하는 수동적인 기업이 아니라, 종래에 없던 방위 장비를 스스로 개발하여 세계에 적극적으로 판매하는 능동적인 기업으로 전환해야 한다는 결의와 바람을 표명한 것이다.

예산, 과학기술, 무기 수출, 우주 활용, 국제 협력

(3. 새 시대에 대응한 안전보장 기반의 확립을 위한 구체적 과제) ① (안전보장 기반의 확립에 이바지하는 적정한 예산의 확보) "더욱 폭넓은 안전보장 기반의 확립을 위해 필요한 예산을 충분히 확보할 필요가 있다." "신중기 방위력 정비 계획의 책정…… 거기에 기초한 중점적인 자원 분배를 시행하는 일이 필요하다. 그러면서 기업으로서도 장래의 투자 지침으로 삼을 수 있고, 더욱 효율적인 개발이나 생산체제의 정비가 가능해진다." ② (첨단 기술의 육성·강화와 안전보장에 대한 적극적인 이용과 활용) "종래 방위 기술과 민생 기술은 정책상 별개로 취급하기 쉬웠지만, 앞으로는 방위와 민생을 포괄하는 광범위한 통합적 과학기술의 향상과 유연한 대응 능력의 함양이야말로 장래 일본을 소중하게 보존하고 국민의 안심·안전의 확보에 이바지하는 가장 중요한 과제라고 인식하고 정책을 결정해야 한다." "과학기술 전략을 책정하고 추진할 때에는 방위 당국, 내각부 종합과학기술회의 등 관련 성청의 밀접한 연대가 필요하다." "그러한 가운데 안심과 안전에 관한 연구개발 예산을 충분히 확보하고, 이후 안전보장 환경의 변화나 과학기술의 진보에 제때 적절히 대응할 수 있는 기술력의 획득을 지향해야 한다." ③ (장비·기술의 선택과 집중) "여의치 못한 재정 상황 속에서 안전보장 환경의 변화나 과학기술의 진보에 대응하는 장비와 기술을 정비하기 위해 한층 더 '선택과 집중'이 불가피해지고 있다." "일본의 고유성, 민생 분야에 미칠 파급력, 발전성, 기술 안전보장의 우위성 등을 고려한 폭넓은 견지에서 판단할 필요가 있다." "시스템 통합의 중요성이 점점 커지므로 이를 위한 지속적이고 계획적인 투자가 필요

하다.""국제적인 관점에서도 선택받을 만한 기술과 가격의 수준을 유지하고 강화할 필요가 있다."

군사기업이 '장래의 투자 지침'으로 삼을 수 있는 '방위' 예산을 확보할 것, 정부의 과학기술 전략 입안에 차등을 두지 말고 방위 기술을 집어넣을 것, 나아가 '장비와 기술의 선택과 집중'에 정부가 장기적이고 대국적인 안목을 가질 것을 요구하고 있다. 이로써 정부가 군사산업 및 군사기업에 성장의 길을 확실하게 보장하라는 것이다. 이것을 이익 기회의 확대로 파악할 수 있는 군사산업의 입장에서 보자면, 군사대국화의 추진은 '자본의 논리' 그 자체일 뿐이다.

④ (방위 기반 강화를 위한 방책) 〈1. 수출 관리 정책〉"일본경단련에서는 이미 1995년부터 일미동맹의 관계 강화라는 관점에 입각해 수출 관리 정책의 수정을 요망해왔는데, 안팎의 안전보장 환경 변화를 염두에 둔다면 현행의 수출 관리 정책을 재검토할 필요성은 더욱 커지고 있다.""일본이 평화국가라는 위상을 견지하고 무기 수출로 인한 국제분쟁의 조장을 회피한다고 명시한 현행 무기 수출 3원칙의 기본적 이념은 계승하고 존중하면서도, 일률적인 금지가 아니라 국익을 고려한 수출 관리, 기술 교류, 투자를 재검토할 필요가 있다."〈2. 안전보장 분야에서 우주의 활용〉 우주 이용에 대한 "평화적 이용의 해석을 살펴보면, 국제적 안전보장을 위해서는 침략이나 공격을 목적으로 삼지 않는 방위 목적의 이용이 오히려 유용하다는 해석에 따라 우주를 널리 효과적으로 활용하고 있다.""일본도 국제적인 해석에 맞추어 조속

히 우주의 평화적 이용을 끌어올릴 필요가 있다. 아울러 통신·위치 파악·정보 수집 위성 등 우주 인프라를 정비하고 적극적으로 활용함으로써 일본의 안전보장과 위기관리 인프라를 강화해야 한다."〈3. 취득과 조달의 개선 등〉〈4. 대외적인 장비·기술 협력을 위한 환경 정비〉"일본경단련은 일본과 미국의 장비·기술 협력을 추진하기 위해 미국방산산업협회NDIA, National Defense Industrial Association 사이에 1997년 일미안전보장 산업포럼IFSEC을 설치하고 일미 방위산업 간의 대화를 시도하는 동시에 IFSEC의 검토 결과인 〈IFSEC 공동선언〉(1997년, 2003년 개정)을 바탕으로 일미 방위 당국의 대화를 추진하고 있다." "앞으로 IFSEC 같은 계기를 활용하면서 장비와 기술에 관해 해외의 주체와 적극적으로 대화할 뿐 아니라 앞에서 이야기한 수출 관리 정책이나 지적 재산권 보호 등의 과제 해결을 꾀하고, 대외적인 관민 상호 교류를 촉진하기 위한 환경을 정비할 필요가 있다."

무기 수출 3원칙이나 우주의 평화적 이용에 대해서는 각각 근본적인 수정이 필요하고, 정부는 이미 전개되고 있는 '일미방위산업 간의 대화'에 근거해 필요한 '환경'을 '정비'해야 한다고 말한다.

맺음말 "일본경단련으로서도 '나라의 기본 문제 검토위원회'에서 국민의 '안심과 안전'이나 기술·경제 안전보장 등 앞으로 있어야 할 안전보장 정책의 양상에 대해 널리 지속적으로 검토해나갈 것이다."

이렇듯 이 문서는 개헌과 집단적 자위권 행사를 요구하는 〈일본의 기본 문제에 대하여〉와 떼어놓을 수 없는 것이라고 규정할 수 있다.

문서 〈방위계획대강을 위한 제언〉

이후 일본경단련은 '해적 대책', '해양입국'을 포함해 방위와 안전보장 관련 문서를 다수 발표했다. 여기에서는 2차 아베 정권 시기에 나온 주요 문서를 살펴보자. 하나는 일본경단련의 〈방위계획대강을 위한 제언〉(2013년 5월 14일)이다.[22]

(1. **일본을 둘러싼 안전보장 환경**) "오늘날의 정권 교체에 따라 정부는 올해 말에 방위계획대강을 수정하고 신중기 방위력 정비 계획을 책정할 것을 결정했다." "경단련 방위생산위원회에서는…… 구미 제국의 방위산업 정책을 알아보기 위해 2010년 3월부터 조사단을 네 차례 파견했다. 거기에서 얻은 성과를 발판으로 삼아 방위산업의 현상을 살피며 방위계획대강 작성을 위해 새삼 제언을 정리했다."

여기에 나타난 조사단의 파견지는 프랑스, 영국, 벨기에, 미국, 독일, 스웨덴, 이탈리아 등이다.[23]

(2. **방위생산·기술 기반의 의의**) "방위생산·기술 기반을 유지하고 강화하는 것은 국가의 중대한 책무이다." 그 의의는 다음과 같다. ① 고도의 기술력에 의한 억제력과 자립성의 확보 ② 신속한 조달과 운용 지원, 장비품의 수준 향

상 ③ 국토와 국정에 맞는 장비품의 개발과 생산 ④ 기술·경제의 파급효과 ⑤ 국제 공동 개발·생산에 유리한 분담의 획득, 수입과 면허 생산의 교섭력 확보

(3. 방위사업의 현상) "일본 방위비의 감소 경향이 지속되는 가운데 주요 장비물품의 신규 계약액은 점차 줄어들고 있다. 1990년 1조 700억 엔으로 정점을 찍은 뒤 2012년에는 그 60% 정도인 약 7,000억 엔으로 감소했다. 작년 12월의 정권 교체 후 방위비의 감소 경향이 멈추어 2013년의 방위 예산은 전년도 대비 약 350억 엔 증가했다. 2002년 이래 처음으로 증액이 이루어진 것이다. 앞으로도 방위비 증액을 지속시킴으로써 일본의 안전보장에 필요한 장비물품에 대해 적정한 규모의 예산을 확보하기를 기대한다." "구미에서는 국방 예산의 감소를 둘러싸고 방위산업의 재편이 진행됨과 동시에 글로벌화에 따른 적극적인 해외 진출에 의해 방위생산·기술 기반의 유지를 꾀하고 있다. 또한 방위 기술의 고도화와 막대한 개발 비용에 대응하고자 장비물품의 국제적 공동 개발과 생산을 추진하고 있다." "반면, 일본에서는 방위 예산 감소에 대한 대책으로서 거대 방위기업이 민생 부문으로 자원을 이동시키거나 민간수요 부문의 기술을 활용함으로써 생산과 기술 기반을 유지해왔다. 그러나 사업 규모의 저하에 의해 효율화 노력의 한계를 견디지 못한 일부 기업에서는 방위사업의 축소와 철수가 발생하고 있다." "기업 재편에 관해 말하자면, 구미와 달리 일본의 방위사업 시장은 기본적으로 국내에 한정되어 있을 뿐 아니라, 방위 장비물품 예산의 장기적인 감소 경향으로 장기적인 조업의 전망을 세우기 어려운 등 경영 리스크가 있기 때문에 기업 재편이 이루어지지 않고 있다."

여기에서는 아베 내각이 방위 예산을 늘린 것을 환영하면서 방위산업의 '해외 진출'이나 국제 공동 개발·생산에 대한 제재를 풀 것을 호소하고 더욱 많은 예산 증가를 바라고 있다.

무기의 국제 공동 개발·생산·수출을 위하여

(4. 방위산업 정책의 양상) (1) (방위생산·기술 기반 전략의 책정) "작년 6월에 방위성의 방위생산·기술 기반 연구회가 정리한 최종 보고"를 더욱 명확하게 하고 "재정적인 뒷받침을 확보하는 것도 불가결", "기술력 강화를 위한 연구개발비의 증액이 필요", "항공기 개발에는 방위와 민생의 양용 기술dual course이 많이 이용되고 있고, 방위생산·기술 기반을 유지하는 관점에서 장비물품의 민간 이전도 추진해야 한다."

정부가 방위생산·기술 기반을 강화하는 방침을 세운 것을 환영하면서 이 문서는 다음과 같이 무기 수출 3원칙의 수정과 '국제 공동 개발·생산'의 추진에 각별히 힘을 기울이고 있다.

(2) (국제 공동 개발·생산의 추진) ① (무기 수출 3원칙 등의 개별적인 예외 규정 등) "1967년 무기 수출 3원칙 및 1976년 무기 수출에 관한 정부 통일 견해"에 의해 일본에서는 "일부의 예외를 제외하고 무기 수출 및 무기 기술 제공이 실질적으로 전면 금지되어왔다." 그 후 국제 공동 개발·생산에 관해 2011년 12월, 2013년 3월에 예외 조치를 취했다(전투기 F-35의 생산). "국제 공

동 개발·생산 참여에 따른 장점은 외교 정책을 통한 동맹국 및 우호국과의 관계 강화, 해외 최첨단 기술에 접근, 개발 비용 경감, 상호 운용성 확보, 운용 정보의 피드백에 따른 장비물품의 개선 등이 가능해진다는 점이다."일 미동맹에 비추어 국제 공동 개발·생산의 상대 국가로서 미국은 가장 중요한 협력국가라는 것은 변함없지만, 앞으로는 민주주의 국가의 가치관을 공유하고 국제 공동 개발·생산의 실적이 풍부한 유럽 국가 등과 제휴함으로써 일본도 글로벌화하고 방위생산·기술 기반을 유지할 것을 기대한다."일본과 유럽 사이에서는, 특히 영국과는 국제 공동 개발·생산의 협력 안건에 대해 정부 간 협의가 이루어지고 있으며, 조기에 구체적인 성과가 나올 것으로 기대된다. 또한 이제까지 경단련 방위생산위원회가 조사 임무를 띠고 방문한 이탈리아, 프랑스, 독일, 스웨덴의 정부 및 방위 관련 기업을 비롯해 유럽연합EU, 북대서양조약기구NATO도 협력에 대한 기대를 표명하고 있다. 이에 우리 정부도 협력을 추진하기 바란다."

미국을 가장 중요한 협력 상대로 규정하면서도 무기의 국제 공동 개발·생산 상대를 유럽 국가로 넓히면서 방위생산·기술 기반을 유지하고 강화할 필요가 있다고 말한다.

② (무기 수출 3원칙 등의 양상) "경단련 방위생산위원회는 작년 7월 재일미국상공회의소ACCJ의 항공우주방위산업위원회와 '일미방위산업 협력에 관한 공동성명'을 합의했다. 이 성명에서는 국제 공동 개발·생산을 크게 넷으로 분류해(A. 정부 간 합의에 기초한 방위 장비물품의 공동 개발·생산, B. 장래 방위 기술에

관한 예비적인 선행 연구, C. 어느 한쪽 나라의 정부 프로그램을 지원하기 위한 공동 개발·생산, D. 면허 인가 국가의 요청에 응해 면허를 받은 나라가 부품을 공급) 정리하고……전형적인 형태인 정부 간 프로그램을 비롯해 민간 차원의 공동 연구개발 등 다양한 국제 공동 개발·생산 도식의 가능성을 제시했다.""또한 민간 차원에서 이루어지는 장비물품의 국제 공동 개발·생산에 대해서도 어디까지나 민간기업은 정부의 장기적인 기술 전략에 따라 전개하는 것이 기본적이므로 '방위생산·기술 기반 전략' 가운데 국제 공동 개발·생산에 관한 정부의 방침(분야, 품목, 기술 등)을 책정해주기 바란다."

여기에서는 일미방위산업 간의 공동성명에 국제 공동 개발·생산의 구체적인 네 가지 방법을 정리했으니 일본 정부는 이것을 바탕으로 정부의 '방침'을 책정하라고 압박하고 있다.

(3) (취득·조달 정책의 개선) "취득·조달 정책의 개선은 관민의 긴급한 과제로서 기업의 비용과 리스크를 적정하게 평가할 수 있는 체제의 구축, 기업의 비용 절감에 대한 동기를 부여하는 제도의 개선, 방위사업의 안정적 지속을 위한 계약 방식의 검토 등을 조속하게 진행시켜야 한다."

이는 방위산업의 안정적인 이익 보장을 요구하는 것이다.

(5. 우주개발 이용 및 사이버 공격에 대한 대처 추진) (1) (우주개발 이용의 추진) "우주와 사이버 공간은 안전보장의 확보에서 육해공과 나란히 새로운 영역

으로 규정되고 있다." "방위계획대강 및 중기 방위력 정비 계획 속에서 방위를 둘러싼 우주개발 이용의 명확한 위상 규정이 요구된다."(2) (사이버 공격에 대한 대처) "정부나 기업의 사이버 공격에 의해 중요 인프라 등에 커다란 위해가 발생하고 국가의 안전보장이 위협받는 일이 없도록 방위계획대강 및 중기 방위력 정비 계획 속에서 대책을 제시하고 실행하는 일이 긴급하다."

(6. 방위계획대강에 대한 기대) "방위계획대강에서 방위산업의 의의를 명확하게 정의하고, 방위생산·기술 기반의 유지와 강화에 관한 전략의 기본 방침을 책정해야 한다." "그런 다음 장기적인 관점에서 상세한 '방위생산·기술 기반 전략'을 책정하고 실행하며, 중요 분야의 명확화와 유지 및 강화, 국제 공동 개발·생산의 추진, 그리고 계약할 때 관민의 공평한 리스크 부담을 실시해야 한다."

마지막으로 국가의 방위 계획 중에 방위산업의 유지와 강화, 그리고 기술 개발과 해외 진출, 국제 협력에 대한 제도적 지원을 더욱 중시하여 그 사항을 명기하라고 압박하고 있다. 이 문서를 발표한 시점은 2013년 5월이었는데, 아베 내각이 폭주의 신호탄을 울린 '국가안전보장 전략' 등의 결정은 같은 해 12월이었고, 또 일미방위산업이 공동으로 요구한 국제 공동 개발·생산의 네 가지 방법은 2014년 4월 '방위 장비 이전 3원칙'에 의해 무조건 수용되었다. 정부가 재계의 의향을 받아들이고 그것을 국가의 방침으로 확정해간다는 점에서 양자의 관계가 뚜렷이 드러난다.[24]

보족 ─ 〈일미방위산업 협력에 관한 공동성명〉

앞의 〈방위계획대강을 위한 제언〉에 등장한 일본경단련 방위생산위원회와 재일미국상공회의소 항공우주방위산업위원회의 공동성명(2012년 7월)을 살펴보자.[25]

머리말 "2011년 6월의 일미안전보장협의 위원회 공동성명은 더욱 긴밀한 양국 간 장비와 기술 협력이 강고한 동맹의 기초가 된다는 것을 확인했다." "2011년 말에 일본에서 무기 수출 3원칙 등의 운용에 관해 수정이 이루어진 것은 양국 방위산업 간의 제휴를 발전시키는 커다란 의의를 지닌다." 쌍방의 위원회 대표는 "양국의 방위산업 협력의 강화와 향상을 위해 2011년 말부터 관련 사항을 검토해왔다. ……무기 수출 3원칙 등의 운용 수정을 전제로 방위산업의 관점에서 양국의 협력 강화를 위한 과제를 공동성명으로 정리하는 바이다."

우선 일본과 미국 정부의 교섭을 통해 양국 방위산업의 장비와 기술의 협력이 추진되는 것을 확인했다. 거기에서 무기 수출 3원칙의 운용 변화가 가속화되었는데, 이를 더욱 대대적으로 추진하기 위해 이 공동성명이 나왔다. 관민 일체의 제휴라는 점이 강조되고 있다.

(2. 경위) "일본이 2010년 12월에 결정한 방위대강은 국제 공동 개발·생산에 참여함으로써 장비물품의 고성능화와 막대한 비용에 대응한다는 방향성을

제시했다. 1년 후 2011년 12월 27일 정부는 '방위 장비물품 등의 해외 이전에 관한 기준'을 발표했다. 이 기준으로는 무기 수출 3원칙 등에 관해 포괄적인 예외 조치를 실시하기로 했다." 양 위원회는 "이번의 수정을 획기적인 것으로 평가하고 있다. 참된 방위생산·기술 기반의 강화를 위해 앞으로 구체적인 제도 설계를 진행할 것이다."

(3. 일미방위산업 협력의 틀) (1) (공동 개발·생산의 중요성) "우리는 양국 간의 방위산업이 협력을 늘리고 그것을 위한 정책을 실시하는 데 네 가지 모델[26]을 활용할 것을 제안한다." (2) (공동 개발·생산에 대한 과제) "방위 장비물품 자체의 수출은 방위산업 기반을 강화한다는 목적과 아울러 국가안전보장 정책이나 국제적인 안전보장에 대한 공헌, 나아가 외향적인 견지도 충분히 고려하면서 정부의 명확한 방침 아래 추진해야 한다." "방위생산·기술 기반 전략 가운데 장비물품의 취득에 관한 국산이나 국제 공동 개발·생산에 관한 방침이 제시될 것을 기대한다."

이미 서술한 바 있지만, 무기나 무기 관련 기술을 수출하는 것을 원칙적으로 금지해온 일본의 무기 수출 3원칙은 이렇게 일미방위산업에 의한 장비의 공동 개발·생산 요구에 근거해 뒤집어진다.

적극적 평화주의에 근거한 정부개발원조

살펴보고 싶은 또 다른 문서는 일본경단련의 〈새로운 이념 아래 국제 협력의 추진을 바란다―정부개발원조ODA대강 개정에 대한 경제계의 생각〉(2014년 5월 13일)이다.[27] 특히 군사대국화와 깊이 연관 있는 부분에 주목해보자.

I. 머리말 "국제안전보장 전략을 둘러싸고 일본의 협력이 크게 중요해지고 있다. 치안 유지에 대한 협력, 테러 대책, 해상 교통로 방위, 사이버 안보 등 '안전'이라는 국제 공공재를 제공하여 국제사회에 공헌할 뿐 아니라 일본의 국민이나 기업이 안심하고 국제적으로 활동하는 기반을 조성하는 한편, ODA나 그 밖의 공적 자금의 활용을 요구하고 있다."

ODA는 '안전'을 위해 활용되어야 하며, 그것은 '국제 공공재'를 제공할 뿐 아니라 일본의 '기업'이 안심하고 국제적 활동을 펼치는 일로 이어진다. 요컨대 ODA는 '기업'에 봉사할 목적의식적인 과제로 삼아야 한다는 것이다.

II. 새 대강에 기입해야 할 이념과 방침

(1. 성장에 대한 공헌)

(2. 일본의 존재감 확대)

(3. 무역투자의 활성화와 비즈니스 환경 정비)

(4. 환경·에너지) "국가안전보장 전략(2013년 12월)에 기재되어 있는 대로, 에너지를 포함한 자원의 안정적 공급은 활력 있는 일본 경제에 없어서는 안 될 국가 안전보장의 과제이다. 이 점을 새 대강에도 기입해야 한다."

(5. 안전) "국가안전보장 전략은 국제협력주의에 근거한 적극적 평화주의 입

장에서 ODA를 전략적으로 활용해 안전보장 관련 분야를 지원할 것과 대처 능력이 불충분한 개발도상국을 지원하는 데 힘쓰고 국가안전보장의 관점에서 국제사회와 협력할 것을 바라고 있다. 국제적 이익과 국가의 이익을 양립시키는 관점에서 새 대강에 이 점을 기입하는 것이 꼭 필요하다. 또한 사면이 바다인 일본에서 무역 물자의 99.7%(중량 기준)를 담당하는 외항해운은 경제와 국민생활을 위해 중요한 역할을 짊어지고 있다. 국제 해상 수송을 뒷받침하는 항만 시설이나 해상 교통로의 안전 확보를 위해 연안 국가들과 협력 관계를 구축하는 일도 새 대강의 목표로 정해야 한다."

(6. 예산의 확충과 전략적 배분)

이 글은 '국가안전보장의 관점', '적극적 평화주의의 입장'에서 '국제적 이익과 국가의 이익'(실제로는 기업의 이익)을 양립시키는 관점에서 ODA를 실시해야 한다고 말한다. 외무성은 지금도 ODA를 "정부 또는 정부의 실시 기관에 의해 개발도상국이나 국제기관에 제공하는 것", "개발도상국의 경제와 사회의 발전, 복지 향상에 도움을 주기 위해 공적 자금을 활용하는 협력 행위"라고 설명한다. 그런데 일본경단련이 요구하는 앞의 사항을 보면, 안보 전략과 일본의 국익 및 기업의 이익에 따라 그 내용을 크게 변경하고자 하는 것이다.[28]

Ⅲ. 중점 지역

(1. 아시아)

(2. 중동) "중동 평화 문제, 이라크 정세 등 불안정한 요인은 변함없이 존재하

고 있고, 현행의 대강과 마찬가지로 사회의 안정과 평화의 안착을 위한 치안 대책 등을 지원한다는 취지를 기재해야 한다."

(3. 아프리카) "현행의 대강이 지적하는 바와 같이 분쟁이나 심각한 개발 과제가 있는 나라들이 다수인 상황이 계속되고 있어 각각의 수요에 따른 섬세한 대응이 요구된다."

(4. 중남미)

IV. 원조 정책의 입안 및 실시

(1. 정부의 전략적 집중에 대한 기대)

(2. 집행)

(3. 국제 협력에 종사하는 인재의 육성과 활용)

(4. 평가)

V. 결론을 대신하여 "종전에 협의된 ODA만으로는 개발도상국의 수요에 응하면서 일본의 국익을 확보한다는 윈윈win-win 관계를 구축하는 일이 불가능하다. 그래서 기동적이고 자유로운 발상에 의한 국제 협력을 추진하도록 'ODA'라는 말이 없는 대강에 대해 명칭 변경을 검토해도 좋지 않을까? 또한 앞으로는 수요의 변화에 따라 더욱 짧은 간격으로(예를 들어 5년마다) 대강을 수정할 것을 제안한다."

목석이 변했기 때문에 이미 대강의 명칭에 'ODA'라는 글자를 넣을 필요는 없다. 이 제안대로 아베 내각은 2015년 2월에 명칭을 '개발협력대강'으로 변경할 것을 결정했다. 외무성 사이트에는 "앞으로 이 대강에 따라 국제사회의 평화와 안정 및 번영의 확보에 한층 더 적극적으로 공헌하도록 개발 협력을 추진해가겠습니다"라고 쓰여 있는데, '협력'의 취지는 완전히 변해버렸다.[29]

우주의 군사적 이용

마지막으로 일본경단련의 〈우주 기본 계획을 위한 제언〉(2014년 11월 18일)을 살펴보자.[30]

(1. 머리말) "2008년에 시행된 우주기본법이나 2012년에 개정된 우주항공연구개발기구JAXX법에 의거해 안전보장을 목적으로 한 우주 이용이나 산업 진흥 관련법을 정비해나갔는데, 앞으로 이러한 분야에 대한 노력이 본격화될 것을 기대한다." "안전보장에 대해서는 작년 12월에 정부가 내각에 외교·안전보장 정책의 사령탑으로 국가안전보장회의를 설치하고, 같은 달 각의 결정에 의해 국가안전보장 전략 및 방위계획대강 안에 안전보장 분야에서 우주의 개발과 이용을 추진할 것을 제시했다." "올해 8월에 공표한 우주정책위원회 기본정책부회의 '중간 평가'에서는 안전보장 정책과 우주 정책의 제휴를 강화하고, 우주산업 기반의 지속적인 유지와 강화에 이바지함으로써 우주개발 이용의 기본 방침을 재구축할 필요성이 있다는 것 등을 지적했다."

(2. 우주정책위원회 기본정책부회의 '중간 평가'에 대한 평가) "횡단적 관점에서 검토해야 할 항목으로서 '우주를 활용한 일본의 안전보장 능력의 강화', '우

주 협력을 통한 일미동맹의 강화' ……를 다룬 점을 높이 평가한다."

(3. 새로운 우주 기본 계획의 양상) (1) (중요 과제) ① (안전보장의 강화) "일본을 둘러싼 안전보장 환경에 비추어 '중간 평가'에 제시된 안전보장 분야의 우주 이용을 강력하게 추진하고, C4ISR 기능을 강화함으로써 통합적이고 기동적인 방위력을 구축할 필요가 있다." "방위성의 운용 요구를 바탕으로 관측, 감시, 통신 등의 시스템에 대해 안전보장과 민생 분야의 양용 기술, 안전보장 분야에서 확립된 기술의 민생 전용, 합승 위성의 발사 등을 관계 부처가 손잡고 착실하게 밀고 나가야 한다." "안전보장에 이바지하는 위성 시스템을 계속적이고 안정적으로 이용하기 위해 위성의 항감성抗堪性* 확보나 통신 방해 대책의 강화도 필요하고, 나아가 우주 쓰레기 대책도 요구된다." "미국과 우주 협력을 추진하는 것에 대해서는 일미안전보장협의 위원회 공동성명에서 지적한 우주 상황 감시SSA, Space Situational Awareness나 해양 상황 파악MDA, Maritime Domain Awareness에 힘을 쏟을 필요가 있다." ② (우주산업의 진흥) "국가적으로 우주 정책의 자율성과 독립성을 확보하기 위해 우선 일본 우주산업의 기술과 생산 기반을 유지하고 강화할 필요가 있다." ③ (과학 기술력의 강화)

여기에서 언급되고 있는 C4ISR이란 Command(지휘), Control(통제), Communications(통신), Computers(컴퓨터), Intelligence(정보), Surveillance(감시), Reconnaissance(정찰)의 머리글자를 조합한 약어이다. "적의 상황을 정확하게 파악하고 아군을 적시에 적절히 운용

---

* 　　항공 기지나 레이더 사이트 등 군사 시설이 적의 공격에 견디며 자신의 기능을 유지하는 능력을 말한다.

하기 위한 기능"이라고 설명해놓았다. 방위성의 요구에 따라, 또 미국과 협력하면서 이 기능들이 충분히 발휘되는 우주의 개발과 활용이 필요한데, 그러려면 우주산업에 대한 지원이 필요하다고 되어 있다.

(2) (추진 체제의 강화) ① (우주개발전략본부에 의한 종합적인 정책의 추진) ② "안전보장 분야에서 우주개발전략본부는 국가안전보장회의나 종합해양정책본부 등과 긴밀하게 연대해야 한다. 또 성청 간에는 내각부, 내각관방, 방위성, 외무성 등 관계 부처가 제휴를 강화할 필요가 있다." ③ (우주항공연구개발기구 활동 추진) "2012년 7월에 시행한 우주항공연구개발기구법 개정의 취지에 따라 우주항공연구개발기구에 의해 안전보장 및 산업 진흥에 대한 노력을 추진해야 한다. 안전보장에 대해서는 방위성과 제휴를 더욱 강화한다."

우주개발은 국가안전보장회의와 긴밀하게 손을 잡고 이루어야 하고, 우주항공연구개발기구의 활동도 방위성과 협력을 강화하면서 펼쳐야 한다는 말이다.

(3) (공정표의 책정) "국민생활 향상이나 안전보장 확보, 국제사회 공헌을 위해 장기적인 우주개발 이용의 공정표를 책정해야 할 필요가 있다." "우선 2020년 도쿄올림픽과 장애인올림픽을 중요 목표로 삼아 일본의 존재감을 세계에 보여주도록 우주개발 이용의 실현을 지향해야 한다." ① (안전보장) "정보 수집 위성 시스템의 기능을 확충하고 강화해야 한다. 구체적으로는 현

행 광학위성 2대와 레이더 위성 2대로 이루어진 4대 체제에서 10대 체제를 실현함과 동시에 지상계의 정보 이용 시스템을 정비할 필요가 있다."" 또한 X밴드 통신 위성, 조기 경계 시스템, 정찰 위성, 전파 정보 수집 위성의 개발이나 정비, 촬영 빈도의 향상에 이바지하는 소형 위성의 활용이 필요하다. 비상시를 위한 즉응형 위성 발사 시스템도 정비해야 한다."" 우주 상황 감시를 위해서는 광학 센서나 레이더를 이용하는 감시 시스템을 구축해야 한다. 우주를 이용하는 국가가 증가하고 위성의 파괴 실험과 충돌 등에 의해 우주 쓰레기가 늘어나는 가운데 우주를 안정적으로 이용하기 위해 우주 쓰레기를 제거하는 기술 개발에도 힘써야 한다."" 해양 상황 파악을 위해서는 주관하는 성청을 명확하게 정하는 등 정부의 체제를 우선 정비한 다음, 위성을 효과적으로 이용하는 감시 시스템을 구축할 필요가 있다." ② (위치 파악) "현재 한 대가 운용되고 있는 준천정 위성quasi-zenith satellites*에 대해 우선 2018년까지 4대 체제를 정비하고, 그다음 2020년대 초에 일본 차원에서 자율적인 위치 파악이 가능해지는 7대 체제를 실현해야 한다."" 또한 안전보장 분야에서 준천정 위성을 활용하거나 고정밀도 위치 파악 기술로 새로운 산업을 창출하거나 아시아·태평양 지역에 서비스를 제공하기 위해 지상 시스템 혹은 어플리케이션과 일체화한 일괄 전개를 추진해야 한다." ③ (관측) ④ (통신·방송) ⑤ (에너지) ⑥ (유인有人 우주여행) ⑦ (우주과학) ⑧ (수송) "우주 수송 시스템은 일본이 인공위성 등을 자유자재로 발사하고 자율적으로 우주에 접근하도록 하기 위한 필수 기반이다."

---

* 　특정한 지역 상공에 장기간 머무는 궤도를 취하는 인공위성을 말한다. 보통 복수의 준천정 위성이 동일 궤도를 도는 한 그룹의 위성 성좌를 구성해 운용한다.

여기에서는 우주의 방위 개발을 통해 국력을 과시하는 기회로 도
쿄올림픽을 활용하고자 하며, 정보 수집(스파이) 위성을 비롯한 각종
위성의 증가, 우주와 해양 감시 등의 구체적인 방책을 서술하고 있다.
2014년 11월 이 문서의 내용을 죄다 흡수하는 형태로 아베 내각은
2015년 1월 '우주 기본 계획'을 결정했다.

재계의 의도와 딜레마

지금까지의 이야기를 통해 군사대국화의 길로 질주하는 아베 정권의 움직임에는 일본경단련을 비롯한 재계의 의향이 강하게 반영되어 있다는 사실을 똑똑히 알아차릴 수 있다. 보다 넓은 시각으로 재계의 의도와 바람이 지니는 위상을 확인하기 위해 간행 40주년을 맞이한 방위성의 《헤이세이 26년도판 일본의 방위—방위백서》(2014년 8월)를 소제목만 언급하며 소개하겠다. 앞에 내용을 요약해두었으므로 소제목만 언급해둔다.

제I부 일본을 둘러싼 안전보장 환경 : 개관, 미국, 북한, 중국, 러시아, 동남아시아, 중동과 아프리카에서 벌어지는 분쟁과 국제사회의 대응, 우주 공간과 안전보장, 사이버 공간을 둘러싼 동향, 군사·과학기술과 방위생산·기술 기반을 둘러싼 동향

제II부 일본의 안전보장·방위 정책 : 새로운 안전보장 법제를 정비하기 위한

기본 방침, 국가안전보장회의의 창설, 국가안전보장 전략, 새로운 방위계획대강, 신중기 방위력 정비 계획, 종합기동방위력 구축위원회, 헤이세이 26년도 방위력 정비, 방위비

제Ⅲ부 일본의 방위를 위한 노력 : 실행적 억제 및 대처(주변 해공역海空域의 안전 확보, 도서島嶼 방위, 탄도미사일 공격 등에 대한 대처, 사이버 공간에서의 대응, 각종 재해 등에 대한 대응, 재외 법인 등의 수송에 대한 대응), 일미안전보장 체제, 일미동맹 강화를 위한 노력, 재일 미군의 주둔, 아시아·태평양 지역의 다국간 안전보장 협력과 대화의 추진, 각국과의 방위 협력과 교류의 추진, 해적에 대처하기 위한 노력, 국제 평화 협력 활동을 위한 노력, 군비관리·군축·확산 저지를 위한 노력

제Ⅳ부 방위력의 능력 발휘를 위한 기반 : 방위생산·기술 기반과 방위 장비 물품 취득을 둘러싼 현황, 조달의 효율화 및 공정성·투명성 향상을 위한 노력, 방위 장비 이전 3원칙, 연구·개발, 방위생산·기술 기반의 유지와 강화를 위한 노력, 방위력을 떠받치는 인적 기반, 방위성·자위대와 지역사회·국민의 관계, 방위성 개혁

재계와 야스쿠니 사관의 모순

앞에서 지적했듯 아베 정권이 군사대국화의 길을 걷도록 내모는 힘은 단순하지 않다. 독자적인 세계 전략에 의거한 미국의 요청도 있

고, 그것에 응함으로써 자유로운 활동 영역을 확대하려고 하는 글로 벌 기업화한 일본 재계의 요망도 있으며, 또 군비 증강을 새로운 비 즈니스 기회로 활용하려는 일본과 미국의 군사 및 우주 산업계의 노 림수도 있다. 다른 한편으로는 이러한 요청을 통째로 받아들이는 동 시에, 일본의 전통과 역사를 오로지 야스쿠니 사관으로만 환원시킴 으로써 강권으로 '아름다운 나라 일본'을 창출하려는 아베 정권의 사상적 문제도 있다. 이런 가운데 서로 협조하면서도 일정하게 제동 을 거는 장치가 있다는 사실을 간단하게나마 언급했다.[31]

일미동맹 아래에서 집단적 자위권을 행사하는 데에는 야스쿠니 사관을 추구하는 논리가 내재해 있지 않다. 그럼에도 이것이 복고색 이 강한 아베 정권과 결합할 수밖에 없는 까닭은 이 정책을 수행하 는 유력한 정치 세력이 달리 존재하지 않기 때문이다. 그러므로 1차 아베 정권이 그러했듯이 아베 정권이 지향하는 '해외에서 전쟁하는 나라 만들기'가 안팎으로 숱한 비판에 내몰릴 때, 미국 정부나 일본 재계가 일본 정부를 향해 야스쿠니 사관을 전면에 내세우지 말라고 요구할 가능성은 적지 않다.[32] 이는 폭주하는 정권의 중대한 약점 중 하나가 되고 있다.

아베 정권에 대한 평가

이 글에서 소개한 재계 지도부의 군사대국화 방침이 반드시 재계 전 체의 완전한 합의를 의미하지는 않는다. 그런 점에서 일본경단련 국제경제본부가 2015년 1월에 발표한 '경제 외교의 양상에 대한 설문 조사 결과'는 매우 흥미롭다.

이를테면 "아베 정권은 국가안전보장회의나 경협 인프라 전략회의 등 다양한 시도를 전개하고 있다"고 말하고, 이 점을 어떻게 평가하느냐고 질문했다(124개 회사와 단체를 대상으로 했다). 그 결과로 나온 답변과 이유는 다음과 같았다.[33]

- 딱히 의견이 없다(42%)
- 긍정적으로 평가한다(41%, '일본의 존재감이나 브랜드 선전 효과는 분명히 관계 성청의 구체적인 추진력이 되고 있다', '일본 산업이 해외에 진출할 때 안전보장 등 환경을 정비하고 국가의 전략적 측면을 지원하고 있기 때문이다' 등)
- 높이 평가한다(14%, '정부가 전반적으로 인프라 시스템 수출을 추진하는 체제를 만들고, ODA 등을 수정함으로써 일본 기업을 지원하는 자세가 두드러진다')
- 부정적으로 평가한다(2%, '중국과 한국과의 관계가 악화된다')
- 아주 부정적으로 평가한다(0%)

가장 많은 답변은 '딱히 의견이 없다'는 것이다. 해외에 진출할 때 '안전보장'이 긍정적으로 평가하는 이유 중 하나이기는 하지만, 아베 내각의 안보 전략과 경제 외교를 결부짓는 데 대한 재계 개개인의 평가는 이 정도에 그치고 있다.

또한 해외의 위기관리 체제에 대해 일본 정부에 바라는 사항, 그중에서도 특히 근본적인 대책을 복수 답변으로 물었을 때, 답변은 다음과 같았다.

- 외교 실시 체제의 강화(50%)

- 각국 정보기관의 인사 교류나 자원의 중점적 배분(42%)

- 독자적인 대외 정보기관 설립(35%)

- 관저*의 사령탑 기능 강화(29%)

- 국민의 의식 개혁과 계발 활동 추진(27%)

- 기타(4%)

'헌법 개정'은 '기타'의 일부에 포함되었을 뿐, 해외에서 기업의 위기관리를 강화할 목적으로 헌법 개정을 주장하는 사람은 재계 내부에서 아주 소수일 뿐이다.

하나만 더 소개하자면 "경제 외교 추진 및 관민 제휴의 관점에서 아베 정권이 힘써야 할 과제는 무엇인가?"라는 물음에 조사 결과는 다음과 같았다(복수 답변 가능).

- 이웃 국가들과의 외교 안정화(55%)

- 환태평양경제동반자협정TPP을 비롯한 경제 제휴 추진(46%)

- 인프라의 해외 진출 추진(46%)

- 에너지와 자원의 안정적 공급 확보(31%)

———
*   정부 각 부처의 장이 집무를 보는 곳이다.

- 국제사회에서 일본의 존재감 향상(30%)

- 기타(22% 미만)

이렇게 보면 가장 다수를 차지한 답변은 중국과 한국을 비롯한 '이웃 국가들과의 외교 안정화'이다. 그 이유의 하나로 '이웃 나라들과의 상호 신뢰가 기업의 아시아 진출을 위한 바탕이기 때문'이라는 점을 들고 있다.

재계 사람 모두가 군사대국화를 강력히 원하는 것은 아니다. 또한 야스쿠니 사관으로 인근 국가들과 관계가 나빠지는 것을 받아들이는 것도 아니다. 우리는 이 점에도 주의를 기울이면서 일본이 평화의 나라로 나아가는 길을 모색할 필요가 있다.[34]

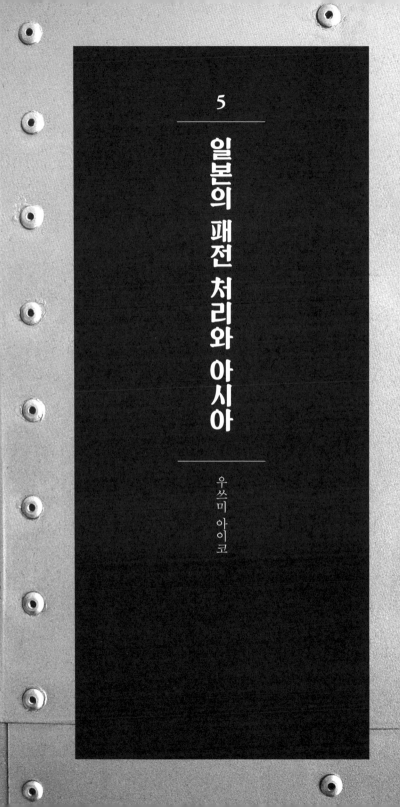

5

일본의 패전 처리와 아시아

우쓰미 아이코

전후 70년, 어물쩍한 사죄와 반성으로 문제의 해결을 미루어왔던 악순환을 벗어나 아시아의 피해자들에게 과거의 역사적 과실을 인정한 '깊은 반성'을 표하고 사죄한 다음, 개인적 배상을 시행하는 일이 필요할 것이다.

아베 총리가 이야기하는 '반성'

2015년 4월 22일 반둥회의 60주년을 기념하여 인도네시아의 수도 자카르타에서 아시아와 아프리카의 수뇌회담이 열렸다. 반둥회의는 1955년 4월 18~24일, 인도네시아의 스카르노, 인도의 네루, 이집트의 나세르, 중국의 저우언라이周恩來 등 아시아와 아프리카의 지도자들이 모인 역사적인 회의였다. 일본에서는 당시 경제심의청 장관이었던 다카사키 다쓰노스케高崎達之助가 참석했다. 29개국의 신흥독립국이 참가한 회의에서 채택한 '평화 10원칙'은 제3세계의 반제국주의와 반식민주의 연대를 외치는 것이었다.

빛나는 '반둥 정신'으로부터 60년이 흘렀다. 아베 총리는 4월 22일에 열린 수뇌회담에 출석해 연설했지만, 일본의 침략과 군사적 점령은 언급하지 않았다. 3년 반에 걸친 일본의 인도네시아 군정 기간에는 무슨 일이 있었을까?

"일본은 과거 대전大戰에 대한 깊은 반성과 함께 어떤 경우에도 반둥에서 확인된 이 원칙(침략 행위 금지, 분쟁의 평화적 해결)을 지키는 나라가 될 것이라고 맹세합니다."

아베 총리의 연설은 이렇게 끝나버렸다. '과거 대전에 대한 깊은 반성'이 과연 무엇인지, 어떤 역사적 사실을 염두에 둔 반성인지는 전혀 알 수 없다.

치유할 수 없는 아시아의 상흔

샌프란시스코 강화회의(1951년 9월) 석상에서 인도네시아 대표 악맛 수바르조는 일본 군정 시기에 4,000만 명의 인명 손실과 수십억 달러의 물질적 피해를 입었다고 연설했다. '노무자'(현지 말로는 일본어 발음 그대로 '로무샤'였다)로 강제로 끌려나온 주민, 보조병사로 일본군에 편입된 청년 등 수많은 인도네시아 사람이 일본의 전쟁에 동원당했다. 그중에는 아직도 생사를 알 수 없는 '로무샤'도 있다.

주민 동원의 대상은 남자만이 아니었다. 인도네시아에서도 각지에 위안소가 설치되었다. 인도네시아 동부의 아루 제도, 타님바르 제도 등에서는 대대가 주둔하면 마을의 여자들을 긁어모았다는 주민들의 이야기를 종종 들었다. 술라웨시 섬에서는 성폭력 피해자가 자신의 체험을 이야기하기 시작했다. 그들의 증언은 이제야 연구자들의 손에 의해 정리되어 자료로 엮어지고 있다. 플로레스 섬에는 '르마 메라(빨간 집)'라고 부르던 위안소가 있었다고 한다. 이 이야기를 해준 사람은 이 섬 출신의 파자자란 대학의 교수였다.

주민 학살도 있었다. 아라푸라Arafura해의 외딴 섬 바바르 섬에서는

240

주민 700명이 살해당했다. 전쟁 재판에서도 다루어지지 않았던 사건인데, 1968년 11월 23일자 〈아사히신문〉에서 "일본군, 주민 400명 학살, 인도네시아의 바바르 섬"이라는 제목으로 보도되었다. '병사·서민의 전쟁자료관' 주재 다케토미 도미오武富登巳男가 군 관계자가 소지한 자료를 입수해 학살의 역사를 낱낱이 파헤쳤다.

아라푸라해 고도에서 일본군은 왜 400명이 넘는 주민을 학살했을까? 그 의문을 풀기 위해 그가 동료 두 사람을 데리고 섬으로 떠난 것은 1992년 9월이었다. 비행기와 배를 갈아타고 마지막에는 어선을 전세 내서 하루 밤낮을 달려서야 겨우 섬에 도착했다. 전후 일본인이 방문한 것은 처음이라고 한다.

학살에 대한 섬사람들의 기억은 일본군의 보고와 달랐다. 바바르섬 남부의 엔프라와스 마을에서는 '일본군이 학살한 700명의 명부'를 만들어 704명의 이름을 기재했다. 이렇게 엄청난 사건이었는데도 종주국이었던 네덜란드가 벌인 전쟁 재판에서는 다루어지지 않았다. 물론 일본이나 인도네시아 정부의 배상도 없다. '망각에 묻혀버린 주민 학살'이다. 주민들은 사건을 기억하고 대학살이 있었던 날을 기념해 '1944년 10월 5일'이라는 노래를 지어 불러왔다. 학살의 역사를 슬픈 선율의 노래에 담아 기억해온 것이다.[35]

반둥회의의 평화 원칙 아래 일본은 '깊은 반성'을 맹세한다고 아베 총리는 말했다. 그러나 그 연설에 피해자를 향한 사죄는 없었다. 바바르 섬의 학살처럼 아직 기록으로 남아 있지 않은 일본군의 범죄가 아시아 각지에 묻혀 있다. 일본은 잊어버려도 피해자는 기억하며 이야기를 계속해왔다.

일본이 전쟁터로 삼았던 아시아. 일본은 아시아에 대한 전후 처리를 어떻게 해온 것일까?

2015년 4월 29일 아베 총리는 미국 의회의 상하원 합동회의에서 45분 동안 연설을 했다. 이 자리에서 그는 "우리의 행위가 아시아의 여러 국민에게 고통을 안겨준 사실을 외면해서는 안 된다"고 강조하면서 "통절한 반성을 가슴에 똑똑히 새겼다"고 말했다. 반둥회의에서 말한 '깊은 반성'도, 미국 의회에서 말한 '통절한 반성'도 영어로는 'deep remorse'라고 한다. 그래서 둘은 '같은 의미'로 인식한다고 한다(《도쿄신문》, 2015년 4월 30일자). 한편 remorse는 '송구스러웠다'는 감정을 표현할 뿐 '자기 검증'이라는 의미는 들어 있지 않다는 지적도 있다.[36]

미국 의회의 연설에서는 아시아에 고통을 안겨준 사실, 이른바 일본군 '위안부' 문제나 노무 동원, 강제 연행 등 일본군의 가해 행위를 '외면해서는 안 된다'고 했지만, 그것은 아베 총리의 자세를 표명했을 뿐이었다. 피해자에게 어떻게 사죄하고 어떻게 '화해'를 추구할 것인가? 가장 중요한 이 점에 관해서는 한마디도 하지 않았다.

그 대신 안전보장 법제의 관련 법안을 성립시킴으로써 일미동맹을 강화할 것을 적극적으로 이야기했다. 적극적 평화주의를 내걸고 세계적인 규모로 자위대의 미군 지원이 가능해지도록 전후 최초의 개혁에 착수한 아베 총리는 그해 여름까지 개혁을 이루어내겠다고 표명하며 법안 성립 시기까지 언급했다. 일본의 아시아 침략과 과거 청산에 대한 추상적인 언사와는 대조적으로 미군을 지원하는 일에는 덥석 내달리고 있는 것이다. 이미 2014년 7월에는 헌법 해석까지 변경함으로써 집단적 자위권 행사를 용인하는 각의 결정을 내린 바 있다.

'과거 대전에 대한 깊은 반성'이 무력행사를 동반한 적극적 평화주의와 한 몸이 되어 출범하려고 한다. 아베 총리의 반성에는 과연 어떤 속뜻이 담겨 있을까? 반둥회의나 미국 의회에서 연설한 내용을 참조해 아베의 '전후 70주년 담화'가 어떠한 역사 인식을 반영하고 있는지 주목할 필요가 있다.

역대 정권이 이야기하는 반성의 양상

과거 대전에 대한 반성은 패전 직후인 1945년 12월 6일 제국의회 결의에서도 언급한 바 있다. 그것은 바로 〈전쟁 책임에 관한 결의〉이다.

> 이번 패전이 초래한 바를 보건대 이 사태는 군벌 관료의 전횡에서 기인했음은 두말할 나위가 없다. 그렇지만 그들에게 아부하며 계책에 부응해 결국에는 국가와 국민이 전쟁을 강행하도록 내몬 정계, 재계, 사상계의 일부 인사들에게도 책임이 있다고 하지 않을 수 없다. 우리 입법부에 종사하는 사람도 조용히 과거의 행적을 반성하고 깊이 자숙·자계自戒하여 신일본 건설에 매진해야 한다. 이를 결의한다. 1945년 12월 6일.[37]

전범이 속속 체포당하는 가운데 이루어진 결의이다. 여기에는 의회가 무엇을 반성하고, 스스로를 경계해 어떤 '신일본 건설'로 나아가고자 했는지에 대한 구체적인 언급은 없다. 또한 침략한 아시아는 시야에 넣고 있지 않다.

역대 총리의 담화 중에 아시아에 대한 침략과 식민지 지배를 구체적으로 언급하면서 반성을 표명한 것은 전후 50년이 지난 시점에 발표한 무라야마 총리의 담화라고 할 수 있다.

"일본은 멀지 않은 과거 한 시기에 잘못된 국책으로 인해 전쟁의 길로 나아가 국민을 존망의 위기에 빠뜨리고, 식민지 지배와 침략으로 많은 나라, 특히 아시아 국가의 사람들에게 막대한 손해와 고통을 안겨주었습니다. 나는 미래에 이러한 잘못이 없도록 하기 위해 의심할 바 없는 역사적 사실을 겸허하게 받아들이고, 새삼스레 통절한 반성을 표하며 진심으로 사죄의 마음을 표명하는 바입니다."

무라야마 담화는 이렇게 과거의 식민지 지배와 침략을 직접적으로 언급했다.

이와 달리 아베 총리의 반성은 해석 개헌과 일체화한 안전보장 법제로 통하는 '반성'이다. 반성이라는 옷을 걸친 아베 총리의 역사 인식은 피해를 입은 중국이나 한국에 강한 경계심을 품은 채 긴장 관계를 고조시키고 있다.

전후에 일본이 반성하라는 압력을 받은 시기는 적어도 두 번 있었다. 한번은 극동국제군사재판, 이른바 도쿄재판이다. 모두 알다시피 도조 히데키 내각의 상공대신이었던 아베 총리의 조부 기시 노부스케는 당시 전범 용의자로서 스가모 구치소에 갇혔지만 기소당하지 않고 1948년 12월 24일에 석방되었다. 또 한번은 일찍이 아베 총리가 '주권 회복의 날'이라는 명목으로 국경일로 정하려고 했던 1952년 4월 28일 샌프란시스코 평화조약 발효일이다. 특명전권대사* 요시다 시게루가 "화해와 신뢰의 강화"라고 연설한 샌프란시스코 평화조약에서 일본은 도쿄재판의 판결을 승인했다(제11조). 그러나 샌프란시스코 평화조약을 조인하고 몇 시간 후에 요시다 시게루는 일미안전보장조약에 조인했다. 샌프란시스코 평화조약과 안보조약은 한몸이었고, 어느 쪽을 먼저 서명했다 한들 하등 이상하지 않았다. 의회에 동석한 외무성 조약국의 시니무라 구마오西村熊雄가 이렇게 인정할 만큼 일본의 주권 회복과 안보는 따로 뗄 수 없었다.

"화해와 신뢰를 전면에 내세우면서 일본이 적국 47개국과 강화를 맺은 그날, 일본 정부는 '전후 워싱턴이 교섭한 가장 불평등한 조약'이라고 평가받는 일미안보조약을 체결하고 미군의 무기한 주둔을 인정한 것이다."[38]

일미안보조약이야말로 이 강화에 숨겨진 미국의 '본심'이자 의지였다. 아베 총리는 미국 의회의 연설에서 일미 관계를 더욱 강화한 일미동맹을 추진하자고 역설했다. 그런데 일미 관계의 신시대를 여는 길이란 일본이 대미종속을 더욱 강화하는 길이 아닌가.

강화와 안보라는 두 기둥으로 지어 올린 샌프란시스코 체제는 한편으로 배상을 경감하고 전쟁 책임을 은근슬쩍 소멸시켜온 체제이

---

* 외교사절의 제1계급이다. 외국에 주재하며 자국 원수의 명예와 위엄을 대표해 주재 대사관의 장으로 외교 교섭 및 자국민의 보호를 맡는다.

기도 했다. 그리하여 일본은 오키나와를 버리고 아시아에 대한 배상을 변질시켜왔다. 그로부터 60년이 지난 오늘날, 일본은 일미동맹을 더욱 부동의 동맹으로 고착시키고자 안보 협력을 대폭 확대하고, 안전보장과 경제적 측면에서 아시아·태평양 지역을 주도하려는 자세를 강하게 내비치고 있다.

2015년 4월 28일 수뇌회담에서 아베 총리는 "예전에 적대국이었던 일본과 미국이 부동의 동맹국"이 되었고, "그 길이야말로 앞머리에 소개한 조부의 말씀(미국과의 제휴야말로 가장 중요하다는 기시 노부스케의 말) 그대로, 미국과 손을 잡고 서방 세계의 일원이 된다는 선택과 다름이 없습니다"라고 말했다. 그리고 "국제협력주의에 기초한 적극적 평화주의야말로 일본의 장래를 이끌어갈 깃발입니다"라고 강조했다.

중국이나 한국이 '적극적 평화주의'라는 말에 숨겨진 아베 정권의 본심에 민감하게 반응하는 것은 과거의 기억 때문만은 아니다. '깊은 반성'에서 배제당한 쓰라린 역사적 체험이 있기 때문이다. 우선 도쿄 재판에서는 일본의 식민지 지배가 다루어지지 않았다. 더구나 피해 당사국은 샌프란시스코 강화회의에 초대받지도 못했다. 침략 전쟁의 역사적 청산을 논의하는 회의에서 피해를 입은 나라는 의견도 표명할 수 없었을 뿐 아니라 '적극적으로' 배제당해 참석할 수조차 없었던 것이다.

그 후 두 나라 사이에는 평화조약이 체결되었지만, 그것은 각각의 피해국은 참가할 수 없었던 샌프란시스코 평화조약의 틀 안에서 체결된 것이었다. 어째서 아직껏 아시아의 피해자들은 사죄와 보상을 요구하는가? 피해 국가를 배제한 강화회의에서는 무엇을 논의했고 결정했는가? 누구와 강화를 맺었는가? 한국이나 중국과 역사 인식을 둘러싼 긴장이 계속되는 지금, 냉전 전후 처리의 시기로 거슬러 올라가 이런 문제들을 생각해보자.

일본은 누구와 전쟁을 했는가

아시아태평양전쟁의 교전국

1941년 12월 8일 일본은 미국, 영국, 영연방(캐나다, 오스트레일리아, 남아프리카, 뉴질랜드 등)에 선전포고를 했다. 1945년 8월 14일 미국, 영국, 중국, 소련에 포츠담선언의 수락을 통고하기까지 일본은 3년 8개월 동안 태평양의 전쟁터에서 연합군과 사투를 벌였다.

미국, 영국, 중화민국 세 나라가 포츠담선언을 일본에 통고한 것은 1945년 7월 26일이었다. 당시 스즈키 간타로鈴木貫太郎 총리는 28일 기자회견 석상에서 이를 '묵살한다'고 말했다. 일본의 동맹통신사는 이를 'ignore'라고 번역해 보도했다. 하지만 미국의 AP통신사와 영국의 로이터통신사는 '거부'라는 뜻의 'reject'라고 번역했고, 해외 신문들은 "일본, 포츠담선언 거부"라는 소제목으로 보도했다.

일본이 선전포고를 한 것은 미국과 영국 등이지만, 일본에 선전포고를 한 나라는 34개국에 이른다. 개전 이틀 후인 1941년 12월 10

일에는 런던에 망명정부를 수립한 네덜란드가 일본에 국교 단절을 통고했고, 나중에는 선전포고를 했다. 외무성 자료에는 일본의 적대국 및 외교 단절 국가 34개국이 열거되어 있다. 쿠바, 멕시코, 아이티, 파나마, 이란, 이라크, 사우디아라비아 등이다.

충칭의 중국 국민정부, 유고슬라비아, 프랑스의 드골 정권, 폴란드, 에티오피아, 체코슬로바키아, 이탈리아의 바돌리오 정권도 일본에 선전포고를 했다. 하지만 일본은 이들 정권의 선전포고를 '무시'했기 때문에 외무성 자료에는 적국으로 올라 있지 않았다. 상하이의 대한민국 임시정부도 선전포고를 했지만, 외무성 기록에는 없다.

소련은 일본으로부터 종전을 중개해달라는 타진을 받았지만, 일본의 'ignore' 발언 후 7월 26일자 연합국 선언에 가입하고, "8월 9일부터 일본과 전쟁 상태에 있다고 간주할 것을 선언"하면서 포츠담 선언에 가담했다. 이로써 소련은 일본의 34번째 적국이 되었다. 소련의 참전은 시베리아 억류,* 중국 잔류 고아** 등 오늘날까지 이어지는 문제를 낳았고, 소련의 한반도의 점령은 한반도 분단을 초래한 원인이 되었다. 미국은 일본의 'ignore' 발언 후 무차별 폭격을 속행했고, 히로시마와 나가사키에 원자폭탄을 투하했다. 포츠담선언의 통고에서 수락에 이르는 기간의 정부 대응은 이렇게 어마어마한 문제를 남겨놓았다.[39]

---

* 2차 세계대전이 끝난 뒤 무장해제하고 투항한 일본군 포로가 소련에 의해 시베리아의 노동력으로서 이송, 격리되어 장기간 억류 생활과 강제 노동을 당한 일을 말한다. 일본에서 통용되는 명칭이다.
** 2차 세계대전 말기에 소련군 침공과 관동군 철수에 의해 일본으로 귀국하지 못하고 중국 대륙에 남게 된 일본인 고아를 말한다.

미국과 영국에 선전포고를 한 일본에 대해 전 세계 나라들이 선전 포고를 했다. 그들은 1942년 1월 1일 영미의 대서양 헌장을 바탕으로 한 '연합국 공동선언'에 서명한 나라들이다. 이 선언은 독일, 일본, 이탈리아와 단독으로 휴전 또는 강화를 맺지 말라고 정해놓았다. 여기에는 중화민국도 서명했다. 전후에 체결된 강화도 이들의 공동선언에 서명한 적국과 교전국을 중심으로 이루어졌다.

1951년 9월 샌프란시스코 강화회의에는 이 적국들이 참가했을 뿐 아니라 새롭게 독립한 연합국의 식민지도 참가했다. 한편 중화인민공화국이나 중화민국은 참가하지 않았다. 포츠담선언을 통고한 4대국 중 하나인 중화민국이 왜 강화회의에 참가할 수 없었을까?

영국, 미국, 프랑스, 네덜란드의 식민지로부터 독립한 아시아 국가들은 회의에 참가해 일본이 끼친 피해를 토로하며 배상을 요구했다. 하지만 일본의 식민지였던 한국과 북한은 참가할 수 없었다. 과연 누구와 강화를 맺고 전쟁 상태를 종결시켰을까? 여기에는 개전 전에 있었던 일본, 독일, 이탈리아의 삼국동맹과 냉전 속 동서 대결이라는 상황이 복잡하게 얽혀 있다.

특히 아시아태평양전쟁이 벌어지자마자 일본은 중국 침략 때와는 다른 문제에 부딪혔다. 바로 구미 열강의 식민지 지배라는 문제였다. 태국을 제외한 동남아시아 나라들은 구미의 식민지였다. 이것을 계산에 넣은 일본은 남진하는 일본군이 '아시아 해방의 성전聖戰'에 나선 것이라고 선선했다. 이 대의명분은 독립을 원하는 아시아 사람들의 열망에 부응했을 뿐 아니라 중국 침략으로 인한 일본 내의 숨 막

했던 분위기를 날려주었다.

　진주만 공격에 열광한 것은 일본 민중만이 아니다. 요시카와 에이지吉川英治, 다카무라 고타로高村光太郎, 무샤노코지 사네아쓰武者小路実篤, 사토 하루오佐藤春夫, 미요시 다쓰지三好達治, 오키 아쓰오大木敦夫 등 문학자들도 '아시아 해방의 성전'에 호응하는 글을 발표했다. "아시아의 하늘은 우리의 하늘"(미요시 다쓰지), "나는 가노라, 바타비아*의 마을로. 너는 반둥으로 잘 가게나"(오키 아쓰오)라고 읊조리며 "흥아興亞의 개가를 올리자"고 노래한 일본인들은 '아시아 해방'이라는 기분 좋은 슬로건에 취했다. 실제로 자바처럼 남진하는 일본군을 해방의 군대라고 환영한 곳도 있었다.

　그러나 아시아 사람들은 일본군의 점령을 받으며 점령의 실태와 슬로건 사이의 괴리를 목도했다. 점령 체험을 통해 해방의 허구를 깨달은 사람도 숱했다. 다만 점령의 실태를 알지 못했던 대다수 일본인은 이 괴리를 알지 못한 채 패전을 맞이했다.

포로 학대를 심판하다

1941년 12월 8일 일본군은 영국의 식민지 말레이반도에 상륙작전을 펼쳤다. 2월 15일에는 동남아시아 지배에 영국의 아성이었던 싱가포르를 점령했다. 그때 대략 8만 5,000명이나 되는 영국령 인도군이

---

*　　네덜란드가 지배했던 시절, 인도네시아의 수도 자카르타의 명칭이다.

투항했다.

　필리핀에서는 이듬해 4월 9일 바탄반도를 점령했다. 에드워드 킹 소장이 이끄는 미국령 필리핀군 약 7만 6,000명이 포로로 잡혔다. 미국을 방문한 아베 총리가 2015년 4월 29일 워싱턴에서 주최한 식사 모임에 레스터 테니를 초대했는데, 그는 바탄에서 포로로 잡혔던 미국인 병사였다. "일본군에게 모진 대우를 받은 포로에게 보상의 의향을 보여주기 위해" 그를 초대했다고 한다. 미국인 포로에 대한 학대를 인정하고 잘못을 갚기 위해 만찬회에 초대한 것이다.

　인도네시아에서는 네덜란드령 동인도군이 주체인 극동지역연합군 the joint American-British-Dutch-Australian army(ABDA군)과 전투를 벌였다. 그들은 1942년 3월 일본군에 무조건 항복했다.

　남방작전이 일단락 지어진 1942년 3월, 일본군에 투항한 연합국 병사는 25만~30만을 헤아렸다. 또한 점령 지역에는 구미의 본국인들이 살고 있었다. 네덜란드령 동인도*에만 해도 적국인 민간인이 9만 명이나 있었다. 이 적국인들을 어떻게 대우할 것인가가 커다란 문제로 떠올랐지만, 개전 직후 일본에는 그들의 처우 문제를 해결할 제도나 인원이 부족했다. 1941년 12월 25일, 홍콩의 영국령 인도군이 항복하고 만 명이 넘는 병사가 투항했다. 기존의 병사兵舍에 수용한 그들에 대해 일본군은 제대로 손을 쓸 수 없었다. 캐나다인 포로였던 케니스 테니는 그때의 혼란스러운 모습을 이렇게 기술하고 있다.

＊　　인도네시아의 옛 이름이다.

캠프에는 물이 없다. 식량도 없다. 숙소는 열악하다. 담요도 없다. 콘크리트 바닥에서 그대로 잤다. 변소도 없다. 바다를 향해 배뇨하고 철망에 매달려 배설했다. 이질이 발생했다. 식사는 하루에 기껏해야 900~1,000칼로리의 양뿐이다. 굶주림은 발 저림이나 각기脚氣*, 평형감각 상실, 실명이나 시야협착 같은 증상을 일으켰다. 그런데도 포로의 사기가 높았던 까닭은 몇 개월만 버티면 미국과 영국의 군대가 해방시켜줄 것이라고 굳게 믿었기 때문이다.[40]

9만 명이 넘는 영국령 인도군이 포로가 된 싱가포르에서도 비슷한 혼란이 발생했다. 일본군은 투항한 장병에게 탈주하지 않겠다는 선서문을 강요했다. 케네스 테니가 투항한 필리핀에서는 바탄반도를 도보로 이동해야 했다. 물자가 부족한 상태에서 수용소까지 머나먼 길을 걸어야 했던 포로들은 질병과 영양실조로 시름시름 죽어갔다. 이것이 '바탄 죽음의 행진'이다.

각지에서 투항한 병사들이 이런 처우를 받고 있다는 사실이 전 세계에 알려졌다. 영국의 앤서니 이든 외상은 의회에서 이에 항의하는 연설을 했다. 이 연설 방송은 미국과 영연방 등에도 흘러나갔고, 일본군이 포로를 학대한다는 사실이 연합국 사이에 퍼져나갔다. 1944년 1월 말에는 골든 할이 미국의 이름으로, 앤서니 이든이 영국의 이름으로 일본군 포로 학대에 대해 항의 성명을 발표했다.

1945년 2월 미군이 필리핀 포로수용소를 해방시켰다. 약 800명

---

* 　다리가 나무처럼 뻣뻣해지고 힘이 없어지는 병이다.

의 포로는 거의 전원이 장애를 입고 심한 중병에 시달리고 있었다. 충격을 받은 맥아더는 일본에 책임을 추궁하겠다고 밝혔고, 1944년 2월 5일 외무성에 18개조에 이르는 항의서를 전달했다. 10월에는 연합군 총사령관의 이름으로 일본에 항의했다. 항의를 받은 일본은 세계를 향해 '사실무근'이라는 방송을 내보냈지만, 패전을 맞이할 때까지 세계의 통설을 뒤집기는 어려웠다.[41]

1942년 10월 7일 영국, 미국, 오스트레일리아, 중국 등이 런던에서 연합국 전범조사회를 설립하고 일본의 전쟁범죄 조사에 착수했다. 포로 학대를 중심으로 증거를 모으는 한편, 항의에 대한 일본의 회답, 도망친 포로와 주민의 정보를 준비하고, 나아가 수용소의 항공사진까지 촬영했다. 일본의 점령지에 세워진 포로수용소의 위치와 수용되어 있는 포로의 국적별, 계급별 인원수도 조사했다. 그리고 포로를 사역한 기업의 리스트도 작성했다.

전범조사위원회의 조사는 포츠담선언에 반영되었다. 제10항에는 "우리 포로를 학대한 것을 포함해 모든 전쟁범죄를 엄하게 심판한다"는 조항이 있다. 연합국은 포로 학대를 중심으로 한 전쟁범죄를 신랄하게 단죄하겠다는 방침을 일본에 통고했다.

1945년 8월 9일 궁중의 방공호에서 열린 어전회의에서 스즈키 간타로 총리는 "전쟁범죄자는 일본 정부에서 처리해야 한다"고 언급했고, 육군대신, 참모총장, 군사령총장도 "국내에서 처리해야 한다"고 제안했다. 정부와 군부는 연합국의 전쟁범죄 추궁을 회피하고자 하면서도 포로 학대 문제는 거의 중시하지 않았다.[42]

일본과 대조적으로 연합국 측은 포로 학대를 중대한 전쟁범죄로 간주했다. 그렇기 때문에 전쟁 종결 후 일본에 제출을 강요한 자료들과 더불어 철저한 조사를 시행했다. 패전할 무렵 일본 국내에만 34,152명(연합국에 인도할 때의 인원수)의 포로가 약 130군데의 수용소에 수용되어 있었다. 연합국은 수용소의 지붕에다 검은색 바탕에 노란색으로 'POW(전시 포로)'라는 대문자를 쓰게 하고, 8월 26일부터 그곳에 정식으로 식량, 의약품, 일용품 같은 물자를 항공기로 투하했다. 일본이 점령한 아시아 각지의 포로수용소에도 거의 비슷한 시기에 식량 등 물자를 투하하기 시작했다.

9월 2일 '항복 문서'의 조인이 이루어지자 연합군 최고사령관은 '일반명령 제1호(육해군)'에서도 포로에 대한 완전한 정보 제공을 명하고, 9월 22일까지 일본 내에 있던 포로 전원을 돌려보내도록 했다. 포로를 인도할 때에는 이익 대표국이나 적십자의 상근자들이 입회해 명부와 일일이 대조함으로써 한 사람이라도 형무소나 병원에 남아 있는 일이 없도록 지시했다. 연합국은 포로의 생존을 걱정했다. 패전과 동시에 일본군이 포로를 모두 죽일 거라고 생각했기 때문이다. 지금도 예전에 포로였던 사람 중에는 이러한 '전원 살해' 방침을 믿고 있는 사람도 많다. 연합군이 무슨 수를 쓰더라도 우선적으로 포로를 구출하려고 하는 만큼 수용소에는 긴장감이 감돌았다.

미국 헌병사령관 아처 러치 소장 등의 의견을 들은 포로정보국 장관 다무라 히로시田村浩 중장, 오다지마 가오루小田島薫 대좌 등은 일본의 포로 취급이 '전체적으로 낙제점'이었다는 것을 자각했고, 포로 취급에 대해 "육군에서는 근본 방침이 어디에서 나왔는지를 따지기보다 스스로 책임지는 태도가 절대적으로 필요하다"고 말했다. 패전 후에도 그들은 포로 문제를 강 건너 불구경하듯 보고 있던 책임자에게 "상대는 그냥 넘어가지 않을 것", "포로 문제를 은근슬쩍 넘어갈 수 있다고 생각하는 사람은 바보 같은 꿈을 꾸는 부류뿐"이라고 단언했다.[43]

점령군이 쉴 새 없이 지령을 발표해 포로를 구출하고 이송했는데 포로에 대한 일본 정부와 군부의 관심은 얄팍했다. 국민의 관심도도 마찬가지였다. 연합군 총사령부는 포로의 신병을 확보함과 동시에 도조 히데키 등 1차 전범 용의자에 대해 체포 지령을 내렸다. 이때 도쿄포로수용소 소장 등 수용소 관계자도 체포했다. 전쟁을 지도해온 정치가와 군인과 함께 도쿄에서는 포로수용소 소장, 하사관, 군의관이 구속당했다. 이는 연합군이 얼마나 포로 학대 문제를 중시했는지를 보여준다.

포로는 누구인가

1941년 12월 23일 일본은 '포로수용소령'을 공포하고, 같은 달 27일에 포로정보국을 설립했다. 하지만 관리 기구와 설비조차 갖추지도 못했는데, 12월 25일 홍콩에서 영국령 인도군이 항복하는 바람에 앞서 말한 혼란이 벌어졌다. 남방작전이 일단락을 맺은 1942년 3월에는 포로 수가 25만~30만에 달했다. 예상하지도 못한 수의 장병이 투항한 것이다.

현지의 일본군은 포로들을 '인종별, 국적별, 계급별'로 분류했다. 그 결과 백인 병사가 135,309명, 식민지의 아시아 병사가 162,226명이었다. 백인과 아시아인의 분류 기준이 반드시 명확한 것은 아니었지만, 대체로 국적, 피부색, 용모 등을 기준으로 삼았다고 여겨진다.

포로 한 사람 한 사람의 명명표를 만들고, 거기에 이름, 국적, 계급, 포획 장소, 직업 등을 자세하게 기재했다. 그중 특기사항 항목에 피부색과 머리카락 색깔, 높은 코 같은 신체적 특징을 써 넣었다. 아마도 국적과 신체적 특징을 근거로 백인과 백인 이외의 병사를 분류했을 듯하다. 그러나 네덜란드령 동인도군 중에는 인도네시아인과 네덜란드인 사이의 혼혈인 병사가 있었고, 그들의 용모는 인도네시아인과 비슷했지만 네덜란드 국적을 갖고 있었기 때문에 이러한 구별에는 애매모호한 점이 있었다고 할 수 있다.

이 분류를 바탕으로 1942년 5월 5일 일본 육군성은 투항한 병사들을 등록하고, 백인 포로를 생산 확충 및 군사상 노무에 활용한다는 방침을 세웠다. 포로 중에는 공장 노동자와 기술자, 아나운서도 있었다. 기술자가 부족했던 일본은 이 포로들의 노동력에 기대를 품고 9월부터 일본으로 이송하기 시작했다. 포로는 탄광이나 항만뿐 아니라 니가타철공, 쇼와전공電工, 미쓰비시조선, 일본강관鋼管, 일본제철 등의 공장에 파견했다. 아자부麻生탄광에도 오스트레일리아인 포로가 연행되었다.

일본 국내에는 포로 노동자에 대한 수요가 많았지만 선박을 조달하는 일은 어려웠다. 패전 때까지 일본으로 이송된 포로 24,152명 가운데 사망자는 4,315명에 달한다.

도저히 다 수송할 수 없는 백인 포로는 일본이 점령하고 있던 이른바 '대동아공영권' 각지의 포로수용소에 수용했다. 이때 포로를 감시하기 위해 모집한 것이 조선인과 대만인의 군속이다. 자바, 말레이시아, 태국의 수용소에는 조선인을, 보르네오와 필리핀의 수용소에는 대만인을 배속했다.

남방의 점령지에서는 이 포로들을 동원해 대규모 공사를 벌였다. 인도네시아 동부에 위치한 산호초 섬들(암본 섬, 하루쿠 섬, 플로레스 섬)의 비행장 건설, 수마트라 횡단철도, 그리고 '죽음의 철로'라 불리던 태면철도 건설 등이다. 태국과 미얀마를 잇는 약 415킬로미터를 1년도 채 못 되는 기간에 완성한 태면철도 건설에는 백인 포로와 아시아인 노동자가 동원되었다. 포로 55,000명 중 약 11,224~16,000명이 사망했다. 그중에서도 F포스(오스트레일리아인 3,662명, 영국인 3,400명으로 편성된 부대)의 사망률이 높았다. F포스의 포로 7,062명 중 3,096명이 사망했으니 사망률이 34.8%나 된다.[44] 아시아인 노동자의 희생자 수는 약 3만~6만 명에 이르는데, 정확한 수는 아직껏 밝혀지지 않고 있다.

건설에 동원된 포로를 감시한 사람은 조선인 군속이다. 그들은 수용소의 일본인 장교 등과 함께 전후에 포로 희생에 대한 책임을 추궁당했다.

무의미한 죽음을 강요당한 전쟁터도 있다. '산다칸 죽음의 행진'이다. 북보르네오의 산다칸에 있는 보르네오 포로수용소(소장은 스가 다쓰지菅辰次 대좌)에는 오스트레일리아인과 영국인 포로 2,434명이 수용되어 있었다(1945년 1월 기준). 포로들은 공습이 격렬해지는 가운데 260킬로미터 떨어진 라나우로 이동하라는 명령을 받았다. 열대 정글의 행군으로 인해 1,074명이 사망했고, 산다칸에 남겨진 포로 1,381명도 굶주림과 폭력으로 전원 사망했다. 살아남은 사람은 행진 중 도망친 6명뿐이었다. 가히 참상을 짐작할 만하다.

전후 오스트레일리아는 '죽음의 행진'과 '포로 말살'에 대한 책임을 추궁했다. 전쟁 재판 결과, 3명이 사형 선고를 받았고 행군에 동행한 대만인 군속도 전범으로 취급받았다.

왜 이토록 심각한 희생이 일어났을까?

"일본 정부는 근대 전쟁으로 인한 포로라는 관념이 없었다. 포로를 인간 이하의 존재라고 따로 떼어 생각했다."

1938년 외무성에 입성했던 나카야마 요시히로中産賀博는 1994년 3월 23일 도쿄에서 한 인터뷰에서 이렇게 말했다. 전후 베트남 대사와 프랑스 대사를 역임한 그조차 관료가 되었을 당시에는 '포로는 살아서는 안 되는 사람'이라는 사고방식을 갖고 있었기에 포로 문제는 거의 염두에 두지 않았다고 한다.

외무성에는 개전 직후부터 연합국의 항의가 빗발쳤다. "포로 취급에는 주의를 기울여야 한다. 인도적으로 처우해야 한다"는 국제법학자 시노부 준페信夫淳平의 이야기를 듣고, 나카야마 요시히로는 일본 국내의 포로수용소를 방문했다. 수용소 직원 중에는 외국어를 약간

구사할 줄 아는 사람도 많았다. 제네바조약을 알고 있으면서도 이런 말을 하기도 했다.

"포로는 본래 보호할 가치가 없는 인간이지만 외무성이 조심스럽게 다루라고 하는 것은 적국의 마음을 헤아려 평화의 방향으로 나아가겠다는 뜻이겠지요?"

나카야마 요시히로는 이때 새삼스럽게 포로에 대한 개념 차이를 느꼈다고 말했다. 전쟁범죄에 대한 인식의 차이야말로 전후 전쟁범죄를 추궁하거나 전쟁 책임을 지는 방식에 커다란 차이가 생기는 원인이 된다.

아시아인 병사의 해방

일본군에 투항한 연합국 병사의 과반수를 차지했던 아시아인 병사(식민지 출신자)는 어떠한 처우를 받았을까?

많은 포로를 제대로 감당할 수 없었던 일본은 노무에 필요 없는 아시아인 병사를 '해방'시켰다. 글자 그대로 해방시킨 포로도 있지만, 국제법이 정해놓은 대로 처우해야 할 포로의 신분에서 해방시킨 다음 곧장 노동자로 동원한 경우도 있다. 노동자라면 국제법에 구애받지 않고 무제한으로 혹사시킬 수 있기 때문이다.

영국령 인도군 병사의 경우에는 인도 국민군에 편입된 사람, '특수 노무대'로 태면철도 관련 노동에 동원된 사람, 특무기관이나 각 군의 노무자로 팔려 간 사람 등 현지 노무의 수요에 맞추어 '사용'되었다.

자바에서는 대규모 공사가 없었기 때문에 네덜란드령 동인도군의 인도네시아인 병사를 해방시켰다. 그중에는 일본군의 보조병사로 채용된 사람도 있었다.

필리핀에서는 〈아사히그래프〉(1942년 7월 29일호)가 "기쁜 가석방, 온정에 눈물 흘리는 필리핀 병사와 그의 가족"이라는 제목의 사진을 게재하기도 했고, 필리핀 병사 3,000명의 가석방을 "필리핀 섬 석방 포로 선언"이라는 소제목으로 보도하기도 했다(《아사히신문》, 1943년 3월 18일자). 이 보도들에서 알 수 있듯 아시아인 포로의 해방은 '아시아 해방의 성전'을 선전하는 프로파간다에 더할 나위 없는 소재였다.

적국에 거주한 연합국 민간인

2차 세계대전에서는 국경을 넘나들며 살아가던 민간인이 적과 아군을 불문하고 전쟁에 휩쓸렸다. 예를 들자면 일본인 해외 노동자와 이민 노동자는 미국이나 오스트레일리아 등지의 수용소에 수용되었다. 일본의 선전포고로 적국이 된 나라에 거주하던 일본인은 수용당하거나 감시를 받는 처지에 놓였다.

일본이 점령한 곳에도 적국인이 있었다. 필리핀에는 미국인이 10,400명, 말레이시아와 버마 등에는 14,000명이 넘는 영국인, 네덜란드령 동인도에는 네덜란드인과 인도브랜드라 불리는 혼혈 네덜란드인 등이 약 10만 명이나 살고 있었다. 이 적국인들을 어떻게 처우해야 하는지, 전쟁이 발발한 당시에는 그것을 정해놓은 국제법조차 없었다. 일본은 포로 취급에 관해 규정해놓은 제네바조약을 이 민간인들에게도 준용할 것을 연합국에 통고했다. '일반인 포로'로 취급하겠다는 뜻이었다.

하지만 전황이 악화되자 그들에 대한 처우도 나빠졌다. 독일 강제수용소의 참상은 잘 알려져 있는데, 일본 수용소에서도 그에 못지않은 폭력과 학대에 시달리던 사람들이 천천히 아사의 길로 내몰렸다.

수많은 적국인이 살고 있던 자바의 경우, 일본군은 인도네시아 사람들을 제외한 17세 이상의 외국인 남녀에게 외국인 거주등록과 '성의의 선서'라는 의무를 부과했다. 그들은 이름, 연령, 현주소, 국적, 직업, 체류 기간, 가족관계를 신고해야 하는 한편, 얼굴 사진을 붙이고 엄지손가락의 지문을 찍은 '외국인 거주등록 선서증명서'를 휴대하고 다녀야 했다. 그 증명서에는 "대일본군에 대해 성의의 선서를 해야 한다", "늘 소지하고 다녀야 한다"라는 글귀가 쓰여 있었다. 등록할 때에는 소지하고 있는 돈의 액수까지 말해야 했다고 한다. 난인蘭印*은행은 일본군이 점령한 후 폐쇄됐다.

1943년 11월 제16군은 자바섬에 거주하는 민간인 69,779명을 세군데로 나누어 수용했다.[45] 그중 하나가 자카르타의 마을에 있었던 치덴 군억류소였다. 그곳은 "지금도 그 지명을 들으면 등골이 오싹하다"는 말이 나올 만큼 가혹했다. 전후에 수용소를 해방시킨 연합국 최고사령부 법무부 영국 부장 콜린스 중좌는 이렇게 증언했다.

———

* 　　네덜란드령 동인도라는 뜻이다.

262

"여자들은 굶주림에 심하게 시달려 굶주림을 해소하는 일 외에는 전혀 반응하지 않았고, 물건을 소유하려는 집착이 비정상적이었다."[46]

치덴 군억류소는 그야말로 최악이었다. 억류소를 지배한 것은 공포였다. 절대 복종이라는 명령 아래 수용자들은 마치 소나 말 취급을 받았다. 매일 아침과 밤이면 광장에 집합해 인원수를 확인하는 점호를 받기 위해 줄을 서야 했다. 점호가 끝나면 아침밥을 먹기 위해 또 줄을 섰다. 아침밥이라고 해봐야 타피오카*를 삶은 것을 조금 줄 뿐이었다. 점심과 저녁에는 시금치 비슷한 야채인 칸쿤과 쌀이 나왔다. 낫토와 비슷하게 콩을 발효시킨 템페는 2주일에 한 번밖에 나오지 않았다. 설탕도 부족했다. 끊임없이 기아에 허덕였다. 담뱃갑에 소금과 후추를 모아두었다가 그것을 핥으며 배고픔을 견딜 때도 있었다. 위생 상태는 나빴고 백일해, 아메바이질, 말라리아, 간염, 정신병 등 여러 가지 질병이 창궐했으며, 극심한 환경 변화를 이겨내지 못한 고령자와 아이들이 질병에 희생당했다.

10,200명이 살고 있던 수용소의 정화조는 금세 가득 찼다. 도랑을 파고 국자나 양동이로 배설물을 퍼서 거기로 흘려보내는 일도 수용소 사람들이 해야 할 일이었다. 1주일마다 당번이 돌아왔는데, 일을 끝내도 손을 씻을 물이나 비누가 없었다. 패전이 가까워질 무렵에는 하루의 물 할당량이 한 컵에 불과했다. 겨우 물 한 컵으로 목을 축이고 세탁을 하고 몸을 씻는 일을 다 해결해야 했다. 모두들 묵은

----

*   카사바 뿌리에서 얻는 전분이다.

때가 덕지덕지 끼었다. 한 사람이 문제를 일으키면 전원에게 식량 지급을 줄이는 벌을 내렸다.[47]

억류자의 시선으로 본 일본군

육체적으로나 정신적으로나 저항력이 떨어진 수용자들은 사소한 일에도 감정적으로 동요했고 불안에 떨었다고 한다. 12세부터 15세까지 감수성이 예민한 시기를 중부 자바의 스마랑에 있는 소년 수용소에서 보낸 마휴는 당시의 나날을 선명하게 기억했다. 다음은 마휴가 1994년 2월 8일 네덜란드 푸스 시에서 인터뷰한 내용이다.

"우리는 끊임없이 굶주림에 시달렸다. 아침은 타피오카 전분을 물에 갠 것을 한 컵, 점심은 작은 사발의 공깃밥, 밤에도 같은 것이었고, 설탕은 1주일에 두 큰술, 먹을 것이라곤 그뿐이었다. 강제 노동도 있었다. 매일 아침 밭으로 끌려 나가 땡볕에서 밭을 갈아야 했다. 웃옷도 입지 않고 노동했던 후유증으로 지금도 피부암을 앓고 있다. 수용소에서는 2단, 3단으로 만들어진 누에시렁 같은 비좁은 칸칸마다 포로를 처넣었다. 수용 인원 1,400명에 화장실은 8개밖에 없었다. 언제나 붐볐고 더러웠다."

전후 캐나다로 이주한 어네스트 히렌은 어린 시절 목격한 일본군의 모습을 다음과 같이 묘사했다.

"일본군 병사가 분노를 폭발시키면 주변 공기가 얼어붙는 듯했다. 음습하고 일그러진 분노가 주변을 채웠다. 그러나 그들 눈에는 아무런 표정도 떠오르지 않았다. 섬뜩한 소리를 지르며 미친 듯이 때리는 병사, 신음하면서 있는 힘껏 폭력을 휘두르는 병사, 잠자코 상대의 급소를 정확하게 노리는 병사 등 다양한 모습이었다. 그들이 보기에 여성이나 10대 소녀는 감정도 없는 헝겊인형인 듯, 신체에 특별한 부분이 없는 것처럼 다루었다. 매를 맞은 인간은 신음소리를 낼 수 있었고 비명을 지르거나 "항복!"을 외칠 수 있었다. 다만 아무리 소리를 질러도 병사의 폭력은 멈추지 않았다. 자비를 베풀 마음은 없었으니까. 분이 풀릴 때까지 때려서 속이 시원해지든지, 아니면 때릴 힘이 없을 때까지 계속 때렸다."**48**

어네스트 히렌은 엄마에게서 "포로로 잡힌 백인 여자는 쓰레기로 여겨지고 있다"는 말을 들었다. 그들은 일본군의 행동을 가리켜 "그런 쓰레기를 감시하는 일은 불명예스러울 것"이라고 말했다.

잔혹한 처우로 6,353명의 사망자가 나왔다. 네덜란드 공문서관에 남아 있는 치덴 군억류소의 '억류자 사망 관련 서류'를 보면 1945년 4월 무렵부터 사망자가 매일 증가했다. 미처 관을 준비하지 못할 정도였기 때문에 결국에는 대나무를 엮은 것으로 시체를 둘둘 말았다. 이런 시체를 산처럼 쌓아 실은 트럭이 자주 억류소에서 나왔다. 폭력과 굶주림의 공포에 떤 억류소 생활이었다. 당연히 억류자의 증오는 관리자를 향했다.

전후 이 군억류소 관계자들은 최고책임자는 말할 것도 없고 말단의 조선인 군속까지 신병을 구속해 본인 여부를 확인했다. 1946년부터 바타비아에서 네덜란드령 동인도 전범 재판이 열렸다. 118건이

기소당했는데, 그중 47건이 억류소 관련 사건이었다. 그곳에서 근무했던 일본인 장병과 조선인 군속이 재판을 받았다.

네덜란드령 동인도는 그곳에서 태어나 자란 네덜란드인에게도 '조국'이었다. 전후 인도네시아가 독립하자 그들은 '조국 인도네시아'에서 쫓겨나 물설고 낯선 '조국 네덜란드'로 송환됐다. 조국의 생활에 익숙하지도 않았을 뿐 아니라 전쟁으로 피폐해진 네덜란드의 생활이 매우 곤궁했기 때문에 또다시 캐나다나 오스트레일리아로 이주한 사람도 적지 않았다. 어네스트 히렌의 가족도 그중 하나였다.

기아와 폭력의 공포에 내몰린 3년 반의 억류 생활이 끝났는가 싶더니 인도네시아의 독립전쟁이 시작되었고, 이번에는 억류되어 있던 네덜란드인들이 '조국 인도네시아'에서 쫓겨나기에 이른 것이다. 그러니 모든 것을 잃고 전후에도 정착할 곳을 찾지 못한 채 떠돌아야 했던 네덜란드인들의 입장에서는 전범 재판만으로 일본에 대한 증오가 해소될 리 만무했다.

쇼와천황이 유럽을 방문했을 때 그들은 끓어오르는 증오를 참지 못하고 천황의 차에 분뇨를 넣은 콘돔과 달걀을 투척했다. 1991년 가이부 도시키海部俊樹 총리가 네덜란드를 방문했을 때 헤이그에 있는 군억류소 희생자 동상에 꽃다발을 바쳤지만, 1시간도 못 되어 꽃다발이 연못에 내팽개쳐진 일도 있었다.

아시아태평양전쟁은 구미의 식민지에 일본군이 쳐들어간 전쟁이자 침략 전쟁이었다. 병사들뿐 아니라 식민지에 거주했던 종주국 민간인의 피해도 막대했다. 또한 전쟁으로 점령한 각 지역에서는 주민을 노역에 동원했고 물자도 공출해갔다.

　전후 억류당했던 민간인과 포로에 대한 학대가 연합국의 패전 처리에 중요한 과제로 떠올랐다. 전쟁 재판은 포로와 억류자의 참상을 날카롭게 추궁했지만, 일본에서는 관계자를 제외하고 거의 알려지지도 않았고 관심도 받지 못했다.

　아베 총리는 포로였던 사람을 만찬회에 초대하고 일본과 미국뿐 아니라 일본과 영국, 일본과 네덜란드, 일본과 오스트레일리아의 관계에 깊이 뿌리박혀 있던 포로 학대라는 전쟁범죄를 '깊이 반성한다'는 자세를 보여주고자 했다. 과연 그 사과를 어떻게 받아들인 것일까? 케네스 테니는 아베 총리의 만찬 초대에 응했다.

재판에 부쳐진 전쟁범죄

도쿄재판

1942년 연합국은 '전쟁범죄 조사위원회'를 설립했다. 일본의 전쟁범 죄를 추궁하는 일은 패전 처리에서 중요한 과제였다. 미국, 영국, 소련 의 '모스크바 3국 외상회담 협정'(1945년 12월 26일)은 대일이사회(의장 은 연합군 최고사령관으로 미국, 영국, 소련, 중국, 오스트레일리아, 뉴질랜드, 인도 등 7개국으로 구성되었다)를 도쿄에 두고, 항복 조항을 이행하며 일본 점 령과 관리에 관한 일체의 명령을 발포할 권리를 최고사령관에게 부 여하기로 합의했다. 이를 받아들여 연합군 최고사령관 더글러스 맥 아더는 1946년 1월 19일 도쿄재판의 설치를 명했다.

1946년 5월 3일 도쿄재판을 개정했다. 법정은 현재 방위성이 있 는 도쿄 이치가야다이市ヶ谷台였다. 판사는 대일이사회 7개국과 함께 프랑스, 네덜란드, 필리핀, 캐나다 등 11개국의 인사로 구성되었다. 재판관이 정면에 착석하고 맞은편에 피고 28명이 앉았다. 피고들은

'평화에 관한 죄', '살인(군대에 의한 포로와 일반인 살해)', '통례의 전쟁범죄 및 인도에 관한 죄' 등 세 가지 죄로 분류한 55개 항목의 소인訴因으로 기소되었다. 소인 중에는 영국과 영연방(캐나다, 오스트레일리아, 뉴질랜드, 인도 등), 미국과 필리핀, 프랑스, 네덜란드와 그 식민지에 대한 '침략 전쟁의 계획과 준비', '전쟁의 개시와 수행'이 있었다. 그 밖의 소인으로 독립국이었던 '태국에 대한 침략 전쟁'도 있었다.

앞에서 서술했듯 도쿄재판의 검찰단에 중화민국이 참가해 중국 대륙에 대한 일본군의 살인과 약탈, 잔학 행위를 다루었지만 대만 침략은 다루지 않았다. 조선 침략도 소인에는 없었다.

미국의 식민지였던 필리핀은 판사와 검찰관을 보냈다. 전쟁터였던 필리핀의 검사는 일본군의 학살과 성폭력 등을 엄혹하게 추궁했다. 연이어 낭독된 살인이나 성폭력의 증언을 들은 방청객들은 커다란 충격을 받았다. 하지만 지나치게 처참한 사태를 접하다 보니 점차 감성이 둔해졌다고 한다.

피고 중에는 조선총독을 지낸 미나미 지로南次郎와 고이소 구니아키小磯国昭, 조선군사령관 이타가키 세이시로가 있었다. 그들에게는 중국, 미국, 영국, 네덜란드, 필리핀 등에 대해 침략 전쟁을 계획하고 수행한 죄를 추궁했다. 또한 총독부의 관료들이 변호인이나 증인으로 출석했는데, 식민지 조선에서 저지른 일본의 범죄는 단죄하지 않았다. 이로 인해 한국은 이후 식민지 지배를 청산하지 않은 채 일본과 강화를 맺는 단계로 넘어갔던 것이다.

각국의 검찰관이 통례의 전쟁범죄를 추급하는 과정에서 특히 중점을 둔 것이 포로와 연합국 민간인 학대였다. 제출된 증거도 그것을 입증하는 데 집중되었다. 그중 하나로 학대의 증거가 되는 영화(법정 증거 176호 ABCD)를 법정에서 상영했다. 바로 영화 〈일본의 선물 Nippon Presents〉(전4편, 1946년 12월 26일)였다. 스크린에 비친 수용소나 억류소의 상태는 비참하다는 말로는 다 표현할 수 없었다. 피골이 상접하다고 할 정도로 비쩍 마른 포로들이 멍한 눈으로 카메라를 보고 있었다. 비위생적인 억류소에서는 뼈만 남은 아이들이 벌거숭이 상반신과 맨발로 걸어다녔다. 포로들은 하수도 같은 곳에서 물을 긷고 있었다. 식민지에서 부유하게 생활하던 네덜란드인은 물도 음식도 없이 바라크 건물에 밀치락달치락 부대끼며 천천히 아사의 길을 걷고 있었다. 그 화면을 보고 판사와 피고뿐 아니라 방청객들도 충격에 못이겨 신음소리를 냈다고 한다.

피고들이 이런 학대에 어떻게 관여했는지, 법정에서는 개인의 책임을 따져 물었다. 우선 도조 히데키는 점령 지역의 포로와 일반 억류자를 보호하고 기숙사, 먹을 것, 의약품, 의료 설비를 제공하는 육군성의 최고책임자인 동시에 일본 내에서 적국인의 억류를 담당한 내무성의 최고책임자이기도 했다. 법정은 포로와 적국 민간인의 처우를 총괄적으로 떠맡았던 정부의 최고책임자에게 책임을 물었다. 다른 피고들에게도 학대에 어떻게 관여했는지, 어떤 책임이 있는지 파헤쳐 물었다.

1948년 11월 12일 도조 히데키를 비롯한 피고 28명에게 판결이 내려졌다(그중 오카와 슈메이大川周明는 면소免訴, 나가노 오사미永野修身와 마쓰오카 요스케松岡洋右는 병사했다). 7명에게는 교수형이 선고됐다. 55가지 소인 중 유죄와 무죄 판결의 대상이었던 소인은 10개의 항목이었다(침략 전쟁 수행의 공동모의, 중국·미국·영국·네덜란드·프랑스에 대한 침략 전쟁 수행, 장고봉 사건*·노몬한 사건** 수행, 위반 행위의 명령, 수권 허가에 의한 법규 위반, 위반 행위를 저지하는 책임을 무시한 법규 위반 등). 판결 가운데 태평양 지역의 전쟁터에서 미군, 영연방 왕국군의 포로 132,134명 중 35,756명이 사망한(사망률 27%) 사실 등을 들어 '포로 학대는 하나의 방침'이었다고 했다.[49]

영미 포로에 대해서는 이렇게 언급했지만, 같은 연합국인 중국인 포로는 어떻게 다루어졌을까? 해군은 중국과의 전투가 국제법에서 말하는 전쟁은 아니지만, 국제법상의 교전 법규를 '될수록' 적용할 방침이라고 말했다. 비록 해군이 방침을 명확히 밝히지는 않았지만, 중일전쟁 당시 참모본부 제1부 제3과장으로서 포로 취급 정책에 관여한 무토 아키라武藤章 중장은 도쿄재판에 제출한 심문조서에서 다음과 같이 진술했다.

"잡혀온 중국인은 포로로 취급하지 않는다는 결정이 내려졌습니다. 그러나 이번에 만약 전쟁을 선언한다면, 잡혀온 모든 자는 포로로 취급하기로 했습니다."[50]

국제법상으로 중국인 포로는 포로가 아니라는 것이 일본의 취급

---

* 1938년 7월 29일부터 8월 11일에 걸쳐 만주국 동남단 장고봉에서 발생한 소련과 일본의 국경 분쟁을 말한다. 실질적으로는 일본군과 소련군의 전투였다. 소련에서는 하산호 사건이라고 부른다.
** 1939년 만주와 몽골의 국경지대인 노몬한에서 일어난 일본군과 몽골·소련군의 대규모 충돌 사건이다. 소련이 기계화 부대를 투입해 일본군 2만 명을 전멸시켰다.

방침이었다. 법무중장 오야마 아야오大山文雄(1933년부터 육군성 법무국장)에 따르면, 포로가 아닌 그들은 "중일 화평에 협력해야 한다는 방침에 의해 중국에 파견한 일본군의 최고사령관 이하 각급 사령관의 책임 아래 처리되었다고 여겨진다"고 말했다.[51]

다시 말해 군의 책임자가 잡혀온 중국인을 적절하게 처리했던 것이다. 이때의 '처리'에는 노무자로 동원하는 것뿐 아니라 살해 등도 포함되어 있는데, 도쿄재판에서는 중국인 포로에 관해 거의 추궁하지 않았다. 이렇듯 전쟁범죄를 추궁할 때 중국인 포로와 영미 포로 문제 사이에는 커다란 차이가 있었다.

BC급 전범 재판

전쟁 재판에는 특정한 지역에서 통례의 전쟁범죄를 저지른 자에 대한 재판도 있었다. 영국, 미국, 오스트레일리아, 필리핀, 프랑스, 네덜란드, 중국, 소련에 의한 군사재판, 이른바 BC급 전범 재판이다. '자국민'에 대한 일본의 전쟁범죄(포로 학대, 주민 학대 및 학살, 세균전, 전시 성폭력, 민간인 억류)를 재판에 회부한 것이다.

BC급 재판들에서는 재판국의 국민과 그 나라의 식민지 주민에 대한 범죄가 심리 대상이었다. 그러나 일본의 군부와 정부가 저지른 자국민에 대한 범죄, 다시 말해 '일본 국민'이었던 조선인, 대만인에 대한 범죄는 취급하지 않았다. 예컨대 연합국 포로의 강제 노동은 전쟁범죄로 여겨 재판에 부쳤지만, 조선인의 강제 노동은 재판에서 다루지 않았다. 네덜란드 여성을 강제로 매춘시킨 사건은 전쟁범죄로 다루었지만, 조선인과 대만인 여성의 피해는 다루지 않았다. 적국 일본의 국민이었던 조선인과 대만인의 피해는 심리의 대상에서 제쳐놓은 것이다. 한편 전쟁범죄에서는 조선인과 대만인이 '일본인'의 자격으로 재판정에 섰다.

이 통례의 전쟁범죄에 대한 재판은 2,244건, 기소당한 인원은 5,700명이나 되었다. 그 가운데 유죄판결을 받은 일본인의 7.29%가 식민지 출신자였다. 조선인 전범은 148명, 그중 129명은 포로를 감시했던 군속이었다. 그중 한 사람으로 필리핀 포로수용소 소장이었던 홍사익 중장이 있다. 포로 학대를 중시하고, 일본의 식민지 지배를 추궁하지 않으며, 전쟁 재판에서 조선인과 대만인을 일본인으로 취급했던 재판의 방식이 조선인 전범을 만들어냈다.[52]

구미 제국의 식민지 지배라는 세계 질서 위에서 열린 연합국의 전쟁 재판은 일본의 식민지 지배를 전제로 한 재판이었다. 상해임시정부의 대일 선전포고는 인정받지 못했고, 1910년 대한제국 합병을 '불법', '무효'라고 주장한 한국과 북한의 주장도 연합국에 받아들여지지 않았다.

배상의 이중 잣대

평화조약과 배상 문제

1951년 9월 샌프란시스코에서 열린 강화회의에는 50개국이 초청받았다. 공동선언으로 선전포고를 한 나라들과 인도네시아, 베트남, 라오스, 캄보디아 등 식민지였다가 독립한 나라들이 참가했다.

5일에 열린 총회에서 미국 대표 존 포스터 덜레스는 연설을 통해 회의에 초빙되지 못한 중국에 대해 청구할 수 있는 적당한 금액의 견적이 '1,000억 달러를 상회한다'고 말했다. 나아가 중국을 비롯한 연합국은 일본에 배상을 청구할 권리가 있음을 확인하고, 일본은 '손해와 고통'에 대한 배상을 지불해야 한다고 언급했다.

그러나 일본은 국민 생존에 필요한 식량도 없었고 필요한 원료도 생산할 수 없었다. 그리하여 미국의 원조 없이 아시아의 배상 요구를 어느 정도 충족시키면서도 일본의 생산력을 높이는 지불 방식으로 고안해낸 것이 바로 노역, 생산물 공여, 가공 배상이라는 방법이었다. 존 포스터 덜레스에 따르면 이는 필리핀과 인도네시아 등과 오랫동안 의견을 교환한 결과 도출해낸 방법이라고 한다.[53]

이리하여 중국, 한국과 북한에 대한 전쟁 처리는 한구석으로 밀어놓은 채 대일평화조약은 조인되었고, 같은 날 일미안전보장조약이 체결되었다.

포츠담선언에는 배상의 징수 조항(제11항)이 있다. 미국의 '초기 대일방침'(1945년 9월 22일)을 보면, 군수산업이 아닌 일본의 평화산업이나 점령군의 보급을 위해 필요한 것 외의 물자나 자본 설비, 시설은 인도하도록 지시하고 있다(제4부 '배상 및 반환').

GHQ*의 점령이 시작된 당초에는 일본의 전쟁 능력을 철저하게 제거하기 위해 가혹한 배상 징수를 염두에 두고 있었다. 그것은 "제재, 복수, 징벌의 성격이 농후하고, 전쟁 중의 반일 감정을 반영한 엄격한 조치"였다.[54]

일본을 방문한 배상조사단 단장 에드윈 폴리(미국)는 1945년 12월 7일 "4년 전 오늘 일본은 진주만을 공격했다. 미국은 진주만 공격을 결코 잊을 수 없다. 일본은 그 귀결을 잊어서는 안 될 것이다"라는 성명을 발표했다. 그리고 "일본의 공업에는 평상시 경제의 수요를 훌쩍 뛰어넘는 과잉이 남아 있다. 이것을 침략을 당한 나라들에게 넘겨주어야 한다. 무기 관련 공업 시설은 즉각 철거하거나 파괴하고, 식량과 의료 분야의 생활수준은 일본인에게 유린당하거나 약탈당한 근

---

* 연합군 총사령부로서 2차 세계대전이 끝난 1945년, 대일 점령 정책을 실시하기 위해 도쿄에 설치한 관리 기구를 말한다. 1952년 샌프란시스코 평화조약이 발효될 때까지 일본을 지배했다.

린 연합국민보다 높지 않도록 해야 한다"고 요구했다.[55]

그러나 냉전체제가 격해지자 미국의 점령 정책이 바뀌었다. 일본의 비무장화에서 경제적 자립으로 초점이 옮겨가기 시작했다. 배상 징수는 1948년에 에드윈 폴리가 제출한 안의 4분의 1가량으로 줄어들었다. 2차 도쿄재판의 구상도 포기했다. 이로써 스가모 프리즌에 억류되어 있던 기시 노부스케 등 17명은 도조 히데키 등이 처형당한 다음 날(1948년 12월 24일) 바로 불기소 처분으로 석방되었다.

노역에 의한 배상

1950년 6월 한국전쟁이 발발하자 미국의 입장에서는 일본의 전략적 위치가 크게 바뀌었다. 군사력의 공백 지역이 되어버린 일본의 재군비와 경제 부흥이 시급해졌기 때문이다. 유엔군이 38선을 넘어 평양을 점령한 직후인 1950년 11월 24일, 미국 국무성이 '대일 강화 7원칙'을 제안했다. 거기에서 모든 교전국이 배상 청구권을 포기할 것을 주장했다.

- 일본의 현실적인 지불 능력을 고려해 배상액을 정한다.
- 평화조약에서는 배상 해결 방식의 원칙만 정해놓는다. 구체적인 내용은 각 배상 청구 국가(전승국)와 일본 사이에 별도로 외교적으로 교섭하고 협정에 의해 정한다.
- 현금이 아니라 노역과 생산물로 지불한다. 기계나 발전소 등 상대국의 요

청에 근거한 생산물을 인도하고, 설치나 공사는 일본인 기술자가 한다.

일본의 입장에서는 '상당히 유리한' 형태의 배상이었다(외무성,《일본 외교 30년사》). 각국과 절충에 나선 미 국무부 고문 존 포스터 덜레스는 오스트레일리아 캔버라에서 일본에 대한 원한이나 공포심, 증오가 얼마나 강한지 두 눈으로 목도했다. 필리핀은 일본이 끼친 총 손해액 80억 7,962만 4,000달러의 일부라도 지불하게 하는 것이 '절대로 필요하다'고 주장했다. 이런 요구에 맞닥뜨린 미국은 "일본은 모든 배상을 면제받는 것이 아니라 일본의 침략에 희생당한 사람에게 노역을 제공함으로써 전쟁 피해를 보상하도록 할 것"이라고 배상 조항을 고쳤다. 생산물과 노역에 의한 지불 형식이지만 배상 지불 의무를 명기해 넣었다.

아시아의 불만과 불안

필리핀을 비롯한 인도네시아, 버마 등은 금전 배상을 고집했다. 배상 조항에 불만을 품은 버마는 강화회의에 불참했다. 필리핀 대표 카를로스 로물로 장군은 연설을 통해 1950년 일본의 일인당 국민소득은 피해를 입은 다른 아시아 나라들보다 높고, 1949년에는 전쟁 전의 공업 수준을 회복했다고 말했다. 그리고 배상 방식을 노역으로 제한하는 것은 배상을 요구하는 국가를 일본 기계공업의 원료 공급자라는 종속적인 위치에 묶어두는 일이라고 지적했다.

아시아의 대표들은 일본 점령으로 입은 피해를 언급하고 일본의 배상 이행을 강하게 촉구하면서 조약에 서명했다. 그러나 그들의 국내에서는 반대 여론이 들끓었다. 필리핀은 비준이 대폭 늦어졌고 인도네시아는 비준할 수 없었다. 조약에 서명은 했지만 일본의 배상에 난색을 표한 것이다. 버마와 배상 협정을 맺은 것은 1956년 5월 9일이었고 7월 23일에 발효됐다. 샌프란시스코 평화조약 조인으로부터 5년에 가까운 세월이 지난 시점이었다.

인도네시아와 맺은 배상 협정은 1958년 4월 15일부터 발효됐다. 총액 803억 900만 달러를 12년 동안 지불했다. 선박의 건조, 호텔 인도네시아 등의 건설이 이루어졌다. 아시아가 불만을 품은 이러한 경제협력 방식의 배상은 일본의 경제 부흥에 도움이 되었고 무역 확대로 이어졌다. '한국전쟁 특수' 이후에 얼어붙은 일본의 경기를 살려낸 것은 1960년대 '필리핀 특수' 등이었다. 경제협력 방식에 의한 배상 지불은 사람들에게 일본의 아시아 침략이나 가해로 인한 배상이라는 인식을 심어주지 못했다.

1951년 강화회의 총회에서 오스트레일리아 대표 페르시 시 스펜더는 자국의 정부와 국민이 특별하게 관심을 기울이고 있는 것은 포로에 대한 보상을 제기한 제16조라고 말했다.

"포로는 배상을 받을 권리가 있다는 것을 오스트레일리아는 늘 주장해왔다. 제16조는 그 권리를 인정하고 있다. 그래서 일본의 재외자산 등을 처분한 약 59억 엔을 적십자 국제위원회에 인도하고, 이를 14개국의 연합군 포로였던 203,599명에게 지급했다. 그러나 일인당 받은 금액으로 환산하면 소액에 지나지 않았다. 이것을 배상이라고 말할 수 있는가? 포로들은 강한 불만을 나타냈다."

네덜란드 대표 디르크 유 스틱커는 이렇게 말했다.

"네덜란드는 일본의 동남아시아 침략에 의해 가장 막대한 손해를 입은 나라 중 하나이다. 인도네시아에서 강제 수용이나 투옥의 경험이 없는 가정은 거의 없다. 135,000명의 포로와 억류자 중 20%에 달하는 27,000명이 희생당했다."

이렇듯 포로와 억류의 체험을 언급하면서 전쟁 전의 계산으로 대략 20억 달러에 이르는 재산의 손해를 입었다고 말했다.[56]

네덜란드의 불만을 어떻게 누그러뜨릴까? 회의장 밖에서 요시다 시게루 총리는 디르크 유 스틱커와 회담을 거듭한 끝에 협정을 맺었다. 이는 "일본이 평화조약의 정신에 따라 행동할 것을 자발적으로 선언할 때에만 의미가 있는 신사협정", 다시 말해 '도덕적 책무'였다. 법적 구속력이 없다는 것을 이유로 일본은 여간해서 교섭에 응하지 않았다. 이러한 일본의 자세에 항의해 네덜란드는 네덜란드령 동인도 재판에서 유죄판결을 받은 전범의 ㈎석방에 응하려 하지 않았다. 전범의 석방 문제와 억류자에 대한 보상 문제를 결부시킨 것이다.[57]

1953년 네덜란드 헤이그에서 교섭이 시작되었다. 그러나 합의가 이루어질 기미는 보이지 않았다. 미국이 영향력을 행사해 1955년 12월 말, 일본이 1,000만 달러의 배상액을 지불한다고 제안함으로써 겨우 의정서를 교환했다. 일본은 억류당한 네덜란드 민간인에게 1,000만 달러(357만 파운드, 36억 엔)를 지불했다. 하지만 이것도 일인당 배상액으로 환산하면 약 91달러(32,727엔)에 지나지 않는다. 재산의 손실까지 생각하면 적어도 너무 적다. 억류자들이 만족할 만한 보상이 아니었다. 그러나 의정서에는 앞으로 네덜란드는 억류자가 받은 고통에 대해 "일본국 정부에 어떠한 청구도 제기해서는 안 된다"(제2조)고 명기되어 있었다.

현금에 의한 배상을 포함해 일본이 지불한 배상, 중간 배상, 준배상은 254억 4,372만 2,619달러(9,979억 5,466만 4,219엔), 국민 일인당 부담은 약 8,300엔에 지나지 않는다. 그 밖에 배상 관련 지불을 모두 합해도 약 11,000엔, 그것도 지불이 고도성장기로 늦어지면서 일본은 배상이라는 무거운 짐에 허덕이지 않고 전쟁 처리를 마칠 수 있었다.

전쟁 재판과 배상 지불의 방식 때문에 일본 국민의 마음속에는 일본이 아시아를 침략하고 많은 피해를 입혔다는 인식이 생겨나기 어려웠다. 다시 아시아로 진출한 일본을 가리켜 "시민의 옷을 입은 군대"라고 꼬집은 사람은 필리핀의 역사학자 레너드 콘스탄티노였다. 1970년대에 일본은 배상을 지렛대로 삼아 노도와 같이 동남아시아로 진출했다. 과거의 침략 역사도 알지 못하는 관광객의 무지막지한 행동과 자국에 진출한 기업의 경제활동을 경계하면서 동남아시아 각지에서는 반일 감정이 부풀어갔다. 반일의 기운이 팽배한 1975년 1월, 자카르타에서는 반일 폭동이 일어나기도 했다.

전쟁범죄자는 범죄자가 아니다?

샌프란시스코 평화조약 제11조에서 일본은 연합국의 전쟁 재판 판결을 승인하고 일본에 구금되어 있는 일본 국민을 계속 구류했다. 전범을 수용하고 있던 스가모 프리즌은 일본이 관리하게 되었고 그 명칭도 스가모 형무소로 바뀌었다. 그러나 (가)석방의 권한은 재판국이 갖고 있었다. 정부가 재판국에 석방을 권고할 수는 있었지만, 석방의 가부 결정권은 어디까지나 재판국에 있었다.

조약이 발효된 때에 스가모에는 29명의 조선인이 있었다. 그들은 이미 일본 국민이 아니었다. 법무부 민사국장이 조약 발효일을 기해 조선인과 대만인은 "본국에 주재하고 있는 자를 포함해 모두 일본의 국적을 상실한다"고 통지했다(1952년 4월 19일, 민사갑 제438호). 하지만 조선인과 대만인은 '일본인으로서 범죄를 저질렀다'는 혐의를 받고 더 이상 일본 국민이 아닌데도 계속 구류 상태에 있었다.

일본은 판결을 승인하고 형의 집행을 이어받았지만 석방 권한은 없었다. 대신 국내의 조치는 마음대로 할 수 있었다. 그리하여 형 집행은 점점 유명무실해졌다. 점령 중에는 전범이 국내의 재판을 받은 자와 마찬가지로 범죄자로 취급받았지만, 조약이 발효된 사흘 뒤인 1952년 5월 1일, 법무총재는 다음과 같은 취지의 통첩을 각 성청 관계기관에 보냈다.

"이 해석은 원래 총사령부 당국의 요청에 기초한 것이며, 평화조약의 발효와 함께 철회되었다고 보는 것이 적절하다고 사료된다."

그것은 전쟁범죄자는 국내법상으로 범죄자가 아니라는 말이었다. 범죄자가 아닌 전쟁범죄자를 수용한 스가모 형무소는 점차 관리가 허술해졌다. 마치 세 끼를 꼬박꼬박 먹여주며 출입이 자유로운 호텔처럼 변해갔다. 형사刑死는 공무사公務死, 법무사法務死라는 해석으로 둔갑했고 유족 연금을 지급하기 시작했으며 군인 연금도 부활했다. 전범과 그들의 유족에게 이러한 경제적인 조치를 베풀고 나서 '공무사' 전범을 야스쿠니 신사에 합사合祀했다. 이것으로 전범이라는 오명이 씻어졌다.

조약을 통해 판결을 승인함으로써 형의 집행을 인계받은 일본 정부는 사흘도 채 지나지 않아 법무총재의 통첩이라는 형식으로 전범의 사회적 복권을 꾀했다. 연금이나 원조에 의한 경제적 구제, 사회적 명예의 복권이라는 조치는 전쟁 재판의 전쟁범죄 추궁, 전쟁 책임에 대한 반성을 야금야금 갉아먹었다.[58]

배제당한 피해자

배상을 내던져버린 중국

일본의 패전 처리를 결정한 포츠담선언에는 또 하나 중요한 조항이 있다. 바로 제8조이다.

카이로선언의 조항은 이행해야 한다. 또 일본국의 주권은 혼슈* , 홋카이도, 규슈, 시코쿠四国** 및 우리가 결정하는 제도에 국한해야 한다.

카이로선언은 영국, 미국, 중국이 1943년 11월 27일 카이로에서 발표한 것인데, 여기에는 "대만 및 펑후제도澎湖諸島*** 처럼 일본국이 청나라에서 훔친 모든 지역을 중화민국에 반환할 것" 또한 "조선 인민

---

*   일본 열도 최대의 섬이다.
**   일본 열도를 구성하는 4개의 주요 섬 중 가장 작은 섬이다.
***   중화민국 타이완 섬에서 서쪽으로 약 50킬로미터 떨어져 있는 대만해협의 군도이다.

의 노예 상태에 관심을 갖고 조선을 자유독립국으로 만들 것을 결의한다"라고 되어 있다.

이 선언의 이행이 포츠담선언에 명기되어 있었다. 이 두 가지 선언은 식민지에 대한 패전 처리의 틀을 정했다. 이로써 일본은 대만과 조선에 대한 권한 및 청구권을 포기하고 식민지 지배를 종료했다.

대만과 조선에 대한 식민지 지배의 추궁이나 배상은 어떻게 이루어졌을까? 일본의 식민지 지배가 전쟁 재판의 소인에서 빠졌다는 사실은 이미 앞에서 살펴보았다. 중경의 국민정부·중화민국은 일본에 선전포고를 하고 두 가지 선언을 통고한 당사국이다. 도쿄재판에 판사와 검사를 보내고 자국의 전쟁 재판도 열었다. 연합국의 유력한 일각을 구성한 중화민국은 국공 내전에서 패배하고 대륙에서 쫓겨나 대만으로 옮겨갔다. 중국의 어느 쪽 정부를 초빙하느냐는 문제를 놓고 연합국이 의견의 일치를 보지 못하는 바람에 중국의 어느 쪽도 회의에 초빙되지 못했다.

어느 나라보다도 패전 처리가 필요했던 중국을 방치한 강화회의에 의해 일본은 독립했다. 회의석상에서 존 포스터 덜레스는 중국도 수십억 달러에 이르는 청구권을 요구할 수 있다고 연설하고 중화민국과 일본 사이의 조약 체결을 촉구했다. 중화민국과 일본이 '일본국과 중화민국의 평화조약(일화日華조약)'을 조인한 것은 샌프란시스코 평화조약이 발효된 4월 28일이다. 일화조약은 1952년 8월 5일 발효되었다.

중화민국은 이미 중간 배상으로 2,000만 달러에 해당하는 군수시설을 받은 상태였다. 일본은 장제스 정권이 대륙에서 쫓겨나 대만으로 도망간 약점을 쥐고, 중국 측에 배상을 포기하라고 압박했다. 그리고 청구권 문제를 '특별 결정사항으로 삼도록' 하면서 조약을 체결했다. 그러나 이 결정이 이루어지기도 전에 일본은 중화인민공화국과 '일중 공동성명'(1979년 9월 29일 조인)을 발표했고, 일화조약은 종료해버렸다.

일본이 중화인민공화국과 국교를 회복한 때는 1972년이다. 9월 29일 베이징에서 내각총리대신 다나카 가쿠에이와 국무원총리 저우언라이 사이에 공동성명이 발표되었다. 이 공동성명의 제5항은 "중화인민공화국 정부는 중일 양국 국민의 우호를 위해 일본국에 대한 전쟁 배상 청구를 포기할 것을 선언한다"는 것이었다. 이렇게 중국은 배상을 포기했다.

일중 공동성명을 발표하고 나서 만찬회 석상에서 다나카 가쿠에이 총리는 저우언라이 총리에게 "일본이 중국 국민에게 매우 큰 폐를 끼친 일에 깊은 반성의 뜻을 표명합니다"라고 사죄했다. 여기에 '폐'와 '깊은 반성'이라는 말이 쓰였다. 통역사가 이를 '폐를 끼쳤다添了麻煩'고 통역하자 저우언라이는 화를 내면서, "그 말은 옆집 여자의 치마에 물을 좀 튀겼을 때 사과하는 가벼운 말입니다"라고 나무랐다고 한다. 이 유명한 에피소드는 다나카 총리가 그 자리에서 생각난 대로 말한 것이 아니라고 한다. 외무성 중국 의장 하시모토 히로시橋本恕에 따르면, "당시 일본의 여론을 배려해 신중에 신중을 기한 표현"이며, "며칠이나 퇴고를 거듭하면서 혼신을 기울인 말"이었다고 전해진다.

이는 공동성명은 발표했지만 일본이 중국에서 무슨 일을 했고 어떻게 반성했는지를 둘러싸고 일본의 정치가와 관료의 역사 인식을 묻는 사건이었다.

전쟁 피해에 대한 개인 청구권

중국이나 한국과 맺은 조약에서 국가 차원의 배상 포기는 과연 피해자 개인의 청구권도 소멸시켰을까? 1990년대에 들어와 일본 기업에 의해 강제로 연행되었던 피해자들이 사죄와 보상을 청구하며 소송을 제기했다. 그중 니시마쓰구미西松組가 야스노安野 발전소 건설을 위해 연행한 중국인의 재판이 2002년에 있었다.

1942년 각의 결정에 의해 중국인 동원을 결정하자 니시마쓰건설은 300명의 연행을 인가받았다. 도망 등으로 297명으로 감소했지만, 니시마쓰가 독자적으로 모은 63명을 더한 총 360명이 야스노로 1944년 8월 5일 연행되었다. 발전소 공사 현장이었다. 중국인은 도수導水 터널 약 8킬로미터의 물길 11개소 중 6개소에서 일했다. 현장에서는 일상적으로 중국인을 폭행했다는 증언이 있다. 전후 니시마쓰구미가 외무성에 제출한 보고서에 따르면 4회에 걸쳐 21명이 도망쳤다가 잡혀왔다고 한다. 1년 동안 112명이 부상을 당하고 269명이 병에 걸렸으며 피폭 사망자 5명을 포함해 29명이 사망했다.

1998년 1월 피해자를 대표해 5명이 니시마쓰건설에 사죄와 배상을 청구하며 제소했다. 히로시마지방재판소는 니시마쓰건설의 불법

행위와 안전 배려 의무 위반을 인정했지만, 시효 만료를 이유로 소송을 기각했다(2002년 7월). 원고는 항소했다. 2003년 7월 히로시마 최고재판소는 화해를 권고했지만 니시마쓰건설은 강제 연행 사실을 인정하지 않았다. 화해 협의는 결렬되었고, 2004년 7월 원고의 역전 승소로 니시마쓰건설에는 배상 명령이 떨어졌다.

그런데 2007년 4월 최고재판소에서 원고가 역전 패소했다. 최고재판소는 "일중 공동성명이 샌프란시스코 평화조약의 틀 안에 있기 때문에 중국인 개인은 '재판'에 의해 손해배상을 청구할 수 없다"고 판결했다. 다만 재판을 할 수는 없지만 개인의 청구권은 부정하지 않았다.

"(일중 공동성명에서 말하는) 청구권의 포기란 청구권을 실체적으로 소멸시키는 것까지 의미하지는 않는다. 해당 청구권에 근거해 재판상 소송 청구하는 기능을 상실하는 데 그치는 것으로 풀이하는 것이 적절하다."

이해하기 어려운 표현이다. 피해자들의 청구권은 실체적으로 남아 있지만, 소송을 제기해도 구제받을 수는 없다는 말이다.

그러면 어떻게 해야 피해자는 구제받을 수 있을까? 최고재판소는 덧붙이는 말에서 "이 사건의 피해자들이 입은 정신적·육체적 고통은 지극히 컸다. 한편 상고인(니시마쓰건설)은 앞서 말한 근무 조건으로 중국인 노동자들을 강제 노동에 종사시켜 그에 따른 이익을 얻었고, 나아가 보상금을 취득하는 등 피해의 구제를 위해 노력할 것이 요구된다"고 말했다. 즉 니시마쓰건설을 향해 피해자 구제에 노력하라고 전한 것이다.

이에 대해 중국 외교부는 최고재판소의 판결에 대해 "최고재판소가 중일 공동성명에 대해 내린 해석은 위법이며 무효"라는 성명을 냈다. 공동성명이 샌프란시스코 평화조약의 틀 안에 있다는 해석에 이의를 제기한 것이다.

그 후 피해 관계자의 끈질긴 교섭에 의해 2009년 1월 23일 중국인 피해자와 니시마쓰건설 사이에 화해가 성립했다.[59] 중국의 전후 보상을 둘러싼 재판에서 '화해'가 성립한 것은 니시마쓰건설, 가고시마건설 하나오카광업소, 두 건에 지나지 않는다.

남겨진 식민지 청산

일본이 한국과 예비회담 자리에 앉은 것은 샌프란시스코 평화조약을 조인한 직후인 1951년 10월 20일이었다. 교섭은 난항을 거듭하며 몇 번이나 중단되었는데, 1965년 6월 22일 일본과 한국 사이의 기본 관계에 관한 조약이 조인되었다. 이 조약은 같은 해 12월 18일 발효되었다. 동시에 '청구권·경제협력 협정'의 발효로 한국은 청구권을 포기했다. 그 대신 일본은 10년 동안 3억 달러(1,080억 엔)를 무상 공여하고, 2억 달러(720억 엔)의 차관과 3억 달러(1,080억 엔) 이상의 민간 신용을 공여하기로 결정했다. 유상·무상의 5억 달러는 일본이 '독립 축의금' 비슷한 돈이라고 불렸듯, 결코 배상이 아니었다. 하물며 식민지 지배에 대한 사죄의 성격을 띠는 것도 아니었다.

예비회담으로부터 14년이나 시간을 요한 국교 회복에는 숱한 문제가 있었다. 그중에서도 1910년 '한일합병 조약'이 유효인지, 무효인지가 근본적인 문제였다.

일본은 1910년 8월 22일 체결한 한일합병 조약을 근거로 8월 29일 대한제국의 병합을 선언했다. 한일합병 조약 등에 대해서는 "대등한 입장에서, 또 자유의사로 맺은 것이다. 체결한 때로부터 유효했지만, 1948년 대한민국의 성립으로 무효가 되었다"고 해석했다.

한국 측은 한일합병 조약이 과거 일본 침략주의의 소산이며, 도리에 어긋나고 이치에 맞지 않는 이 조약은 애초부터 무효라고 해석했다. 이런 인식의 차이는 마지막까지 좁혀지지 않은 채 일본과 한국 간에 조약이 체결되었다.

일한조약 제2조는 1910년 8월 22일 이후에 체결한 모든 조약과 협정이 이미 무효라고 선언했다. '이미'라는 해석을 둘러싸고 양국 정부는 자국의 해석을 국민에게 설명해왔다. 기본 인식에서부터 양국의 견해가 갈라진 채 일한조약은 출범했다.

경제협력 방식으로 제공된 자금의 일부는 포항제철소 건설 등 한국의 경제 건설을 위해 쓰였지만, 식민지 시대의 개인 피해에 대한 청구권은 남겨진 과제였다. 1974년 12월 한국은 대일민간청구권보상법을 제정하고 '1945년 8월 15일 이전의 사망자' 유족에게 보상을 시행했다. 하지만 보상 금액의 문제, 3년이라는 시한 입법, '8월 15일 이전'이라는 제한이 있었던 탓에 보상금을 받은 유족은 절반에도 미치지 못했다.

한국 정부가 다시 한 번 과거 청산의 움직임을 보이기 시작한 것은 1980년대 민주화투쟁을 거치고 난 이후였다. 그사이에 일본에서도 식민지 지배의 피해자가 잇따라 제소했다. 1972년에 원자폭탄의 료법을 재한在韓 피폭자에게 적용할 것인가의 여부를 묻는 손진두 수첩재판*, 사할린 잔류인 귀환 청구 소송 등이 있었다. 그런데 1990년대에 소송 건수는 한꺼번에 28건으로 늘었다. 그중에는 자신이 일본군 '위안부'였다고 밝힌 김학순도 원고의 한 사람이었던 '아시아태평양전쟁 한국인 희생자 보상청구사건 소송'과 일본인으로서 스가모 형무소에 구류되었던 조선인 BC급 전범자의 '국가보상 등 청구사건 소송' 등도 있었다.

한국의 부산에 거주하는 위안부·여자정신대가 공식 사죄를 요구하며 1992년 야마구치지방재판소 시모노세키 지부에 제소한 사건에서는 원고가 일부 승소를 거두었다. 시모노세키 지부는 나라가 당연히 해야 할 보상 입법을 게을리하고 있다는 것을 위법이라고 판단하고, 원고 3명에게 위자료 각 30만 엔을 지불하라고 명했다. 그렇지만 시모노세키 판결을 제외하면 모든 재판은 '시효 경과', '제척除斥 기간**', '수인受忍 의무***' 등을 이유로 피해자들의 청구를 물리쳤다. 시모노세키 판결도 히로시마고등재판소에서는 기각되었다. 개인의

---

* 1972년 3월 한국인 피폭자 손진두가 피폭자 건강수첩의 교부를 요구하며 후쿠오카현 지사를 제소한 재판이다. 1, 2심 모두 승소했고, 1978년 3월 최고재판소는 후쿠오카현의 상고를 기각했다.
** 법률관계를 신속하게 확정하기 위해 일정 기간이 경과하면 권리를 소멸시키는 제도이다.
*** 본래의 고유한 용법과 목적에 따른 사용으로 인해 발생하는 결과가 다소 불편하거나 방해가 되더라도 감수해야 한다는 법리이다.

청구권을 포함해 일한조약에서 '해결 완료'가 일본 정부의 입장이었고, 재판에서는 이 판단을 뒤집지 않았다.

한국에서는 2003년 3월에 '일제강점하 강제동원피해 진상규명 등에 관한 특별법'을 공포했다(2004년 2월 발효). '일제강점하 강제동원 피해 진상규명위원회'가 발족해 피해 조사를 시작했다. 국가가 책임지고 피해자의 목소리를 듣고 자료를 조사해 '피해 인정'이라는 과거 청산 작업에 발 벗고 나선 것이다.

피해 신청을 접수하면서부터 1년 반도 안 되어 219,624명이나 피해 신청을 내면서 생사 확인, 강제 동원의 피해 인정 등을 정부에 요구했다. 또한 인정받은 사람을 지원하기 위해 2008년 6월 '태평양전쟁 전후 국외강제동원 희생자 등 지원에 관한 법률'을 공포하고 시행해 위로금 등을 지급했다. 한국 내의 이러한 움직임과 달리 일본에서는 정부와 사법이 개인의 청구권을 인정하지 않았다.

이 일련의 움직임 가운데 피해자 구제에 획기적인 전환점이 된 것이 2011년 8월 30일 한국 헌법재판소의 판결이었다. 일본군 '위안부'였던 109명과 원자폭탄 피해자들이 1965년 일한청구권협정 제3조에 따라 손해배상을 요구하는 청구권에 대해 한국 정부가 일본과 교섭해야 할 당연한 의무를 저버린 것은 위헌이라고 판단한 것이다. 한국 헌법재판소는 문제를 해결하기 위한 구체적인 행동, 즉 외교적 교섭을 벌이되, 그것이 성공하지 못할 때에는 국제적인 중재 절차를 밟으라고 한국 정부에 명했다.

나아가 2012년 5월 24일 한국의 대법원은 미쓰비시중공업과 신

일본제철新日鉄에서 강제 노동을 해야 했던 2만 명 이상의 조선인 노동자 가운데 생존자 8명이 체불 임금의 지급과 각각 1억 100만 원의 손해배상을 청구한 소송의 상고심 판결에서 다음과 같이 판결했다.

청구권 협정은 일본의 식민지 지배에 대한 배상을 청구하기 위한 것이 아니라…… 한일 양국의 재정적·민사적 채권·채무 관계를 정치적 합의에 의해 해결하기 위한 것이다. 일본의 국가권력이 관여한 비인도적이고 불법적인 행위와 식민지 지배에 직결된 불법행위에 의한 손해배상 청구권이 청구권 협정의 적용 대상에 포함되어 있었다고 보기는 어렵다.

이렇게 일본의 국가권력이 관여한 비인도적인 불법행위에 대한 '개인의 청구권은 남아 있다'고 분명히 밝히고, 원심을 파기해 부산고등법원과 서울고등법원에 심리를 돌려보냈다. 1965년 일한조약에서 애매모호하게 남겨놓은 '한일합병'의 불법성을 명확하게 지적하고, 이 조약에 의해 청구권과 외교적 보호권이 소멸하지 않는다고 판단한 것이다. 일본의 최고재판소 판결(일본제철은 2007년 1월 최고재판소에서 기각, 미쓰비시 히로시마 중공업은 2007년 1월 최고재판소에서 일부를 용인, 국가가 상고)과는 상이한 판결이었다.

샌프란시스코 평화조약의 틀 안에서 일한조약이 체결되고, 그 조약이 미처 청산하지 못한 식민지 지배의 책임은 이러한 형태로 다시 문제시되고 있다. 남겨진 개인 청구권을 근거로 어떻게 대응할 수 있을까? 한국에서는 정부와 시민이 해결의 길을 모색하고 있다. 그 하나의 방법으로 정부, 기업, 민간의 출자에 의해 재단을 설립하자는 제안도 나오고 있다.

진정한 과거 청산을 위하여

일본은 미국, 영국을 중심으로 한 연합국과 패전 처리를 해왔다. 연합국에 의한 전쟁범죄의 추궁은 도쿄재판, BC급 전범 재판으로 끝났고, 샌프란시스코 평화조약으로 미국 등 서방 국가들과 화해가 성립했다. 그러나 이것은 일미안보조약과 일체화한 미국의 세계 전략에 따른 '화해'였다. 여기에는 한국, 북한, 중국과의 화해나 청산은 배제되어 있었다. 식민지 지배를 어떻게 청산할 것인가 하는 문제가 남겨진 '화해'였다.

평화조약 체결 후 일본은 아시아 국가들과 개별적으로 국교 회복을 교섭해왔다. 중화민국, 대한민국, 그리고 중화인민공화국과 국교를 회복했지만, 북한과는 오늘날까지도 과거를 청산하지 못하고 있다. 전후 처리의 이중 구조는 동아시아에 긴장 상태를 낳았다.

안보를 통해 미국에 찰싹 매달린 일본은 지금 일미동맹 강화를 구실로 내세워 전후의 평화주의를 내던지려고 한다. 한편 미국을 중심으로 한 재판은 '승자의 재판'이라고 하며 도쿄재판 사관을 부정하면서 '범죄자가 아닌 전쟁범죄자'를 모시고 있는 야스쿠니 신사에 각료들이 참배하고 있다. 이러한 역사 인식으로 인해 한국이나 중국과의 긴장관계가 계속되고 있다.

2015년 5월 5일 존 다우어, 노마 필드 등 미국의 일본 연구자들은 전후 일본의 현안 중에 역사 해석의 문제가 있다는 성명을 발표했다. 그들은 이렇게 호소했다.

"올해는 일본 정부가 과거의 식민지 지배와 침략에 대해 말과 행동으로 지도력을 드러낼 절호의 기회입니다. 과거의 잘못을 가능한 한 편견 없이 청산하는 일을 이 시대의 성과로 남기지 않겠습니까?"

역사 인식의 전환을 향해 한 걸음 내디디라고 아베 정권에 촉구하고 있는 것이다.

전후 70년, 어물쩍한 사죄와 반성으로 문제의 해결을 미루어왔던 악순환을 벗어나 아시아의 피해자들에게 과거의 역사적 과실을 인정한 '깊은 반성'을 표하고 사죄한 다음, 개인적 배상을 시행하는 일이 필요할 것이다.

6

전쟁하는 나라를 저지하기 위하여

고모리 요이치

"일본과 세계의 평화로운 미래를 위해 일본의 헌법을 지키자는 일념으로 손을 잡고, 개헌의 기도를 저지하기 위해 한 사람 한 사람이 가능한 모든 노력을 지금 당장 시작할 것을 호소합니다."

전쟁법제 반대 여론과
'9조의 모임' 사무국의 행동 제안

여당인 자민당과 공명당은 2015년 6월 22일 중의원 본회의에서 9월 27일까지 95일 동안의 큰 폭의 회기 연장을 강행 채결했다. 전후 70년 동안 가장 긴 회기 연장이었다. 회기 제도는 국회에서 소수 의견을 보호하고 다수당의 횡포를 허용하지 않기 위한 것이다. 전쟁법안에는 헌법을 위반하는 내용이 있음이 분명하게 밝혀진 만큼 6월 24일이던 회기 말까지 폐지하는 수밖에 없었다. 그런데도 3차 아베 정권은 하등 개의치 않고 큰 폭으로 회기 연장을 강행한 것이다.

95일이라는 긴 시간은 참으로 심상치 않다. 헌법 59조에는 법안이 중의원 통과 후 60일이 지나도록 참의원에서 채결되지 않으면 중의원에서 재의결할 수 있다는 규정이 있다. 95일은 바로 59조에 있는 '중의원의 우월성' 조항의 악용을 노리고 있는 것이다.

의회제 민주주의를 짓밟으면서까지 정부와 여당이 전쟁법안을 강행하는 모습을 지켜본 국민은 분노가 치밀어 오르고 있다. 공동통신이 6월 20~21일 이틀에 걸쳐 실시한 여론조사에서는 전쟁법안인 안보 관련 법안이 '헌법에 위배된다고 생각한다'는 응답이 56.7%, 법안에 '반대'하는 의견이 58.7%로 그 이전의 조사보다 11.1%가 늘었고, '이번 국회 성립에 반대한다'는 응답은 63.1%였다(《도쿄신문》, 2015년 6월 22일자).

나아가 본래 회기가 끝나야 할 6월 24일에는 3만 명(주최자 발표에 따르면)의 시민이 국회를 포위하고 전쟁법안의 즉각 철폐를 외쳤다. 헌법에 위배되는 아베 정권의 전쟁법제를 절대 반대한다는 결의가 밤하늘에 울려 퍼졌다. 우리는 이러한 대대적인 운동에 이 책이 조금이라도 힘을 보탤 수 있기를 진심으로 바라면서 이 장에서는 아베의 군사대국을 저지하기 위한 운동 방식을 제시해보고자 한다.

내가 사무국장을 맡고 있는 9조의 모임은 2015년 2월 25일에 '헌법 9조를 뿌리부터 뒤엎는 전쟁 입법과 개헌의 폭주를 저지하자—전국의 풀뿌리 시민으로부터 주최자의 목소리를 내자'라는 호소문을 발표하고, 3월 15일에 280개의 모임, 452명이 모인 전국 토론 집회를 열어 전쟁 입법을 저지하는 운동의 전개 방식을 진지하게 논의했다.

이 논의를 바탕으로 5월 1일에 '9조의 모임 사무국의 호소와 제안'을 발표했다. 이 호소와 제안의 요점은 다음 세 가지였다.

- 전쟁 입법 반대, 개헌 저지라는 한 가지 목표를 위해 보수와 진보를 가리지 말고 광범위한 사람들이 일치단결해 전국 각지에서 큰 소리로 외치고 가능한 행동을 취한다.
- 모든 계파의 국회의원 한 사람 한 사람에게 온갖 방법으로 직접 압력을

가해 전쟁 입법에 반대한다는 의견이 다수파가 되도록 한다.

- 법안의 본질과 매일같이 행동에 나서는 국민의 반대 목소리를 매스컴이 제대로 보도하도록 압력을 가한다.

이러한 운동을 실천하는 가운데 "기존의 경험에만 얽매이는 행동에 머무르고 있는 것은 아닌지 다시 한 번 되돌아보고 원점으로 돌아가자"고 강조했다. 원점이란 바로 다음과 같은 사상이다.

"일본과 세계의 평화로운 미래를 위해 일본의 헌법을 지키자는 일념으로 손을 잡고, 개헌의 기도를 저지하기 위해 한 사람 한 사람이 가능한 모든 노력을 지금 당장 시작할 것을 호소합니다."

이는 2004년 6월 10일 9조의 모임 호소문의 마지막 문장이다. 정치적 입장이나 신념, 당파의 차이를 뛰어넘어 '일본국헌법을 지킨다는 일념으로 손을 잡는 일'이 가능하도록 '모든 노력'을 기울이자고 호소한 것이다. 이 '모든 노력'이 1차 아베 정권을 타도하는 여론의 변화를 이루어냈다. 또한 전국에 7,000개가 넘는 9조의 모임 조직의 많은 활동 덕분에 현재까지 '헌법 9조를 고치지 않는 것이 좋다'는 여론이 다수파를 점하고 있다. 9조의 모임 사무국이 제안하는 바는 다음과 같다.

첫째, 법안이 국회에 제출되어 있는 시기를 '고비의 한 달'로 생각하고, 모임의 온 힘을 모아 독자적으로 또는 공동으로 가능한 모든 행동에 창의적으로 나서야 한다. 여기에서 '가능한 모든 행동'이라는 점이 중요하다. 역 앞에서 전단지를 배포하거나 서명을 받고 핸드마

이크를 들고 선전하는 고정적인 형태에 머무르지 말고, 글자 그대로 '창의적으로 나서는 행동'이 중요하다.

둘째, 창의적인 선전 행동과 학습회가 중요하다. 전쟁 입법에 대해서는 막연한 불안이 상당히 퍼져 있는데, 무엇이 어떻게 위험한지, 자위대원이 세계에서 죽고 죽이는 상황에 내몰리는 이유는 무엇인지 등등 국민에게 구체적인 위험성을 명확하게 알려주는 일이 무엇보다도 중요해지고 있다.

셋째, '전쟁 입법 반대 서명' 용지를 새로이 작성했으므로 이 서명 용지를 들고 각 9조의 모임이 '지역 속으로 들어가' 다른 모든 조직과 결합한 운동을 벌여야 한다. 주민 한 사람 한 사람과 대화를 나누면서 여론을 더욱 변화시켜야 한다.

넷째, 각각의 지역, 직장, 학교 등의 9조의 모임이 파악하고 있는 사람들의 네트워크 속에서 다양한 입장과 분야의 사람들이 이름을 걸고 전쟁 입법 반대, 개헌 반대의 공동성명을 내는 일이 긴급하게 요구된다.

다섯째, 당파를 불문하고 모든 국회의원의 지역 사무소를 직접 방문하여 전쟁 입법의 위험성을 주장하고 반대 의사를 표명하도록 압력을 가하는 일이 이제까지와 다른 운동을 창출할 것이다. 다시 말해 자민당원이라고 해도 현재 3차 아베 정권에는 강한 거부감을 갖고 있는 사람도 적지 않다. 그렇기 때문에 자민당원이나 자민당 지지자와 손잡고, 역대 자민당 정권과는 180도로 다른 해석을 내린 아베 정권의 각의 결정, 즉 해석 개헌을 뒤엎는 운동도 가능하다. 지역에서 선출된 국회의원이 자신의 지지 기반이 흔들리면 큰일 나겠구나 싶을 정도로 '지역'을 중시하는 운동이 꼭 필요하다. 나아가 자치단체 수장과 지방의회 의원에게도 찾아가 전쟁 입법에 반대하도록 압력을 가해야 한다. 이러한 행동과 아울러 각 지역의 지방 신문이나 지방 방송국에 전쟁 입법의 위험한 본질을 밝히는 보도를 내보내도록 요청하는 일이 중요하다.

여섯째, 전체 운동의 중앙 단계에 '전쟁 저지·9조를 망가뜨리지 마라! 총공격 행동실행위원회'가 결성되어 유례없는 3만 명 규모의 헌법 집회를 5월 3일에 성공시켰다. 통일행동의 날에는 국회 앞 행동에 2만 5천, 3만 명 수준으로 나서고 있듯, 전쟁 입법에 반대하는 모든 운동 단체나 개인과 공동으로 더욱 더 압력을 가해야 한다. 중요한 것은 직장, 학교, 지역에서 각 9조의 모임이 공동의 집회와 행동을 하나하나 실현하며 성공시키는 것이다.

일곱째, 지역 단위나 도도부현의 각 9조의 모임이 일제히 나서는 통일행동에 대해 정보를 교환하고 다른 조직이나 개인과 연대하는 것은 물론, 각각의 운동과도 교류를 발전시키는 것이 중요하다.

실로 절체절명의 운동 속에서 전국의 9조의 모임이 다른 조직, 그룹, 집단, 개인과 더불어 떨쳐 일어나 '가능한 일은 끝까지 다 하겠다'는 각오로 전국적인 운동을 펼쳐나갈 필요가 있다는 것을 호소한다. 이러한 풀뿌리 운동이 국회의 논쟁을 크게 뒤흔들고 있다.

국회 안 논쟁과 앞으로 해나갈 운동

전쟁법제에 대한 국회의 심의가 이루어지는 가운데 그 본질이 한꺼번에 드러나기 시작하면서 아주 긴박한 상황이 펼쳐지고 있다. 2015년 6월 4일 중의원 헌법심사회가 행한 참고인 질의에서 헌법학자 세 명 전원이 5월 15일 국회에 제출한 전쟁법제가 '위헌'이라는 의견을 표명한 것이다.

여당인 자민당과 공명당, 차세대의당의 추천을 받은 와세다대학 교수 하세베 야스오長谷部恭男는 "종래의 정부 견해가 취해온 논리 틀로는 설명할 수 없을 정도로 법적 안정성을 뒤흔들고 있다"는 말로 전쟁법제의 위헌성을 엄하게 비판했다. 여당이 추천한 참고인이 정부가 국회에 제출한 법안을 위헌이라고 말한 것은 지극히 이례적이다.

민주당이 추천한 게이오대학 명예교수 고바야시 세쓰小林節도 "일본은 헌법상 해외의 군사 활동에 대한 도구와 법적 자격을 부여받지 못하고 있다. 집단적 자위권은 동료 국가를 돕기 위해 전쟁하러 해외로 나가는 것"이라고 하면서 전쟁법제의 위헌성을 지적했다.

유신의당이 추천한 와세다대학 교수 사사다 에이지笹田栄司는 "내각법제국과 자민당 정권이 만들어온 안보법제는 아슬아슬하게 합헌성을 유지해왔지만, 이번에는 정도를 벗어나고 말았다. 역시 위헌이라고 생각한다"고 말했다. 헌법학자로서 전쟁법제를 위헌이라고 명백하게 단언한 것이다.

이 헌법심사회가 열리기 전날, 171명의 헌법학자가 '안보 관련 법안에 반대하며 신속한 폐지를 요구하는 헌법연구자의 성명'을 발표했다. 이 성명에서는 "법안을 책정하는 절차가 입헌주의, 국민주권, 의회제 민주주의에 위배된다", "법안의 내용이 헌법 9조 등에 위배된다"고 지적하고 있다.

'절차'의 문제에 대한 비판은 이러하다. 60년도 넘게 국회에서는 '집단적 자위권 행사는 헌법 위반'이라는 정부의 해석을 반복적으로 표명해왔다. 그런데 여기에 대한 국민적 논의도 없이 내각의 판단으로 이를 뒤집어버리는 것은 헌법에 기초한 입헌주의 정치를 부정하고, 주권자인 국민의 의사를 짓밟아 의회제 민주주의를 무너뜨리는 일이다.

또한 '내용'에 대한 비판은 이러하다. 첫째, 일본과 밀접한 관계에 있는 타국이 공격을 받는 '존립 위기 사태'가 발생할 때 자위대의 무력행사를 용인하는 것은 제지할 수 없는 집단적 자위권 행사로 나아가는 것이다. 둘째, 타국의 군대에 대한 자위대의 지원 활동은 무력행사에 해당하며 헌법 9조 1항에 위배된다. 셋째, 미군 등의 무기 방호防護를 위한 자위대의 무기 사용은 평상시의 동맹군 관계를 뜻하며 커다란 위험성을 품고 있다.

6월 6일 도쿄대학에서 개최한 '입헌 데모크라시의 모임'의 심포지엄 '입헌주의의 위기'에는 당초 학회장의 정원인 700명을 훨씬 웃도는 1,400명 이상의 청중이 모였다. 도쿄대학 명예교수 히구치 요이치樋口陽一는 2차 아베 정권이 우선 헌법 9조를 바꾸려고 한 것은 '비입헌의 전형'이라고 지적하고, 안보법안은 제출 방법 자체가 비입헌적이라고 지탄했다. 도쿄대학 교수 이시카와 겐지石川健治는 안보법제에 대해 "행정의 의도를 우선시해 먼저 법률을 만들고, 거기에 맞추어 헌법까지 바꾸려고 한다"는 말로 비입헌성을 강하게 질타했다.

6월 9일 일본기자클럽에서 대담을 나눈 무라야마 도미이치 전 총리와 고노 요헤이 전 중의원의장은 아베 정권의 전쟁법제에 반대하는 입장을 명확하게 밝혔다. 무라야마 도미이치는 "정권이 멋대로 해석을 바꾸고 자유롭게 법안을 만든다면 도저히 걷잡을 수 없는 일이 일어날 것이다. 폭거를 일으켜서는 안 된다"고 말했고, 고노 요헤이도 "헌법 9조는 전수방어이다. 이웃이 공격을 받았다고 우리가 도우러 간다는 해석은 내릴 수 없다. 일단 법안을 물리고 재검토해야 한다"고 말했다(《도쿄신문》, 2015년 6월 10일자).

6월 15일 나는 교토대학 명예교수 마쓰카와 도시히데益川敏英, 가쿠슈인대학 교수 사토 마나부佐藤学 등과 함께 '안전보장 관련 법안에 반대하는 학자의 모임'에 발기인으로서 참여했다. 이 모임에서는 학문의 분야를 막론하고 이과계에서 문과계까지 폭넓은 찬동자가 모여 공동성명을 발표했다. 이날부터 '전쟁 저지·9조를 망가뜨리지 마라! 총공격 행동실행위원회'는 평일 하루 내내 국회 앞에서 농성을 하기 시작했다. 여론은 전쟁법제를 철회하라는 쪽으로 크게 움직이고 있다.

6월 24일 '입헌 데모크라시의 모임'이 '안보법제와 관련한 모든 법안의 철회를 요구하는 성명'에 대한 기자회견을 열었다. 나도 참가한 이 기자회견에서는 집단적 자위권의 위헌성에 대해 다음과 같이 주장했다.

첫째, 1954년의 자위대 창설 이래 헌법 9조에 입각해 무력행사가 용인된 것은 개별적 자위권의 행사로 한정된다. 그래서 정부는 집단적 자위권 행사를 위해 헌법 9조를 반드시 개정해야 한다고 반복적으로 표명해왔다. 이와 같은 아베 정권에 의한 집단적 자위권 행사의 용인은 명백하게 헌법 9조를 위반하는 것이다.

둘째, 이번 법안에서는 전투 지역과 비전투 지역의 구별이 폐지되고, 현재 전투 행위가 일어나고 있는 현장 이외의 지역이라면 후방 지원을 실시할 수 있다고 되어 있다. 이는 자위대가 외국 군대의 무력행사와 일체화할 우려가 아주 높다.

셋째, 국회 심의에 들어가기 전인 4월에 아베 총리는 미국 의회에서 "안보 관련 법안을 올해 8월까지 성립시키겠다"고 대미 공약을 발표했다. 이는 국회의 권위를 손상시키고 국민주권을 무시하는 행위이다.

넷째, 정부는 집단적 자위권 행사 용인에 의해 억제력을 높이면 안전보장에 기여한다고 주장하지만, 일본이 억제력을 높이면 상대방은 더욱 군비를 강화할 것이니 결과적으로는 안전보장 환경이 악화될 수 있다.

그렇기 때문에 다섯째, 안전보장 관련 법안은 헌법에 명백하게 위배된다. 모든 법안의 조속한 철회를 요구한다.

여기에 전쟁법제를 폐지하려는 풀뿌리 운동과 학자들의 지식이 결부된 논거가 있다. 연일 벌어지는 국회 앞 행동에 연대해 모든 47개 도도부현에서 전쟁법제 폐지를 요구하는 공동행위가 일어나 회를 거듭할수록 참여자의 수를 늘려나가는 것이 이 운동을 승리로 이끄는 가장 확실한 길이다. 한 사람 한 사람이 온 힘을 다해 전쟁법제를 폐지할 것을 외쳐야 한다.

아베 정권의 군사대국화,
국민운동으로 타도하자

앞서 1장에서는 3차 아베 정권이 현재 진행하려고 하는 전쟁법안인 안보법제에 어떤 위험한 내용이 들어 있는지, 그리고 왜 그것이 패전 70주년을 맞이한 해에 국회에 제출되었는지를 역사적으로 해명했다.

2장에서는 무기 체계와 설비의 확충을 선행시킨 다음 거기에 발 맞추어 법률, 제도, 조직 같은 시스템을 꾸리고, 또 거기에 대응해 가 치관과 인재 양성이 진행된 1990년대부터 현재에 이르는 일본의 모 습, 즉 '전쟁하는 나라 만들기'의 특질을 역사적으로 분석했다.

3장에서는 아베 신조라는 정치가의 내력과 일본의회를 중심으로 한 극우 조직의 관계를 살펴보면서 1차 아베 정권이 역사적으로 예 를 찾아볼 수 없는 극우 정권인 점을 파악했다. 나아가 왜 2012년 이후 2차, 3차 아베 정권이 부활할 수 있었는지를 극우 조직과 정치 가의 연관성을 통해 해명하고 현 정권의 위험성에 경종을 울렸다.

4장에서는 재계의 최고의사결정기관이자 재계의 의사를 수행하 는 기관이기도 한 일본경단련의 문서를 소개하면서 일미동맹 아래

'해외에서 전쟁할 수 있는 나라'를 지향해온 21세기 일본 재계의 속내를 구체적으로 파헤쳤다.

5장에서는 전후 70주년이라는 해를 맞이해 과거의 침략 전쟁을 미화하고 역사를 부인하려는 아베 신조라는 정치가의 자세를 비판했다. 또한 일본의 전후 처리는 한국, 북한, 중국에 대한 식민지 지배와 침략 전쟁의 책임을 청산하지 않은 화해였다는 점을 고발하고, 진정한 의미의 깊은 반성이 필요하다는 점을 강조했다.

전후 70주년이라는 역사적 시점인 만큼 총리의 발언은 국제적으로나 국내적으로나 결정적인 의미를 지닌다. 전쟁법제를 국회에서 통과시키려는 95일의 회기 연장을 위해 아베 총리가 '전후 70주년 담화'를 발표할 때 국회는 회기 중이었다. 극우 정권인 3차 아베 정권은 전후 70년을 총괄하는 것이 논리적으로 불가능하다. 이 아베의 담화를 철저하게 비판하는 일이 전쟁법제 저지에 커다란 힘이 될 것이다.

일본경단련이 중점을 두는 것은 전쟁 산업이기 때문에 아베 정권의 경제정책은 군사대국이다. 따라서 아베노믹스를 헌법 9조의 관점에서 비판하는 일이 중요하다.

헌법 9조를 지키려는 국민운동 측은 다시 한 번 전후 유엔 중심의 세계에서 헌법 9조를 보유한 일본이 어떠한 역할을 해왔는지 명확하게 밝혀야 한다. 광범한 세계의 사람들과 일본의 헌법 9조의 관계를 인식하고, 국내법에 머물지 않는 국제법적 기능을 역사적으로 공유하는 방향으로 운동을 조직해가는 일도 중요하다.

자위대 장비는 미군에 버금가는 세계적인 수준이다. 그럼에도 군비를 한 번도 사용할 수 없을 만큼 헌법 9조의 구속력이 크다는 사실을 명확히 해야 할 것이다. 실제로 군비가 어떻게 편성되어 있는지, 군비를 사용하려는 것인지 혹은 사용하지 않으려는 것인지, 이 문제가 헌법 9조를 둘러싼 문제의 근간임이 점점 더 뚜렷해지고 있다.

패전 후 일본이라는 나라에서 벌어지고 있는 헌법 9조 수호 운동이 반드시 아베 정권을 이기는 운동이 되었으면 하는 것이 이 책을 쓴 우리들의 공통된 염원이다. 매주 금요일 오후 7시 30분부터 9시 30분까지 실즈(SEALDs, 자유와 민주주의를 위한 학생 긴급행동)는 국회 앞에서 전쟁법제 폐지를 위해 행동하면서 '안전보장 관련 법안에 반대하는 학자의 모임'과 함께 투쟁하고 있다. 삿포로에서는 아르바이트를 하는 19세 여성이 '전쟁을 하고 싶지 않아 부르르 떤다'라는 집회와 시위를 제창했는데, 기존 시위와는 상이한 이 새로운 운동이 크게 성공을 거두고 있다. 그리고 '총공격 행동실행위원회'로 결집한 통일된 운동의 국면은 나날이 성큼성큼 전진하고 있다.

입헌주의, 의회제 민주주의, 심지어 국민주권의 헌법체제 자체마저 짓밟아 다시는 소용없게 만들려는 3차 아베 정권의 본질을 낱낱이 밝히고, 모두가 들고일어나 '전쟁에 나서는 나라 만들기'를 절대 용납하지 않는 운동을 끝까지 전개할 것을 호소하는 바이다.

이 책은 일본에서 '2015년 안보투쟁'이 한창일 때 썼고, 출간 후에 많은 독자들이 읽어주었습니다. 일본어판 발행일은 2015년 8월 1일인데, 전쟁법제인 안보 관련 법안은 7월 중순에 중의원에서 단독으로 채결되어 참의원의 심의에 들어가 있었습니다. 반대 운동이 거세게 소용돌이치는 가운데 매주 목요일에는 '2015년 안보투쟁 운동' 전체를 지도한 '전쟁 저지·9조를 망가뜨리지 마라! 총공격 행동실행위원회'가 주최하는 국회 앞 행동이 있었고, 금요일에는 실즈와 '안전보장 관련 법안에 반대하는 학자의 모임'이 수만 명 규모의 공동행동을 일으켰습니다. 드디어 8월 30일에는 국회 앞에서 12만 명, 전국적으로는 1,300곳에서 100만 명이 들고일어날 만큼 대대적인 확산력을 지닌 운동으로 발전했습니다.

'전쟁 저지·9조를 망가뜨리지 마라! 총공격 행동실행위원회'라는 엉뚱하게 길고 기묘한 말로 된 이 조직명이야말로 '2015년 안보투쟁'의 비밀을 숨기고 있습니다. 2014년 7월 1일 2차 아베 정권이 각의 결정만으로 집단적 자위권 행사를 용인하는 해석 개헌을 강행한 이후, 연말이 가까워서야 이 조직이 결성되었습니다. 명칭의 길어진 까닭은 세 조직이 하나가 되었기 때문입니다. '전쟁 저지 1,000명 위원회', '해석으로 9조를 망가뜨리지 마라! 실행위원회', '전쟁하는 나라 만들기 스톱! 헌법을 지키고 살리는 공동센터'라는 세 조직의 조직 명칭을 기호까지 포함해 짜깁기를 한 것입니다. 이 명칭 자체는 세 조직이 각각 이뤄온 논의의 경위를 나타낼 뿐 아니라 무슨 일이 있어도 분열된 운동을 하나로 모으자는 강한 의지를 표현하고 있습니다.

'전쟁 저지 1,000명 위원회'는 연합좌파라고 불리는 일본교직원조합이나 전일본자치단체노동조합이 조직해 기지 반대 평화운동을 해온 '평화포럼'이 모체입니다. 학자와 문화인 등이 주체가 되어 아베 정권에 의한 집단적 자위권 행사 용인을 반대하자고 호소함으로써 2014년에 결성된 조직입니다. 중심인물은 후쿠야마 신고福山劫입니다.

일본노동조합총연합회(연합)는 일본노동조합총평의회(총평)와 전일본노동총동맹(동맹) 등 전국 조직이 하나가 되어 1969년에 만들어졌는데, 일본 노동운동 역사 가운데 가장 규모가 큰 전국 중앙조직입니다. 지지하는 정당은 당시의 민주당이었습니다. '총평'이 '연합'에 합류한 것을 노동조합의 우익적 재편성으로 간주하고, 독자적인 내셔널 센터*로서 전국노동조합총연합(전노련)이 같은 해 결성되었습니다. '전노련'에 가맹한 조합이나 민주상공회, 신일본부인의 모임 같은

---

* 　노동조합의 전국 중앙조직이다. 노동조합이 가맹한 연합조직이며, 가맹 조합의 지도 역할이나 공동행동을 중점에 두는 조직이다.

전국 조직과 일본공산당이 가세한 것이 '전쟁하는 나라 만들기 스톱! 헌법을 지키고 살리는 공동센터'입니다. 중심인물은 전노련의 오다가와 요시카즈小田川義和 의장입니다.

이 두 가지 내셔널 센터로 분열된 노동조합 계열의 운동을 이어주는 것이 '해석으로 9조를 망가뜨리지 마라! 실행위원회'입니다. 이 실행위원회는 이름대로 아베 정권의 7월 1일 각의 결정에 반대하는 수도권 시민운동의 연합조직입니다. '9조의 모임'의 수도권 조직은 말할 것도 없고, 2000년대에 들어와서 5월 3일 헌법기념일 즈음이 되면 신민당의 당수와 공산당의 위원장이 예전에 '사공社共 공투*'를 했던 것처럼 같은 집회에서 함께 연설을 하는 '5·3 헌법 집회'에 힘을 쏟은 시민운동 그룹이 모체입니다. 중심인물은 '9조의 모임' 사무국을 함께 맡고 있는 '안 된다! 헌법 개헌·시민연락의 모임'의 다카다 겐高田健입니다.

우리가 작년의 운동을 '2015년 안보투쟁'이라고 부르는 까닭은 '1960년대 안보투쟁'과 '1970년대 안보투쟁'을 의식하고 있기 때문입니다. '1960년대 안보투쟁'에서는 '총평'이 일본사회당과 일본공산당을 연결하고 '안보조약 개정 저지 국민의회'를 조직했습니다. 그리고 1960년 5월 19일에 조약안을 강행 가결한 것에 대해 연일 30만 명이 넘는 사람들이 국회를 포위했습니다. 이것이 '혁신통일'의 운동이 되어갔습니다.

---

*   1960~1970년대에 걸쳐 일본에서 일본사회당(현재 사회민주당)과 일본공산당이 공동 투쟁으로 혁신정권을 지향하고자 한 정치 방침을 가리킨다.

312

개정한 새 안보조약은 유효 기간이 10년이었기 때문에 1970년의 재개정을 저지하기 위해 운동의 태세를 정비해갔습니다. 그러나 일미 양국 정부는 '자동 연장'의 길을 선택했고, 그 때문에 '1970년대 안보 투쟁'은 '1960년대 안보 투쟁'과 같이 지속적이고 대대적인 운동은 되지 못했습니다. 일본사회당과 일본공산당의 '혁신통일'은 자위권의 존재가 헌법 9조 2항, 즉 '전항의 목적을 달성하기 위해 육해공군과 기타 전력은 보유하지 않는다'는 내용을 위반하는 것이고, 따라서 일미안보조약이라는 군사동맹은 헌법 위반이라는 일치된 의견으로 나아갔습니다.

그러나 1984년에 일본사회당의 이시바시 마사시石橋政嗣 위원장이 자위대는 '위헌'이기는 하지만 '합헌'이라는 모순된 견해를 취했습니다. 이에 일본공산당의 미야모토 겐지宮本治 의장은 반발했고 사공공투는 무너졌습니다. 그리고 이 일로 1989년에는 노동조합 운동이 분열하기에 이르렀습니다.

이렇게 분열한 운동을 어떻게든 통일해보자는 현장의 의지가 멈추지 않았기 때문에 '전쟁 저지·9조를 망가뜨리지 마라! 총공격 행동실행위원회'를 중심으로 '2015년 안보투쟁'이라는 유례없는 투쟁을 공동으로 실현해낸 것입니다.

2015년 9월 19일 참의원에서 안보법제가 강행 채결된 직후부터 국회 앞에서는 자연발생적으로 "야당은 공동투쟁하라! 야당은 공동투쟁하라!"는 목소리가 계속해서 어두운 밤하늘에 울려 퍼졌습니다. 그날 이래 매월 19일에는 안보법제 폐지를 위한 통일행동이 국회 앞에서 전국적으로 일어나고 있습니다. 그리고 강행 채결로부터 5개월째인 2016년 2월 19일, 당시의 야당 5당은 '안보법제 폐지'와 '집단적 자위권 행사를 용인한 각의 결정 철회'에 합의하고, 다음 참의원 선거에서 협력할 것을 결의했습니다. 공동의 운동을 추진함으로써 시민의 힘이 정당을 움직였다고 할 수 있습니다.

얼마 전 민주당과 유신의당 일부가 민진당을 만들어 야당 4당이 되었습니다. 이들은 2016년 7월 10일의 참의원 선거에서 정수가 한 명인 32개의 선거구에 단일 후보를 내기에 이르렀습니다. 그리하여 안보법제는 5월 29일부터 시행되는 것인데도 3차 아베 정권은 선거 전에는 그 법률을 사용할 수 없는 상황에 내몰렸습니다. 각자 주권자로서 헌법 위반의 법률을 비판하는 운동을 계속했기 때문에 현재 일본은 행정 권력인 정부가 입법 권력에서 강행 채결한 법률을 사용할 수 없는 상황이 된 것입니다. 그렇기 때문에 아베 정권은 헌법 9조 2항을 없애기 위한 명문 개헌을 참의원 선거의 공약으로 내걸 수밖에 없는 궁지에 몰렸습니다.

나날이 운동을 통해 파괴된 입헌주의를 되찾고 있는 것이 지금의 일본입니다. 이 글을 쓰고 있는 지금은 참의원 선거 결과가 미정이지만, 한국의 독자 여러분과 우리의 운동이 탄탄하게 이어질 것을 진심으로 바라마지 않습니다.

2016년

고모리 요이치

1. 경제동우회 대표간사 하세가와 야스치카의 기자회견 발언 요지(2014년 7월 1일) http://www.doyukai.or.jp/chairmansmsg/pressconf/2014/140701a.html

2. 상세한 것은 이시카와 야스히로, 《'낙수효과'라는 경제 신화おこぼれ経済'という神話》(신일본출판사, 2014년)의 5장 '자민당이 그리는 근미래의 일본 사회' 등을 참조하라.

3. 일본의 재계 단체는 일본경제단체연합회(일본경단련), 경제동우회, 일본상공회의소가 중심을 이룬다. 일본경단련 회원은 대기업, 업계 단체, 지방단체 등이고, 80개 정도의 각종 위원회로 나뉘어 정책 입안 활동을 활발하게 전개하고 있다. 그곳에서 작성한 의견서는 기본적으로 정부에 대한 요망 사항이며, 중요 문서는 총리나 대신에게 건네진다. 이는 기업과 단체의 헌금 또는 그것의 알선과 더불어 일본의 정치에 '재계의 말을 잘 들을 것'을 강요하는 강력한 수단이다. 개인 회원제로 운영되는 경제동우회의 주요 역할은 재계 전체적으로 아직 합의가 이루어지지 않은 문제의 선행 조사와 연구 등이다. 전국의 상공회의소를 결집한 일본상공회의소의 역할은 중앙 재계의 의향을 각지로 침투시키는 것이다. 이 세 단체의 중심 인사들 간에는 중복과 이동이 있으며, 때로 그들은 공동성명도 발표한다. 세 단체는 일본경단련을 정점으로 삼아 총체적으로 일본의 재계를 형성하고 있다.

4. 일본경단련 환경·기술본부, 〈나라의 기본 문제 위원회 설치에 대하여〉 (2004년 7월) http://www.kennpoukaigi.or.jp/seitoutou/20040719nihonkeidanren.html

5. 일본경단련, 〈일본의 기본 문제를 생각한다—지금 이후의 일본을 전망하며〉(2005년 1월 18일) http://www.keidanren.or.jp/japanese/policy/2005/002/

6. 자민당의 지지율 저하에 대응해 재계가 '2대 정당제 만들기' 추진을 개시한 것은 당시 자민당과 민주당을 합당해 현재의 민주당을 결성한 2003년이었다. 다음 해 2004년부터 일본경단련은 자민당과 민주당 양측에 '재계 통신부'를 보여주고 재계에 대한 종속 정도를 기준으로 헌금을 알선했다. 〈일본의 기본 문제를 생각한다〉는 이런 상황에서 재계가 내놓은 최초의 큰 호령이었고, 그 후 자민당 정치에 커다란 영향을 미쳤다. 일본경단련이 정치에 커다란 목소리를 낸 경과에 대해서는 앞의 책《'낙수효과'라는 경제 신화》 3장 '재계와 대기업이 요구하는 경제정책'을 참조하라.

7. 이 점에 대해서는 이시카와 야스히로, 《패권 없는 세계를 위해覇権なき世界を求めて》(신일본출판사, 2008년) 4장 '아시아 속의 헌법 문제'와 5장 '위안부 문제로 보는 세계 구조의 변화'를 참조하라.

8. 경제동우회 헌법문제조사회, 〈헌법문제조사회 의견서—자립한 개인, 자립한 나라가 되기 위하여〉(2003년 4월) http://www.doyukai.or.jp/policypropasals/articles/2002/030421a.html

9. 경제동우회 헌법문제조사회, 〈헌법문제조사회 활동보고서〉(2002년 4월 22일) http://www.doyukai.or.jp/policypropasals/articles/2001/020422a.html

10. 경제동우회, 〈실현 가능한 안전보장의 재구축〉(2013년 4월 5일) http://www.doyukai.or.jp/policypropasals/articles/2013/130405a.html

11. 총리 관저 및 정부의 기본 방침이나 계획 등. http://www.kantei.go.jp/jp/kakugikettei/index.html

12. 각의 결정, 〈국가안전보장 전략〉(2013년 12월 17일) http://www.kantei.go.jp/jp/kakugikettei/2013/__icsFiles/afieldfile/2013/12/17/20131217-1_1.pdf

13. 각의 결정, 〈헤이세이 26년 이후에 관한 방위계획대강〉(2013년 12월 17일)
http://www.kantei.go.jp/jp/kakugikettei/2013/__icsFiles/afieldfi
le/2013/12/17/20131217-2_1.pdf

14. 각의 결정, 〈중기 방위력 정비 계획〉(헤이세이 26~30년)(2013년 12월 17일)
http://www.kantei.go.jp/jp/kakugikettei/2013/__icsFiles/afieldfi
le/2013/12/17/20131217-3_1.pdf

15. 각의 결정, 〈방위 장비 이전 3원칙〉(2014년 4월 1일) http://www.kantei.go.jp/
jp/kakugikettei/2014/__icsFiles/afieldfile/2014/04/01/20140401-1.pdf

16. 국가안전보장회의 결정, 〈방위 장비 이전 3원칙의 운용 방침〉(2014년 4
월 1일) http://www.kantei.go.jp/jp/kakugikettei/2014/__icsFiles/afieldfi
le/2014/04/01/20140401-2.pdf

17. 각의 결정, 〈나라의 존립을 보전하고 국민을 지키기 위한 빈틈없는 안전
보장 법제의 정비에 대하여〉(2014년 7월 1일) http://www.cas.go.jp/jp/gaiyou/
jimu/pdf/anpohosei.pdf

18. 우주개발전략본부 결정, 〈우주 기본 계획〉(2015년 1월 9일) http://www.8cao.
go.jp/space/plan/plan2/plan2.pdf

19. 각의 결정, 〈개발협력대강에 대하여〉(2015년 2월 10일) http://www.mofa.
go.jp/mofaj/files/000067688.pdf

20. 일본경단련, 〈이후 방위력 정비의 방식에 대해─방위생산·기술 기반의 강화를
위해〉(2004년 7월 20일) http://www.keidanren.or.jp/japanese/policy/2004/063.
html

21. 이 과정의 자세한 사정은 쓰다 다쓰오津田達夫의《재계─일본의 지배자들財
界─日本の支配者たち》(学習の友社, 1990년), 기하라 마사오木原正雄의《일본의 군
사산업日本の軍事産業》(신일본출판사, 1994년), 후지와라 아키라藤原彰의《일본
군사의 역사日本軍事史》하권·전후편(사회비평사, 2007년) 등을 참조하라.

22. 일본경단련, 〈방위계획대강을 위한 제언〉(2013년 5월 14일) http://www.
keidanren.or.jp/policy/2013/047.html

23. 일본경단련 방위생산위원회, 〈유럽의 방위산업 정책에 관한 조사 미션 보고〉(2010년 7월 20일). 2010년 3월에 프랑스와 영국에서는 정부와 기업, 벨기에에서는 NATO와 구주방위청을 방문했다. http://www.keidanren.or.jp/policy/2010/067houkoku.pdf

일본경단련 방위생산위원회, 〈미국의 방위산업 정책에 관한 조사 미션 보고〉(2011년 7월 1일). 2011년 1~2월에 미국의 정부와 기업, 연구기관 등을 방문했다. http://www.keidanren.or.jp/policy/2011/071.pdf

일본경단련 방위생산위원회, 〈독일 및 스웨덴의 방위산업 정책에 관한 조사 미션 보고〉(2012년 2월 22일). 2011년 11월에 독일과 스웨덴의 정부와 기업 등을 방문했다. http://www.keidanren.or.jp/policy/2012/012.pdf

일본경단련 방위생산위원회, 〈이탈리아 및 영국의 방위산업 정책에 관한 조사 미션 보고〉(2013년 5월 14일). 2013년 1~2월에 이탈리아와 영국의 정부와 기업, 연구기관 등을 방문했다. http://www.keidanren.or.jp/policy/2013/048.pdf

24. 일본경단련의 〈월간 경단련〉(2012년 8월호)에 실린 오미야 히데아키大宮英明, 야노 가오루矢野薫, 사토 이쿠오佐藤育男, 오가와 가즈히사小川和久, 사쿠라바야시 미사桜林美佐(사회자)의 좌담회 〈방위산업의 생산·기술 기반의 유지·강화를 향해〉는 방위생산위원회가 전면에 나서서 '앞으로의 안전보장 양상과 경제계, 산업계의 역할' 등을 널리 논의한 것인데, 여기에서는 무기 수출 3원칙의 수정도 커다란 논점으로 떠올랐다. http://www.keidanren.or.jp/journal/monthly/201208_zadankai.pdf

이와 관련하여 전 방위대신 모리모토 사토시森本敏가 편자編者인 《무기 수출 3원칙을 어떻게 수정했는가武器輸出三原則はどうして見直されたのか》(海竜社, 2014년)는 미쓰비시중공업, 록히드 마틴 등 일본과 미국의 군수산업 관계자를 포함한 복면覆面 좌담회에 의해 무기 수출 3원칙 수정을 권하는 시도이다. 거꾸로 3원칙의 완화와 수정의 움직임을 비판적으로 검토한 저술로는 앞의 책 《일본의 군사산업》, 이노우에 교井上協의 "무기 수출 3원칙

의 완화 압력"(〈경제〉, 2010년 6월호), 아다치 히로시足立浩의 "무기 수출 해금의 배경과 군수산업계의 노림수", 니시카와 준코西川純子의 "무기의 국제 공동 개발·생산과 F-35 전투기"(이상 〈경제〉, 2012년 10월호), 아토 도모노리阿戶知則의 "무기 수출 3원칙의 방기와 일미군수산업의 전개"(〈경제〉, 2014년 8월호) 등이 있다. 나아가 특집을 꾸려 3원칙의 전환을 비즈니스의 각도에서 조명한 것으로 〈주간 다이아몬드―자위대와 군사 비즈니스의 비밀〉(2014년 6월 21일호), 〈별책 보물섬―알려지지 않은 자위대와 군사 비즈니스〉(宝島社, 2014년 11월호) 등이 있다.

25. 일본경단련 방위생산위원회·재일미국상공회의소 항공우주방위생산위원회, 〈일미방위산업 협력에 관한 공동성명〉(2012년 7월 17일) http://www.keidanren.or.jp/policy/2012/059.html

    일미군수산업의 유착을 자위대의 장비 구입에 초점을 맞추어 비판한 것으로 고이즈미 치카시小泉親司의 "일미군사이권의 구도"가 있고, 일미기술포럼의 실제를 검토하면서 일미군수산업의 '융합'을 논의한 것으로 아다치 히로시의 "일미군수산업 간 교류와 융합화 경향"이 있다(둘 다 〈경제〉 2008년 6월호).

26. 네 가지 모델에 대해서는 앞의 문서 〈방위계획대강을 위한 제언〉 요약에 A~D로 분류, 소개해두었다.

27. http://www.keidanren.or.jp/policy/2014/046.html

28. 외무성, 〈정부개발원조ODA〉 http://www.mofa.go.jp/mofaj/gaiko/oda/about/oda.html

29. 외무성·보도 발표, '개발협력대강의 결정' http://www.mofa.go.jp/mofaj/press/release/press4_001766.html

    일본 정부에 의한 ODA의 개시(1954년)부터 오늘의 대강 개정에 이르는 역사를 비판적으로 검토한 것으로 가네코 도요히로金子豊弘의 "ODA대강의 개정―안보와 국익 우선이 표면으로"(〈경제〉, 2015년 4월호)가 있다.

30. http://www.keidanren.or.jp/policy/2014/098.html

31. 덧붙여 말하면, 재계와 미국의 요청, 그리고 일본 우파의 움직임 사이의 관계에 대한 최근 논의로 후지타 겐藤田健, 이시카와 야스히로, 야마다 다카오山田敬男, 다와라 요시후미가 쓴 "좌담회, 아베 정권—폭주와 모순"(《경제》, 2014년 2월호)이 있다. 한편 양자의 어긋남까지 포괄해 미국의 요청과 아베 정권의 관계를 분석한 것으로 다케우치 마코토가 쓴 "아베 정권이 진행하는 '전쟁하는 군대' 만들기의 위험과 모순"(《전위》, 2015년 1월호)이 있다. 비슷한 논점은 고이즈미 치카시, 다케우치 마코토, 시라히게 주이치白髭寿一가 쓴 "좌담회, 변모하는 자위대·헌법 파괴와 어떻게 싸울 것인가"(《전위》, 2014년 7월호)에도 등장한다.

32. 1차 아베 내각의 붕괴는 국민에게 강력한 비판을 받은 것 외에도 아베 정권의 야스쿠니 사관과 미국의 세계 전략, 재계의 대외경제 전략 사이의 마찰이 중요한 요인이었다. 이 점에 대해서는 앞의 책《패권 없는 세계를 위해》5장 '위안부 문제로 보는 세계 구조의 변화'를 참조하라. 야스쿠니 사관과 미국 정부, 일본 재계의 협조(상호 활용)와 대립의 구도는 오늘날에도 기본적으로 변하지 않고 있다.

33. 일본경단련, 〈경제 외교의 방식에 관한 설문조사 결과 개요〉(2015년 1월 29일) http://www.keidanren.or.jp/policy/2015/013.pdf

34. 이 글에서는 개별 군사기업의 움직임에 대해서는 언급할 수 없었다. 그들의 최근 동향에 대해서는 〈경제〉의 연재글 "일본의 군수산업"에서 다루고 있다. 고가 요시히로古賀義弘의 "새로운 단계를 맞이한 일본의 군사산업"(2015년 3월호)은 넓은 시야로 미쓰비시중공업에 초점을 맞추었고, 이노우에 데루유키井上照幸의 "일본 병기산업의 전개와 현황"(2015년 4월호)은 방위성의 병기 조달을 검토하면서 '우주의 군사화'를 논하고 있다. 또한 고가 요시히로의 "조선 기업의 세계화와 군사화로의 경사"(오니시 가쓰아키大西勝明 편저,《일본 산업의 세계화와 아시아日本産業のグローバル化とアジア》(文理閣, 2015년)도 군사산업의 움직임을 다면적으로 규명하고 있다. 다른 한편으로 사쿠라바야시 미사의《아무도 이야기하지 않은 방위산업·증보판誰も語らなかった

防衛産業·増補版》(並木書房, 2012년), 《자위대와 방위산업自衛隊と防衛産業》(並木書房, 2014년)은 방위성·자위대의 방위산업·기술 기반 연구회 위원이라는 입장에 서서 시민을 대상으로 정부와 방위성의 움직임과 자위대의 실정을 해설한 책이다.

35. 무라이 요시노리村井吉敬, 《사시와 아시아와 바다세계サシとアジアと海世界》, コモンズ, 1998년(여기서 사시란, 동인도네시아의 섬과 바다와 숲에 사는 사람들의 생활습관이다. '섬' 또는 '어업 금지'라는 뜻이다. 정해진 구역에서 고기잡이를 금지함으로써 주거 지역의 자원을 지키는 생활의 지혜이다.—옮긴이)

36. 《알려지지 않은 전쟁범죄—일본군은 오스트레일리아인에게 무슨 짓을 했는가知られざる戰爭犯罪—日本軍はオーストラリア人に何をしたか》(大月書店, 1993년)의 저자 다나카 도시유키田中利幸(전 히로시마 시립대학 히로시마평화연구소 교수)는 아베 연설의 'deep remorse'에 대해 정부가 번역한 '통절한 반성'은 엄밀하게 보면 올바르지 않다고 지적한다. 그는 자신의 홈페이지에서 반성이란 자신의 과거 행동을 엄격하게 검증한 다음 '내가 잘못했다'고 과실과 책임을 인정하는 행위이며, 영어로는 'self-examine'이라는 말에 해당한다고 말한다. 이에 반해 'remorse'는 '송구스러웠다'는 감정을 표현할 따름이고, 거기에는 자기 검증이라는 뜻이 들어 있지 않다고 한다. "미묘한 차이이지만 이런 경우에는 이 차이야말로 중요하다"고 그는 지적했다.

37. 국립공문서관장, 〈쇼와 20년(1945년) 공문 잡찬雜纂 진정 청원 의견서 제국의회〉 권9.

38. 존 다우어John W. Dower 외, 《전환기의 일본으로—'팍스 아메리카나'인가 '팍스 아시아'인가轉換期の日本へ—'パックス·アメリカーナ'か'パックス·アジア'」か》, NHK출판신서, 2014년.

39. '묵살' 발언이 미국과 소련 등에 어떻게 이용되었는지는 나카 아키라仲晃, 《묵살, 포츠담선언의 진실과 일본의 운명黙殺 ポツダム宣言の真実と日本の運命》(일본방송출판협회, 2000년)을 참조하라.

40. 케네스 캠번Kenneth Cambon, 《게스트 오브 히로히토—니가타 포로수용소

1941~1945 ゲスト オブ ヒロヒト — 新潟俘虜収容所 1941~1945》, 築地書館, 1995년.

41. 우쓰미 아이코, 《일본군의 포로 정책日本軍の捕虜政策》, 青木書店, 2005년.

42. 외무성 편, 《일본 외교 연표 및 주요 문서(하)日本外交年表竝主要文書(下)》, 原書
房, 1965년.

43. 포로정보국, 〈미국 헌병사령관 일행이 실시한 조사개황〉(1945년 7월 17일).
우쓰미 아이코·나가이 히토시永井均 편·해설, 《도쿄재판자료—포로정보국
관계문서東京裁判資料 — 俘虜情報局関係文書》, 현대사료출판, 1999년.

44. F포스 재판·싱가포르 군사법정(1946. 9. 25~10. 23). 일본 측 통계로는 사망
자가 2,646명이다. 〈태면전泰緬甸 연접 철도 건설에 따른 포로 사용 상황조
서〉. 도쿄재판에는 포로 학대에 관한 문서 증거가 약 680건 제출되었다.
검찰 측이 입증 단계에서 제출해 수리된 증거가 2,282건이었는데 그중 약
30%가 포로 관련 증거 서류였다. 관련 증인 69명이 법정에 출두했다. 도
쿄재판에 제출한 포로 관련 서류는 다음 자료집을 참조하라. 우쓰미 아이
코·우다가와 고타宇田川幸大·마크 카프리오Mark E. Caprio 편·해설, 《극동재판
자료 포로 관계자료》 전3권, 현대사료출판, 2012년.

45. 1942년 4월 11일, "외국인 거주등록에 관한 건", 〈치관보治官報〉 제1호. 또
한 숫자는 포로정보국 편, 《포로 취급의 기록俘虜取扱の記録》(1955년, 방위성
방위연구소 소장)을 참조하라.

46. 《극동국제군사재판 속기록》 137호, 雄松堂, 1968년.

47. 넬 판 데 그라프Nell van de Graaff 저, 와타베 마사루渡部勝·우쓰미 아이코 역,
《자바에서 억류당한 네덜란드인 여성의 기록ジャワで抑留されたオランダ人女性の記
録》, 梨の木舎, 1996년.

48. 어네스트 히렌 저, 니시다 요시코西田佳子 역, 《어네스트의 기나긴 3년アーネス
トの長い三年》, 講談社文庫, 1995년.

49. 앞의 책 《속기록》 제10권, 판결 "B부 8장 통례의 전쟁범죄(잔학행위)"

50. 1946년 4월 16일의 심문조서. 앞의 책 《극동국제군사재판 속기록》 제44호.

51. 기타 히로아키北博昭, 《일중 개전—군법무국 문서로 본 거국일치 체제로의

길日中開戰 — 軍法務局文書から見た擧国一致体制への道》, 中央公論社, 1994년.

52. 조선인 BC급 전범에 대해서는 우쓰미 아이코,《조선인 BC급 전범, 해방되지 못한 영혼キムはなぜ裁かれたのか―朝鮮人ＢＣ級戰犯の軌跡》(朝日新聞選書, 2008년)과 《조선인 BC급 전범의 기록朝鮮人ＢＣ級戰犯の記録》(岩波書店, 2015년)을 참조하라.

53. 외무성 편,《샌프란시스코회의 의사록》, 1951년.

54. 외무성 전후외교사연구회 편,《일본의 외교日本の外交 3》, 世界の動き社, 1982년.

55. 배상청·외무성 공편,《대일 배상 문서집》제1권, 1951년.

56. 외무성 전후외교사연구회 편,《일본 외교 30년사》

57. 우쓰미 아이코,〈평화조약과 전범의 석방〉, 요시다 유타카吉田裕 외 편,《연보·일본현대사 제5호 강화 문제와 아시아年報·日本現代史 第5号 講和問題とアジア》, 현대사료출판, 1999년.

58. 우쓰미 아이코, "스가모 프리즌, 점령하의 '이공간'スガモプリズン, 占領下の異空間",〈계간 전쟁책임 연구〉제78호, 일본의 전쟁책임 자료센터, 2012년.

59. 니시마쓰 야스노 우호기금 운영위원회 편·발행,《니시마쓰 야스노 우호기금 화해사업 보고서西松安野友好基金和解事業報告書》, 2014년. 스기하라 도오루杉原達,〈제국의 문제를 보는 시각―중국인 강제 연행의 전후帝国との向き合いかた―中国人強制連行の戰後〉, 역사학연구회 편,《제국에 대한 새로운 관점帝国への新たな視座》, 青木書店, 2005년. 스기하라 도오루, "중국인 강제 연행·니시마쓰 야스노 화해사업과 그 의의―〈화해보고서〉간행에 부쳐",〈역사학연구〉, 2015년 5월호.

옮긴이 김경원

1964년 서울에서 태어나 서울대 국문과를 졸업하고 동대학원에서 박사학위를 받았다.
일본 홋카이도대학에서 객원연구원을 지냈으며 인하대 한국학연구소와 한양대 비교역사연구소에서
전임연구원을 역임했다. 옮긴 책으로 《하루키 씨를 조심하세요》, 《기다린다는 것》,
《왜 지금 한나 아렌트를 읽어야 하는가?》, 《한국의 지를 읽다》, 《경계에 선 여인들》, 《일본변경론》,
《청년이여, 마르크스를 읽자》, 《가난뱅이의 역습》 등 다수가 있고 직접 쓴 책으로
《국어 실력이 밥 먹여준다》(공저) 등이 있다.

전쟁국가의 부활

ⓒ 고모리 요이치·야마다 아키라·다와라 요시후미·이시카와 야스히로·우쓰미 아이코

초판 1쇄 펴낸날 2016년 7월 8일

지은이 고모리 요이치, 야마다 아키라, 다와라 요시후미, 이시카와 야스히로, 우쓰미 아이코
옮긴이 김경원
펴낸이 최만영
책임편집 김민정
디자인 최성수, 심아경
마케팅 박영준, 신희용
영업관리 김효순
제작 김용학, 김성수

펴낸곳 주식회사 한솔수북
출판등록 제2013-000276호
주소 03996 서울시 마포구 월드컵로 96 영훈빌딩 5층
전화 02-2001-5819(편집) 02-2001-5828(영업)
팩스 02-2060-0108
전자우편 chaekdam@gmail.com
책담 블로그 http://chaekdam.tistory.com
책담 페이스북 https://www.facebook.com/chaekdam

ISBN 979-11-7028-078-1 03340

* 무단 전재와 복제를 금합니다.
* 이 도서의 국립중앙도서관 출판예정도서목록(CIP)은 서지정보유통지원시스템 홈페이지
  (http://seoji.nl.go.kr)와 국가자료공동목록시스템(http://www.nl.go.kr/kolisnet)에서
  이용하실 수 있습니다.(CIP제어번호: CIP2016015754)
* 책담은 (주)한솔수북의 인문교양 임프린트입니다.
* 책값은 뒤표지에 있습니다.

 책담 다른 내일을 만드는 상상